U0553924

新时代哲学社会科学创新文库

黄河与中华文明

葛剑雄 著

新时代哲学社会科学创新文库
出版说明

党的十八大开始,中国特色社会主义进入新时代。新时代十年来,我们党采取一系列战略性举措,推进一系列变革性实践,实现一系列突破性进展,取得一系列标志性成果,成功推进和拓展了中国式现代化。新时代十年的伟大变革,在党史、新中国史、改革开放史、社会主义发展史、中华民族发展史上具有里程碑意义。

中国出版集团作为出版"国家队",深入宣传阐释习近平新时代中国特色社会主义思想,以优质的出版物反映新时代党在实践创新、理论创新、制度创新方面的最新成果,推动中国特色哲学社会科学体系的创建,助力文化强国建设,是应有的政治自觉和使命担当。为此,集团组织策划"新时代哲学社会科学创新文库",并将之纳入集团"十四五"规划重大出版项目,以顺应时代之需、呼应人民之盼。

"新时代哲学社会科学创新文库"由中宣部指导、中国出版集团策划、商务印书馆具体实施。文库以习近平新时代中国特色社会主义思想为指导,编辑出版党的十八大以来新时代哲学社会科学领域原创性的优秀成果,打造体现中国出版集团人文社科品质特色的新时代经典丛书品牌。

文库聚焦"新时代"和"创新"两个主题词,立意上突出原创性、学理性、亲和性和开放性。

原创性，就是力求突出中国学者、中国特色、中国智慧、中国方案。以习近平新时代中国特色社会主义思想为指导，聚焦十八大以来重大理论问题与实践变革，精粹反映经济、政治、文化、哲学、历史、法律、社会、外交等研究领域取得的最新原创性成果。

学理性，就是立足中国道路的学术表达，着力推出原创性人文观点、标识性研究范式，兼及跨学科、跨领域研究成果，致力构筑中国自主知识体系和学术话语体系，体现文库的学术品质和引领价值。

亲和性，就是倡导理论的大众化和学术的通俗化，提倡在扎实学术根底上的通俗表达，力戒艰深晦涩难懂的八股腔、学究气，以“大家写小书”式的风格特色，适应新时代读者阅读需求，扩大文库的社会影响。

开放性，就是希望表达文库在选题策划和书目结构上兼容并蓄的态度。以商务印书馆为主兼顾集团其他出版社，精选十八大以来已经出版的优秀原创作品修订再版，同时将根据新形势规划中长期选题。

文库于2023年推出首批书目。未来，每年将陆续推出。冀望经过学界共同努力，使文库成为新时代哲学社会科学原创成果的集成平台和学术出版品牌。我们深知组织出版这一涵盖面甚广的学术文库面临的诸多挑战，疏漏之处在所难免，希望各界给我们批评、建议，以俾文库更臻完善。

商务印书馆编辑部

2022年12月

目　　录

引言　河流与人类文明

在探索文明的源流时，谁也不能无视河流的作用。这种作用在人类文明之初，往往是决定性的，无可替代的。尼罗河、幼发拉底河、底格里斯河、恒河、黄河、长江，都孕育过伟大的文明，都是今天世界文明的重要源头。

河流是人类文明的起源不可或缺的条件，但并不意味着每一条河流必定会孕育出一种文明，更不意味着河流越长、水量越多、流域越大，孕育出的文明就越伟大。

就河流的长度而言，在世界排名前十的河流尼罗河、亚马孙河、长江、密西西比河、黄河、鄂毕－额尔齐斯河、澜沧江－湄公河、刚果河、勒拿河、黑龙江之中，与古代世界最发达的几种文明联系在一起的，只有尼罗河、长江、黄河，而孕育了美索不达米亚文明的幼发拉底河和底格里斯河、孕育了印度文明的恒河都不在其内，更不用说罗马文明发源地的台伯河，希腊半岛和西西里岛上那些更小的河。

亚马孙河(Amazon River)是世界上第二长河，其流量则居世界第一，达21.9万立方米每秒，比尼罗河、长江和密西西比河三条大河的总流量还大几倍，大约相当于7条长江的流量，占世界河流总流量的20%。它的流域面积达705万平方千米，占南美洲总面积的40%，有1.5万条支流。但在世界文明史上，亚马孙河并没有与其体量相称的地位，连离它距离最近的印第安三大古老文明也没有处在它的流域范围。

那么，河流与人类文明之间究竟存在着什么关系呢？河流究竟是怎样孕育某一种文明的呢？

一、河流与人类文明的关系

每一种文明都是某一个特定的人类群体在一个特定的时间和空间范围内所创造的物质财富和精神财富的总和。

对任何一种文明来说，精神财富具有更重大的意义，特别是在发展到高级阶段之后。但在文明产生和形成的过程中，在文明的初级阶段，物质财富起着更重要的甚至是决定性的作用。或者说人类只有首先创造出必要的、足够的物质财富，才能利用物质财富所提供的条件，在此基础上创造精神财富。正如恩格斯在马克思墓前的演说中所指出的："马克思发现了人类历史的发展规律，即历来被繁茂芜杂的意识形态所掩盖着的一个简单事实：人们首先必须吃、喝、住、穿，然后才能从事政治、科学、艺术、宗教等等。"而人们要生存，要解决基本的吃、喝、住、穿，水是不可或缺的。

从最早的人类开始，要生存就需要基本的水量，如果不能摄入最低限度的水量，生命就无法维持。在尚未具备生产能力时，人只能通过采集或狩猎获得植物、动物等为自己提供食物，这些动物、植物的生存同样离不开水。所以一个人类群体维持生存所需要的水量，远远超过他们自己的饮水量，更多的是这些动物、植物所需要的水量。正因为如此，最早的人群不得不走出非洲，走出东非大裂谷这个人类最主要的发祥地。如果人类还有其他起源，那里形成的人与水的关系也并无二致，因为他们也早已走出了自己的发祥地，决定因素也是水。

人类获得水的途径很多：1.直接利用雨、雪、雹等天然降水；2.利用冰、积雪融化的水；3.提取地下水；4.利用天然水体河、湖、沼泽、湿地、瀑、泉的水；5.淡化海水、咸水；6.采集某些动物、植物体内的水。在完全不具备生产能力或生产力低下的情况下，第5种途径基本不存在，或者只适用于非常特殊情况下的少数人，第1和第2种途径受到时间、季节和距离的限制。提取地下水需要相应的工具，还要具备一定的能力，如打井、开引水沟、积水、汲水、运水，所以取水量和适用范围都有很大局限。第4种途径即利用天然水体的水是最普遍、最有效、最便利的办法，而河流具有最大的优势。一条水量充足、经流较长、流域面积较大的河流，就能满足一个较大的人类群体对水的需求。当然，一个同等水量的湖泊也可以满足同样数量人口对水的需求，但在其他方面的作用就无法与河流相比。

但人类的生存和发展不能仅仅依靠水，即使是简单的吃、喝、住、穿，也还得依赖其他条件。所以人们对河流的要求或选择，也不会仅仅看其水量。

首先是气候。在尚未能用人工手段有效地保暖、防寒、去湿时，人的生存环境，如气温、湿度、风力、降水量等都不能超出人体适应的上限和下限。在地球上，寒带和热带都不合适，最适合人类生存发展的只有温带。所以处于寒带和热带的河流，或者一条大河流经寒带和热带的河段对人类的早期文明起不了什么作用，更不可能孕育文明。黄河、长江、幼发拉底河、底格里斯河都处在北温带，尼罗河的中下游也都在北温带，恒河入海口以上也都在北回归线以北。即便在温带，其中一些气候条件恶劣的地方也不适合早期人类的生存，在那些地方的河流同样起不了积极作用。

其次是地形、地貌。海拔太高的地方空气稀薄，含氧量低，不适合人类生存。一些大河的源头和上游往往都在海拔三四千米的高原高山，早期人类不可能选择这样的环境。即使有些人因为偶然因素在那里生活，也不可能产生充足的物质财富。直到今天，中国人口的绝大部分还是生活在平均海拔1000—2000米的第二阶梯和平均海拔低于1000米的第三阶梯，已经发现的古代文化遗址绝大多数分布在第二、第三阶梯。一条大河对早期人类起最大作用的一般不是它处在高海拔地区的上游，而是中游、下游。中华文明的摇篮产生在黄河中下游地区绝不是偶然的。流经沙漠、岩溶地貌、过于茂密的丛林、崎岖险峻的山区的河流或河段，一般也不会被早期人类选择。

再次是土地等初级资源，特别是土地。人类踏进文明门槛的前提是能够生产养活自己的食物，但无论是从事农业还是牧业，都需要一定量的土地，而牧业比农业所需要的面积更大。并不是所有的土地都适宜农业或牧业生产，尤其是在只有简单的生产工具的条件下，对土地的要求更高。沙漠固然无法辟为农田，就是黏性土壤、盐碱土壤、贫瘠土壤也无法为早期人类所开发利用。在没有金属工具的时代，高大茂密的植被无法清除，它们所占据的土地也不能被用作农耕。世界第一大河尼罗河有很长的河段流经沙漠，两岸很大范围内都没有宜农地，连牧地都极其稀缺。我曾经从阿斯旺溯尼罗河而上，到达苏丹的瓦迪哈勒法，再穿过努比亚沙漠，到达青尼罗河与白尼罗河相交的喀土穆，长达500千米的纳赛尔水库两边全是裸露的岩石，瓦迪哈勒法以上大多是沙漠直逼河岸，或者仅沿河有小片不毛之地，所以古埃及的农业区集中在尼罗河三角洲和卢克索一带。黄河的中下游流经黄土高原和由黄土冲积形成的平原，土壤疏松，地势平坦，连成一片，一般没有原始森林和茂密的植被，在四五千年前时气候温暖，降水充足，是最适宜的农业区。

我们不妨在全球范围作一比较。南半球的温带区域面积有限，宜农土地更少。人类进入北美大陆的时间较晚，加上那里狩猎资源丰富，早期人类对农业的需求不大。北非与阿拉伯半岛大多是干旱的沙漠，不适合早期农业。欧洲的温带区大部分是海洋，陆地所处纬度较高，热量条件不如中纬度地区。在中国以外，早期农业集中在西亚那片狭窄的新月形地带，以后才影响到尼罗河流域、恒河—印度河流域和欧洲。而黄河中下游这片黄土高原和黄土冲积平原面积最大，开发利用的条件相较来说要好得多。

最后是河水被利用的条件。在完全依靠人工取水、灌溉的情况下，河水能否被有效利用往往取决于流经地区的一些自然因素，如有没有稳定而高差小的河岸，流量是否稳定并在安全的范围内，河水离需水区域的距离，用水区域的蒸发量和渗漏量，等等。最理想的条件就是能够实现天然的自流灌溉，或者利用比较简单的工程、花费不多的人力就能做到自流灌溉。如在岷江分水的都江堰、引泾水注洛水的郑国渠，固然是华夏先民的杰作，但河流本身的天然优势无疑是基本条件。古罗马人不得不耗费巨大的人力物力，修建长达数十千米石砌的暗渠、明渠和渡槽，正是因为河流的先天条件不足。而这样巨大的工程，在人类的早期和文明之初是无法完成的。

一条河流的水量固然不是文明产生和发展的唯一条件，水量的多寡也并不与文明的高度成比例关系，但水量本身依然是一项重要因素。在某种生活、生产、生存方式下，一个特定的人类群体的最低需水量必须得到保证，否则这些人中的一部分只能迁离，或者从其他河流找到新的水源来弥补不足。台伯河有限的水量远远满足不了古罗马人的最低需水量，他们在不断寻找新水源的同时，持续地迁往他乡，迁出亚平宁半岛，扩散到环地中海地区。随着人口的增加，希腊半岛、西西里岛等岛屿上短促而水量有限的河流无法维持他们的最低需求，促使他们跨越地中海向北非扩展。有些文明的萌芽还来不及成长就夭折了，当地河流水量的不足往往是致命的原因。一般情况下，同样面积的土地，农业比牧业可以提供更多的食物，养活更多的人口，产生更多的物质和精神财富。但只有供水充足的土地才能开发农业，农田转变为牧地不会有什么困难，而牧地很难转变为农田，供水量是一个致命的障碍。

但如果水量过多，特别是在中游、下游短时间内急剧地增加，又会造成河水暴涨，泛滥成灾。很多民族都保留着对古代洪水的传说或记忆，都有各自的治水英雄或神灵，就是先民曾遭受特大洪水危害的反映。其中还包括水量的季节性、阶段性差异造成某一时段的水量剧增与另一时段的水量枯竭的交替。但在适当的条件下，这类周期性的变化也被人类利用，成为一种特殊的优势。古埃及人就是利用尼罗河三角洲每年泛滥留下的肥沃淤泥开发出发达的农业，为埃及文明奠定稳定的物质基础，滋养了绵延数千年的埃及、迦太基、希腊、罗马、拜占庭、伊斯兰文明，也以此克服了平时经常性的缺水和缺乏耕地的困难。但在黄河流域，中下游地区降水的季节性差异太大，加上黄土高原和黄土冲积平原的特殊地貌，极端情况往往造成决溢改道和局部断流。

一条大河与其他大河、其他文明区的距离，也是一个起着经常性作用的因素。如果与另一条大河的距离较近，中间没有太大的地理障碍，就便于两个流域之间的来往、交流和互补，也可能引起不同利益集团间的竞争和冲突。

黄河和长江是地球上靠得最近的两条大河，黄河流域和长江流域在很多地段是直接相接的，它们的不少支流之间就隔着一道分水岭。多条运河的开凿和交通路线的开通，更使两个流域连成一体。幸运的是，两个流域从公元前221年开始，大多数年代都处于同一个中央集权政权的统治之下，使中国成为世界上唯一的完整拥有两条大河的国家。在两个流域产生的文明萌芽相互呼应，汇聚到当时自然条件更优越的黄河流域，形成早期的中华文明，以后又扩散到长江流域。黄河流域的人口一次次大量迁入长江流域，为长江流域的开发提供人力和人才资源。当长江流域获得了更有利的自然条件，经济文化的发展后来居上时，又反哺黄河流域，帮助它重建和复兴。

幼发拉底、底格里斯两河流域与尼罗河流域、小亚细亚、爱琴海、希腊、罗马之间距离不是太远，两河流域的早期农业带动了尼罗河流域、环地中海地区的农业开发，美索不达米亚文明与埃及、希腊、罗马等文明之间有密切、频繁、有效的交流、传播、传承和相互影响。对比之下，印第安的印加文明、玛雅文明和阿兹特克文明产生在南美洲西部、中安第斯山区，影响范围北起哥伦比亚南部的安卡斯马约河，南至智利中部的马乌莱河，与世界上其他文明完全为大洋所隔。到目前为止，还找不到它们与外界文明有交流和影响的可靠证据。被外界发现时，它们已都成为废墟陈迹。

黄河、长江远离其他主要文明，中间还隔着在古代难以逾越的地理障碍。与距离相对最近的印度文明之间，也隔着帕米尔高原、青藏高原和戈壁荒漠，喜马拉雅山脉、横断山脉，印度洋和南中国海，无论是陆路还是海路都极其艰难。少数印度和西域高僧前赴后继，经过几百年时间才将佛教传入中国，法显、宋云、玄奘等历尽千辛万苦才从印度取回真经。藏传佛教只传到青藏高原，到明朝中期才再传至青海、蒙古，南传佛教只传到云南边境，而印度教的影响只到达越南南部。另一方面，中华文明基本上没有主动与印度文明交流，更没有积极传播，对印度文明的影响微乎其微。

这样的地理环境，使中华文明在大航海和工业化之前，一直没有受到来自西方其他文明的武力入侵和经济、文化、宗教方面的压力。波斯帝国只到达帕米尔高原，亚历山大止步于开伯尔山口，阿拉伯帝国与唐朝只在中亚偶然遭遇一次交战，帖木儿还来不及入侵明朝就已身亡。伊斯兰教的东扩止于西北，基督教只在唐朝有过短时间小范围的传播，十字军东征从未以中国为目标。直到16世纪后期利玛窦在明朝传播天主教时，还不得不擅自修改罗马教廷的仪规，允许中国士人保留传统习俗。佛教被中国接受,也是以本土化和拥护皇权为前提的。粟特、回鹘、阿拉伯、波斯等“商胡”在中国的商业活动,同样必须遵守中国的法律,尊重中国的风俗习惯,有时还必须接受“朝贡”的名义。所以中华文明得以延续地、独立地发展,没有被外来因素所干扰或中断。中国人可以从容、自主地选择接受外来的文化,并且一般都限于物质方面,在精神方面不会受到外来的强力影响。但是另一方面,也使中国长期脱离外界文明,根本不了解其他文明的实际,缺少摩擦、碰撞、挑战、竞争、交流的对象,更不会主动走出去介绍、推广、传播自己的文化。即使在相对最开放的唐朝,实际也是“开而不放,传而不播”,即允许外国人进来,却不许本国人出去;可以向主动来学习的人传,却不会主动走出去播,甚至也不向国内的“蛮夷”传播。

河流的出口或终点在哪里也是一项重要因素,在某种条件下甚至是决定性的。内陆河与入海的河不同,同样是入海的河,入不同的海又会有完全不同的作用。尼罗河的出口是地中海,黄河、长江的出口是太平洋。地中海有三项特点是其他任何海洋所不具备的:它是一个基本封闭的内陆海,中间有大量半岛、岛屿,周围集中了人类主要的文明,巴比伦、亚述、埃及、希腊、罗马等多种文明交相辉映。在没有机器动力和导航设备的条件下,在这样的海中航行是最安全有效的,就近可以与其他文明交流、碰撞。而在古代,人类是无法在太平洋自主自如航行的。在中国航程所及的范围内不存在其他主要文明,在自己的文明圈中也属于边缘。正因为如此,同样是出海口和海洋,古埃及人、希腊人、罗马人、腓尼基人看成为财富、机遇、希望、未来,古代中国人却当作天涯海角、穷途末路,将“海澨”(海滨)与“山陬”(深山)一样看成天下最穷困的地方。印加文明的地域内有安卡斯马约河和马乌莱河,它们的出海口也在太平洋,显然也没有为印加文明提供发展为海洋文明的条件。

河流不仅为人类提供了生活和生产所必需的水源和物资，而且也是人类迁移的主要通道。高山密林往往能将人类阻隔，但河流却能穿越峡谷或荒漠进入另一个谷地，帮助人们找到新的开拓空间。特别是在生产力低下、地理知识贫乏的年代，要在榛莽未辟、禽兽出没或荒无人烟、寸草不生的陆地上作长途迁移是相当困难的，顺河流而下却要方便得多，并且不会迷失方向，便于保持与原地的联系，是人类拓展生存空间最有效的手段。溯流而上也不失为一种可行的选择，往往是一个群体、一种文明从下游向中游、上游延伸的主要途径。汇入海洋的河流为人类提供了更加广阔的天地，在内海和近海地区更是如此。非洲的东非大裂谷是公认的人类主要发祥地，在那里形成和繁衍的人类之所以能走出非洲，分布到世界大多数地方，一个重要的因素就是尼罗河的存在。基本南北向的尼罗河受地球引力的影响较小，河流顺直，水势平缓，成为早期人类外迁的天然途径。由尼罗河进入地中海后，又能在较短的距离内到达沿岸各地，再迁往欧洲、亚洲其他地方。中国历史上一次次大规模的人口南迁，利用黄河的支流进入淮河流域、长江流域，一直是移民的主要交通路线。

河流的交通运输功能支撑着文明的生存和发展。一个大的文明区域内部必定需要大量的人流和物流，而一条大河所能提供的水运方式是最便捷和廉价的。直到今天，水运的优势依然难以替代。而在工业化以前的古代，内河运输往往是一个国家、一个地区唯一有效的大规模运输手段。古埃及建造金字塔、神庙、方尖碑，材料是产于阿斯旺一带的花岗岩，要是没有顺流而下的尼罗河水运，这一切就都不可能发生。

北非的古希腊、古罗马建筑大量采用希腊、罗马产的大理石，要不是采于沿海地带，也得依靠河流的运输连接海运。西汉选择在关中的长安建都，但关中本地产的粮食供养不了首都地区的人口，必须从

青尼罗河源头(葛剑雄摄)

阿斯旺水库中遥望阿布辛拜勒神庙(葛剑雄摄)

当时主要的粮食产地——太行山以东的关东地区运输，只能利用黄河溯流而上，穿越三门峡天险，再进入黄河的支流渭河运到长安。尽管要耗费巨大的人力物力，运费高昂，但却是当时唯一的选择。当关中的粮食需求超出黄河水运的能力，隋朝和唐朝的皇帝便不得不带领文武百官和百姓迁到洛阳"就食"，最终导致长安首都地位丧失，行政中心东移。长江及其支流更加优越的水运条件，也是长江流域的经济逐渐超过黄河流域的重要原因。徽商成功的因素之一，就是巧妙地运用了水运。他们将产于徽州价廉而质重的石材、木材装上船，从新安江、富春江、钱塘江顺流而下，再通过江南发达的水系，直接运到最近的市场，又从江南采购价高而质轻的绸布、百货、日用品等溯流而上运回徽州，实现商品利润的最大化。

同一条河流水系间的便捷水运，也为区域内的人员来往提供了条件。"朝辞白帝彩云间，千里江陵一日还"，在现代交通工具产生之前，长江水运是无可替代的。以尼罗河谷地为基础的上埃及与以尼罗河三角洲为基础的下埃及并不连接，上埃及和下埃及的统一，纸莎草与莲花的交接，完全依靠尼罗河这根纽带。中国自秦汉以降实行中央集权制度，政令的上通下达、公务人员的必要来往、军队和重要物资的调度、重要信息的传递，都是维持国家统一、政府正常运作和社会基本秩序的根本措施，所以要以很大的人力物力设置和维护庞大的驿递、调度和运输系统。其中依托水运，特别是依托同一条河流或水系的水运部分，都是最廉价和高效的。同一个流域内的政权，其基础更加稳固。即使出现短时间的分裂，也能较快恢复统一。

要共享一条大河的利益，要进行大范围的灌溉和大规模的农业生产，要防止和抗御大河不可避免的水旱灾害，要建设和维护大型水利工程，都需要氏族、部落、小群体之间的协调和联合，也需要日常的组织和运作，催生出统一国家和集权政权。古埃及的自然条件，决定了它的农业生产离不开人工灌溉。在尼罗河泛滥时，人们要疏通渠道，排除积水，而干旱无雨季节，又要从尼罗河引水灌溉。这样巨大的工程，绝非一家一户所能承担。因此埃及文明早期就出现了联合，氏族联合为公社，公社又联合为州，四十多个州之间发生过频繁的争夺，有过激烈的战争，但在公元前4000年左右最终形成上埃及、下埃及两个王国。春秋战国时期，黄河下游还存在上百个大小诸侯国。面对黄河的漫流、泛滥、改道，小国无能为力，大国以邻为壑。以后，较大的国筑起堤防，但在灾害面前往往顾此失彼，更不可能共同修建水利工程，共享灌溉之利。秦朝的统一使整个黄河中下游流域处于同一个中央集权的统治之下，黄河中下游地区成为国家的主体和核心部分，从此黄河水利的利用由各级政府实施和管理，同时也能举全国之力修建并维护水利和防灾工程。正因为如此，历朝历代在不得已时会放弃部分边疆，或割让边远土地求和，但不会容忍黄河中下游地区的分裂割据。一旦出现这样的情况，总会不惜代价恢复统一，或者由下一个政权实现再统一。

河流对文明的作用不仅表现在物质方面，也显示于精神方面。

我们说“一方水土养一方人”，水的作用重于土。所谓“同饮一江水”，就是一个人类群体长期生活在同一条河畔、同一个流域，形成了相同的生活方式、协调的生产方式，以及和谐的生存方式，也会形成诸多共同的文化要素，进而形成共同的文化心态。语言是人际交流最重要的工具。在人口迁移或再分布的过程中，受到地理障碍的影响，原来使用同一种语言的人，由于分散至不同的小区域，没有交流和共同生活的机会，原来在语言上的微小差别演变为不同的方言。但在同一个流域，甚至在一条大河或其支流的不同流域，由于人际交流相对密切，即使相隔距离较远，也能保持同一方言。早在公元前2世纪，人们就注意到了“百里不同风，千里不同俗”的现象，即一种“风”（流行，

在距今400万年前的第三纪末和第四纪初的地质时代，燕山运动带来地壳上升，加上风化、雨蚀、重力坍塌，大自然的伟力造就了雄奇壮丽的石林地貌奇观，黄河自东向西在其中穿过。（甘肃省景泰县黄河石林国家地质公园）

时尚）一般只存在于一个较小的范围，多变，差异性大；而“俗”（稳定的习惯、传统）可以在一个大得多的范围内出现、形成、积淀、传承、长期延续。在丘陵山区、高原山谷、零散的平原和盆地，一般只能形成“百里”尺度的“风”区，大河流域则不难构成“千里”尺度的“俗”区。在秦汉统一以后，黄河中下游地区就以其“天下之中”的核心地位形成华夏文化圈中公认的“中原”，成为中华文明的基地。

像黄河、长江这样长达数千千米的大河，从源头到出海口，流经多种多样的地形地貌，如雪峰、冰川、高原、峻岭、悬崖、峭壁、隘口、洞穴、湖泊、沼泽、湿地、峡谷、深沟、瀑布、激流、石林、土林、荒漠、森林、草原、平原、沃野，栖息有各种飞禽走兽，生长各类奇花异草，构成色彩斑斓、赏心悦目、俊秀雄奇、千姿百态、惊心动魄、磅礴浩荡的景观，不仅是丰富的旅游资源，而且是深厚的精神源泉。诗人抒发激情，画家描绘美景，哲学家在沉思中期待顿悟，艺术家在探索中寻找灵感，政治家在谋划大局，军事家在观察险要。芸芸众生日出而作，日入而息；英雄豪杰叱咤风云，惊天动地。一些特殊的景观或环境，会唤醒人性中的真、善、美，升华为对自然、对人类、对民族、对国家的感情、信念、信仰。经过杰出人物的阐发和推广，形成价值观念、传统文化或坚定的信念。它们本身，也因凝聚了历史、经历了沧桑，而演变为一种文化符号、精神象征、时代烙印、历史记忆。一条大河就是一首颂歌，一篇史诗，一部历史，一个时代。

二、人类与河流的互动

人地关系的理论和实践经验告诉我们，在人类早期，在文明初期，地理环境的作用往往是决定性的、本质性的。当时的人，没有办法突破地理环境的限制。但一个长期使人困惑的问题是：既然如此，为什么在大致相同的地理环境中会产生不同的文化？两条大致相同的河流为什么会孕育出不同的文明？

这里需要弄清一个基本的概念：地理环境的“决定”决定了什么？决定到什么程度？

其实，被“决定”的是一个上限或下限，超过或突破极限当然不可能，但是在这个极限之内，人可以有相对无限的创造力和发展空间。如约旦河的供水量是有极限的，开发粗放的耗水农业只能维持有限的农田。以色列人用暗渠管道取代明渠水沟，以喷灌取代漫灌，同样的水量就可以灌溉更多的农田；当他们用滴灌取代喷灌时，灌溉面积又扩大了。随着节水和栽培技术的不断进步，在农产品更加优质高产的同时，离供水极限反而更远了。而且，人可以通过利用新的可利用资源，发现新的地理空间来突破这个极限。台伯河的供水量很有限，满足不了古罗马城不断增加的人口的需求。但罗马人找到了另外的水源，并建成长距离的水渠渡槽将水引入罗马城内。希腊半岛上的水、土地和其他资源限制了古希腊人的发展，与希腊半岛相同地理条件的地方的确从来没有产生过一个如此发达的文明，如果希腊人固守半岛，那么即使将资源用到极致，也不可能使自己的文明发展到如此高的水平，对世界产生如此大的影响。但希腊人早就扩散到周围的岛屿，并且越过地中海进入北非，渡过爱琴海到达小亚细亚，这才创造出希腊文明的奇迹。

河流孕育了人类文明，人类与河流互动。人类与河流不同形式或程度的互动，自然会在同样的地理环境下形成不同的文化，不同程度地塑造文明形态。

在人类早期生产力落后的情况下，任何一个群体都不可能掌握全面的、准确的地理信息，对自己所处的地理环境也难以做出完全自觉、自主、理性的选择。任何一种文明都不是事先规划好的、完全有意识发展的结果。因此，人类与河流的互动往往起着很大的作用。具体表现在：

1. 偶然性或偶然事件

当气候普遍变冷时，北半球上绝大多数群体都向南迁徙，但有个别群体迷失方向，往北迁徙。等到他们意识到越来越冷时已经来不及再往南走了。有的群体死亡灭绝，但有的群体偶然发现冰雪层可以隔绝冷空气，在冰洞雪屋中找到栖身地。通过猎取驯鹿、捕杀鲸鱼，以兽皮取暖，以鹿肉、鲸肉为生。这支部族因此免于灭绝，并且从此在北极圈内生存繁衍。

在考察古格王国遗址时，我一直在思考一个问题：为什么当年古格人要选择在海拔4000多米地形崎岖、资源匮乏的地方建都？其实再往南几十千米，就是喜马拉雅山脉南麓，气候温和，雨量丰富，植被茂盛，而且在公元9世纪后相当长的年代里这一带并没有被其他人占据，迁入定居不会有什么阻力。原来这支吐蕃人是在政敌追杀下从前藏长途跋涉历尽艰辛迁来的，好不容易在象雄国的边缘地带落脚，而这一带正好有深厚的黄土堆积和水源，或者他们根本不知道不远的喜马拉雅山脉南麓的情况，或者来不及做全面的了解和比较。而一旦在这里建都，这种出于偶然性的选择就成了必然。

历史的进程、人类与自然的关系的确存在必然规律，但这只能体现在长时段、宏观意义上。而在这些规律允许的范围内，往往是偶然性因素产生的结果，河流与人类的关系同样如此。

2. 自然环境的变迁

河流所处的自然环境本身是在不断变化的，有其自身的规律。人类早期很难了解这些规律，甚至连规律这样的概念也未必有。即使到今天，尽管已经有了很多科学的探索手段，人类对自然规律的了解还相当有限。但人类活动如果正好顺应了变化，就能获得意想不到的结果，或许便奠定了某种文明的基础。

五六千年前，中国正经历一个气候温暖的阶段，黄河中下游地区的年平均气温估计比今天要高2—3摄氏度，降水量充足，温暖而湿润。加上原始植被未受到破坏，土壤保持着长期积累下来的肥力，黄土高原上水土流失轻微，自然堆积形成的大塬保持完好。迁入黄河中下游地区的先民，幸运地在这个黄金时代迎来了文明的曙光：他们大量开垦和耕种土地，生产出足够的粮食，使一部分人口解放出来，得以专门从事统治、管理、防卫、建筑、祭祀、制作玉器等工作，形成以陶寺为代表的都城。有利的自然环境使这些早期文明得以延续发展，并吸引了周边其他群体的聚集，不断壮大，形成核心。聚居于长江下游良渚的先民就没有那么幸运。尽管良渚文化的年代不比陶寺晚，水平不比陶寺低，范围不比陶寺小，可以说各方面都有过之无不及，却没有延续发展下来。这时的长江流域气温偏高，降水量大，沼泽湿地普遍，地面积水过多，形成湿热的气候，传染病流行，难以消除。加上原始植被高大茂密，土壤黏结，土地难以开发利用。海平面也不稳定，沿海地带受到海平面升高的威胁。一般推测，是由于气候变迁导致的不利环境，使良渚人的后裔不得不迁离或分散。

一条大河本身具备的优势，在有利的自然环境下能产生倍增效应。而在不利的自然环境中，如异常气候、地震、瘟疫等非河流本身产生的灾害，则非但不能发挥本身的优势，优势还可能变为劣势。早期的人类和文明的萌芽经不起这样的打击，有的就此灭绝，有的出现倒退，有的不得不迁离。

3. 杰出人物的作用

杰出的天才本来是可遇不可求的，诞生一个天才的概率不会很高；但在一定数量的人群中，总会有相对能干优秀的人，当群体数量巨大到一定程度，按概率论来说，其中必定存在着超人、天才。但这样的天才是否能够有脱颖而出的机会，并且能掌握权力，成为领袖，概率则更低了。在同样的自然环境，在同样一条大河流域里，一个群体有没有产生天才，这个天才能否成为领袖并充分发挥作用，文明的进程和结果就可能不同。

在人类早期，一个人有体力、武力上的优势，比较容易被发现，一

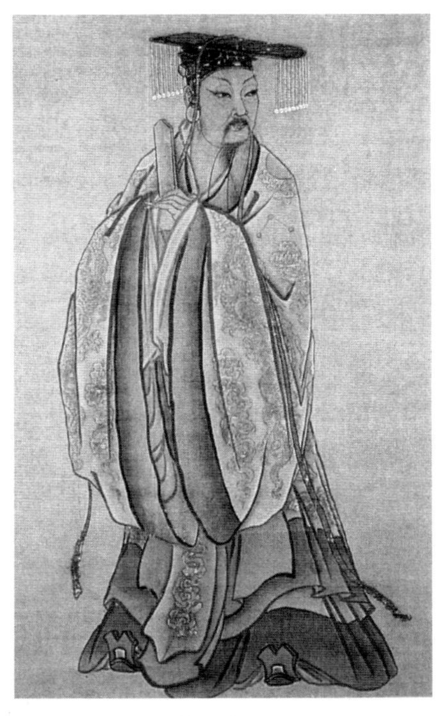

夏禹王像，[南宋] 马麟绘

般都有机会得到应用。但一个人的智力优势就未必能被发现，被发现后的结果也很难预料，完全可能被当作妖魔、异类而招来杀身之祸。很多群体产生领袖的方式是通过占卜、抓阄，或由巫师、祭司转达神的意旨，或者通过格斗及一些极端的测验，都很难使天才获得脱颖而出的机会。实行世袭制的话，非其家族的天才自然没有机会；就是在实行禅让、举荐制的群体中，即使过程和标准完全公正，也取决于候选人已经取得的政绩或声望，而天才未必具备积累的条件。根据尧、舜、禹禅让的传说，我们完全可以合理推理：如果舜被他的父母蒙上恶名，他就不可能成为尧的继承人；如果禹没有主持治水的机会，他也不会得到舜的禅让。无须推理的事实是，伯益已经获得推举，却被禹的儿子启以强力剥夺。

成为领袖的杰出人物能否充分发挥作用，还取决于本人的各种因素，如健康状况、性格性情、兴趣爱好、家庭生活、价值取向、宗教信仰等。如果亚历山大大帝在幼年就夭折，尼罗河流域未必会被希腊征服；如果他不是在33岁暴卒，印度河流域的文明类型肯定会不同。但无论如何，尼罗河流域和印度河流域的自然环境并没有变化。

4. 生产方式的选择

一条河流所提供的水量、土地和基本资源为不同的生产方式准备了条件，在大多数情况下，人类并非没有选择的余地——只适合放牧的土地一般很难改成农田，但适合农业的土地也可进行牧业生产。然而同样的土地，不同产业能创造的物质财富是不同的，甚至相差悬殊，间接形成的精神财富也不会相同。同样是农业，作物品种不同，耕作方式不同，生产工具不同，灌溉系统不同，创造的财富也会不同。同样有出海口的河流，开放外贸与禁止外贸，自由贸易与朝贡贸易，对经济和社会的影响也会有巨大区别。正确的选择可以实现人类与河流的和谐共生，利益最大化；错误的选择不仅使人类得不偿失，还会伤害河流。但这种选择大多是随机的、非理性的、不得已的，人类往往只能将生存的需求放在首位，或者先考虑本群体的眼前利益。

三四千年前，黄河中下游的土地和环境宜农宜牧，农业、牧业并存。但随着以农耕为主的华夏人口的增加和农田的扩展，牧业区日渐缩小，以牧业为主的戎、狄、胡人不得不北迁。到西汉末年，黄河中下游的土地基本都已开发为农田，阴山山脉以南已经鲜有成片牧区了。这一区域的农业生产供养了6000万总人口的70%，也支撑着汉朝强盛的国力。但中游的开发加剧了黄土高原的水土流失，造成下游的泥沙淤积，引发河水泛滥决口和多次改道。东汉以后，中游地区受战乱影响，农业凋敝，人口减少，牧业人口逐渐增多，原来的农田或者因弃耕而荒废，或者变成牧地。水土流失因此而减少，黄河下游出现了持久的安流。这些变化的主要原因自然不在黄河本身。

5. 制度的选择

制度的选择同样如此。在不同的地理环境中，不同的社会制度、政治制度在最合适的物质基础之上，才能发挥最大的功能。但实际上，制度的选择也并非全为理性、自然、自主的结果，特别是在自由民主的制度产生之前。一个政权在其依靠武力夺取的土地上实行什么制度，首先考虑的不是这种制度是否适合当地的地理环境，而是保证自己的安全和占有，是自身利益的最大化。希腊半岛的地理环境固然适合分散的城邦制，但在异族入侵后并不会顾及地理条件而延续城邦制。任何一种政治制度的统治范围、任何一个政权的疆域，都有一个相对合理的空间，地理环境，包括河流能提供的条件，应该是其中的主要条件。但历来的统治者都不愿意或不可能守住这个空间，强者要尽量突破扩张，弱者不得不部分放弃甚至完全丧失。

6. 外部因素

系统内的规律、规则，只适用于系统内部。一条河流与人类共生的关系，只是建立在本身的空间之内，依赖于自身的条件，应对外来因素、处理与相邻空间的关系的能力是有限的。一旦出现不可知不可控的、强大的外来因素，无论是人类还是河流，都无法应对，更难以控制。外族入侵使欧洲退回黑暗、野蛮时代，在台伯河、莱茵河、多瑙河与它们的流域上找不到原因，也不是罗马人所能阻挡抗拒。同样，蒙古军队的西征和四大汗国的建立，阿姆河、幼发拉底河、底格里斯河、伏尔加河及其流域本身并没有发生什么变化，但欧亚大陆居民却遭遇了史无前例的巨变。13世纪的黄河中下游地区人口锐减70%，是中国人口史上空前的灾难，难道能在黄河找到原因吗？

我们应该全面地、辩证地认识黄河与中华文明的关系，用事实而不是想象来证明——

黄河孕育了中华文明，黄河是中国当之无愧的母亲！

第一章　大河上下

在距今115万年前的早更新世晚期，在今天中国的北部出现了一些互不连通的湖盆，并各自形成了独立的内陆水系。此后，随着西部高原的抬升，一些河水不再流入湖盆，而是流向地势低的东方。有的湖盆缺水，甚至断水，有的被新形成的河流连通，成为河流的一部分。随着地势高差的增加，更多的小河汇聚成较大的河，或者没入了其他河道，或者侵夺了其他河道。水量的增加和流水比降的加大，加剧了对河床的下切和两岸的侵蚀。在黄土高原，这种侵蚀和夺袭尤其明显和迅速。历经105万年的中更新世，各湖盆逐渐连通，构成黄河水系的雏形。到10万年至1万年前的晚更新世，黄河演变为从河源到入海口贯通的大河。

比起形成于300万年前的长江来，黄河要年轻得多。

黄河，中国的第二大河，世界长度第五的大河。发源于青藏高原的巴颜喀拉山北麓约古宗列盆地，蜿蜒东流，经过青海、四川、甘肃、宁夏、内蒙古、陕西、山西、河南、山东九个省(自治区)，流过黄土高原和黄淮海平原，注入渤海。干流全长5687千米，水面落差4480米。流域西界巴颜喀拉山，北抵阴山，南至秦岭，总面积81.31万平方千米(含内流区面积4.2万平方千米)。在历史上，黄河曾多次改道，一度注入黄海，其流域范围、面积也有过较大变化。

年轻时，我经常在地图上看黄河。当时看到报道，毛泽东主席在视察黄河时曾说过，他希望能骑着马沿黄河走一次。看到黄河上游蜿蜒于高原雪山之间，两岸都是深棕色。那时我的职业是中学老师，与考察、研究、探险沾不上边。自己拥有的交通工具是一辆自行车，每个月的工资不过三四十元，我自然不敢发这样的宏愿。

1966年11月我乘火车由上海去北京，驶出济南站后我就急切地看着窗口，终于第一眼见到了黄河。只是不无失望，与我此前在南方见过的江河相比，丝毫感觉不到想象中的黄河应有的气势。1978年后我成了历史地理专业的研究生、大学教授，有机会在郑州、风陵渡、开封、兰州、炳灵寺、包头、河口村、银川、三门峡、壶口、老牛湾等地观赏黄河，感受黄河，考察黄河，或在岸边驱车，或走过跨河桥梁，或沿峡谷步行，或在河上泛舟，或在遗址怀古，还有几次在飞机上俯瞰，这才目睹黄河的万千气象。但是我知道，尽管道路交通建设飞速发展，但在黄河上中游的不少河段，还没有修通沿河岸的道路，要绝对地沿着黄河走一遍，无论是骑马还是开车，依然只能是一种愿望。

1981年至1982年5月31日，一位考察家完成了徒步全程考察黄河。看了他的事迹，我知道常人是不可重复的。我有自知之明，只能企盼再多看几段黄河。

1987年6月，我与一位同学从上海乘火车去格尔木，准备换乘汽车去拉萨。车过洛阳，我们的车厢上来母女两位女士，那位年轻的女士还有些面熟，她们的铺位就在我们的旁边。第二天交谈后，才知道是漂流黄河勇士郎保洛的妹妹郎保湘女士和她母亲。郎保洛已在青海黄漂中殉难，她们是去料理后事的。后来见到报道，这支黄漂队在付出了包括郎保洛在内的7位队员牺牲的惨重代价后，终于在9月25日胜利漂至黄河入海口。

当然，我们现在已经可以通过卫星遥感照片，从黄河源头一千米一千米地看到入海口，甚至在重要的、有特色的河段一米一米地看。但非专业人士不会有这样的兴趣，也不可能都看懂。

既然如此，就请热爱黄河、渴望了解黄河的朋友们，与我一起从源头出发，纵览大河上下！

一、源在天上：黄河上游

黄河的正源是从巴颜喀拉山北麓各姿各雅雪山（海拔4900米，东经95° 55′ 18″，北纬34° 55′ 52″）流出的卡日曲，长约156千米。它流经大面积出露的第三纪红色地层，携带大量红色泥沙，被当地的藏民称为“红色的河”（藏语卡日曲）。

黄河的另一个源头约古宗列曲发源于约古宗列盆地，处于巴颜喀拉山的北麓。巴颜喀拉山的主峰雅拉达泽山海拔5214米，山脊上覆盖着终年不化的冰雪，是黄河水的主要来源。约古宗列盆地河汊交接，泉眼溪流遍布，草甸湖盆相映。西南隅有一个三四平方米的小泉，

无数涓涓细流汇聚起来，逐渐形成源头最初的河道——玛曲曲果。

数以百计大小不一、形态各异的湖泊星罗棋布，阳光下熠熠生辉，如夜空中闪烁的星光，故名"星宿海"。

被称为黄河第一泉。无数涓涓细流汇聚起来，逐渐形成源头最初的河道——玛曲曲果(藏语，意为小河源头)。河宽水浅，流速缓慢，形成大片沼泽草滩，穿过18千米长的茫尕峡谷，进入星宿海。在卡日曲于2008年被确定为黄河的正源之前，这里的玛曲曾被当作黄河源，并竖有"黄河源头"碑石。

在河源区域的最北部，还有一条发源于查哈希拉山南麓的扎曲，长70多千米，河道宽，支流少，上游平坦，中间要穿越峡谷，小湖密布，

但水量有限，一年中的大部分时间断流。

卡日曲、玛曲、扎曲汇入约古宗列曲后进入一个狭长的盆地——星宿海，东西长30多千米，南北宽10多千米。河水流到这里，因地势平缓，河面骤然展宽，流速变缓，形成大片沼泽和众多湖泊。数以百计大小不一、形态各异的湖泊星罗棋布，登高远眺，阳光下熠熠生辉，如夜空中闪烁的星光，所以早就得了“星宿”之名。唐朝贞观九年(635)，大将李靖、侯君集、李道宗就曾“次星宿川”，元朝至元十七年(1280)

再探河源，有更具体的描述：“有泉百余泓，或泉或潦，水沮洳散涣，方可七八十里，且泥淖弱，不胜人迹，逼观弗克，旁履高山，下视灿若列星，以故名火敦恼儿。火敦，译言星宿也。”

黄河经星宿海流入扎陵湖。扎陵湖面海拔4293米，东西长，南北宽，形如贝壳，湖面集水区面积约542.3平方千米，平均水深约8.9米，水色澄碧。湖心偏南是黄河的主流线，像一条宽阔的乳黄色带子，将湖面分为两半，一半清澈碧绿，一半微微泛白，故有“白色的长湖”之称。湖西南角有三个小岛，栖息着大量水鸟，夏季是斑头雁等候鸟的乐土，群鸟飞舞，遮天蔽日，鸟鸣声闻数里。湖滨亚高山草甸，是当地重要牧场。

出扎陵湖后，黄河在巴颜郎玛山南面进入一条300多米宽的河谷，河水分成九股道，散乱穿过峡谷，流入鄂陵湖。鄂陵湖被称为“蓝色的长湖”，湖面海拔4268米，东西窄，南北长，状似葫芦，面积650平方千米，平均水深17.6米，最深处30多米。湖水清澈，风和日丽时，蓝天倒映，美不胜收。

黄河在鄂陵湖北端流出，转向东南流，65千米后到达玛多县黄河沿。在此以上的河道又被称为玛曲，在此以下的干流正式称为黄河，此时的河道已达40米宽，有了大河的规模。玛多县是黄河通过的第一个县城，建有黄河上的第一座桥，从西宁至玉树的公路在桥上通过。这一带是高寒草原分布区，地势平坦，流速减慢，河水清澈见底。玛多县境内河流密集，湖泊众多，星星海(藏语称阿用贡玛错)碧波粼粼，如漫天星辰洒落在高原。黄河的西北横亘着阿尼玛卿山，又称积石山，巍峨磅礴，是黄河源头最大的山。主峰玛卿岗日，海拔6282米，正处于黄河一个大拐弯中间。

黄河有34千米流经达日县。达日县地处青藏高原腹地，是世界上江河、冰川、雪山最集中的地区，也是江河源区，在巴颜喀拉山南北两侧形成长江、黄河两大水系，共有大小河流70多条、小湖7个。

从达日到久治县段黄河蜿蜒曲折，显示典型的曲流河形态，心滩发育，又有不同时期的牛轭湖形成。牛轭湖又称河迹湖，多见于平原，当某一段弯曲的河流随着水势冲刷侵蚀，最终弯道的两头直接贯通，“截弯取直”后，留下原先近圆形的河道就成为湖泊，因形状仿佛古代驾驭牛车时放置在牛颈上的曲木而得名。

黄河在巴颜喀拉山与阿尼玛卿山之间流向东南，流经四川、青海交界的松潘草原，又遇到岷山的阻隔，蜿蜒徘徊于草原之上，不得不拐了一个180度的大弯，沿着阿尼玛卿山的北坡向西北流去，重新回到青海，穿过一系列峡谷，又转了一个大弯，向东流入龙羊峡。这个河段就是九曲黄河的第一曲。在大拐弯的顶端，黄河迎来了发源于四川红原县查勒肯的白河。在曲果果芒，又迎来了发源于岷山西麓的黑河。白河、黑河等支流流入时的水流量占黄河总流量的20%，流出时的水流量增加到65%，黄河在玛曲段的补充水量占总流水量的45%。在黄河流经的九个省区中，流经四川省的距离最短，只是从若尔盖县的西北边缘流过。但就在这短短的一段，四川对黄河还是作了不小的贡献。

白河又称嘎曲，长279千米，自南而北，流经红原县，至四川阿坝藏族羌族自治州若尔盖县的唐克镇北约7千米处汇入黄河。黑河发源于红原与松潘两县交界处的洞亚恰，由东南流向西北，经若尔盖高原流入黄河，长511千米。两河间分水岭低矮，无明显流域界，存在同谷异水的景观，堪称“姊妹河”。黑河又称墨曲，因两岸泥炭发育，河水呈灰黑色而得名。白河地势较高，泥炭出露不明显，河水较清。

黄河从青海久治县流入甘肃玛曲县境内。玛曲县是黄河源区降水最充沛的区域，也是“中华水塔”的重要涵养地。县境内沼泽湿地平坦广阔，坡丘平缓，水草丰满，是得天独厚的天然牧场，所产河曲马名闻天下，也栖息着丹顶鹤、黑颈鹤、白天鹅、黄羊、藏羚羊等珍稀野

落日余晖中，星星海碧波粼粼，如漫天星辰洒落在高原。

生动物。

黄河在青海河南蒙古族自治县从甘肃再次返回青海境内。河南县处于青藏高原东部，大部分地区海拔在3600米以上，最高海拔4539米，最低海拔3168米，高差1371米。地貌类型属典型青南浅切割高山区，是九曲黄河第一右旋弯曲部的弦部的南端。由于上段经流水量的增加，水势增强，冲刷河谷，下切峡谷两岸，河道变深，蜿蜒曲折，形成典型的峡谷地貌。境内宁木特乡的宁木特峡是黄河上游最险峻的峡谷，两侧的高山被河水深切，山岩陡峭壁立。河中礁石丛生，跌水漩涡不绝，急浪险滩相接，惊心动魄。

泽曲源头海拔4320米，源头不远处便是地势平坦的沼泽草甸地带，于泽库县城附近接纳北来支流夏德日河后称泽曲，藏语意思是高山地带的河。向南流入河南蒙古族自治县境，东北—西南流向切穿西倾山汇入黄河。中上游段河谷开阔，多为平坦草原；下游在宁木特附近入峡谷，两岸高山耸峙。全长256千米，流域面积4756平方千米，多年平均流量22.9立方米每秒。

黄河流经玛沁县东北军功乡一带，是典型的高原山地类型，平均海拔4100米以上，遍布高寒草地。在兴海县境内的黄河干流长达146千米，唐乃亥段位于曲安什河汇合点的下游，河谷分布在高山峡谷之间，右岸是陡峭的悬崖，受河水冲刷严重；左岸为丘陵和河间谷底，河道蜿蜒曲折，发育为高原曲流河。黄河就像一根飘忽不定的黄色丝带，绕行在白云和峡谷之间。河北的河卡镇拥有天然草原18.67万公顷，被誉为草原第一镇。县南的温泉乡属隆起带断裂构造，地热水资源丰富，有19处温泉点。兴海段黄河可供开发总装机容量354万千瓦，其中黄河干流国家水电重点开发项目有班多、羊曲和茨哈三座梯级水电站，支流曲什安河、大坝河流域内开发的水电站有莫多、尕曲、党村、满龙、温泉、双龙、百盘峡等19座梯级电站。

在共和县境内，黄河进入峡谷区，第一个峡谷就是龙羊峡。“龙羊”在藏语中就是险峻沟谷的意思。龙羊峡长33千米，落差235米，峡口附近峭壁陡立，两岸距离仅30多米，坚硬的花岗岩两壁直立近200米高。峡口以上共和县与贵南县交界处是盆地与峡谷相间的谷地，一边是起伏险峻的茶纳山，一边是绵延不断的莽原，最窄处60—100米，最宽处11千米。如此优越的条件成就了黄河上游第一座大型梯级电站，龙羊峡水电站被称为“万里黄河第一坝”。水库最大蓄水量247亿立方米，次于长江三峡(393亿立方米)、珠江龙滩(272亿立方米)而居全国第三。

黄河由西向东穿过贵德县，河道长74.7千米，有12条支流汇入，北岸有多龙、浪麻、昨那、多拉、曲卜藏、龙春、尕让、松巴，南岸有暖泉河、莫曲沟(西河)、高红崖河(东河)、清水河，其中清水河至同仁县才流入黄河。贵德县全部河流年径流量3.56亿立方米。境内水电资源丰富，黄河干流上的拉西瓦水电站是黄河上游龙羊峡至青铜峡河段规划的第二座大型梯级电站，最大坝高250米，总库容10.79亿立方米，6台机组总装机容量420万千瓦，多年平均发电量102.23亿千瓦时，是黄河上最大的水电站和清洁能源基地，也是黄河流域装机容量最大、发电量最多的水电站。

贵德湿地属黄土高原与青藏高原的过渡地带，地质构造属新生代断陷盆地，地处龙羊峡水电站和李家峡水电站之间。在独特的地理和自然环境作用下，形成了美丽壮观的溶蚀地貌和丹霞地貌，山、水、林交映，风光宜人，建有黄河清湿地公园。

黄河纵贯尖扎县南北，流程达96千米，河道宽阔，水流平缓。境内建有李家峡、直岗拉卡、康杨、才塘、古浪堤和当顺“一大两中三小”6座水电站，总装机容量210.23万千瓦，是青海重要的能源基地。黄河水域面积广阔。随着几座水电站的相继建成，全县境内已形成面积60

平方千米的水域。李家峡水电站建于尖扎县与化隆回族自治县交界的李家峡河谷中段，水库的左侧是坎布拉国家森林公园，周边由红色砂岩形成的丹霞地貌的群山围绕。阳光下山阳面红褐，山阴面深褐，水浅处碧绿，水深处湛蓝，山水辉映，景色壮美。这里的坎布拉丹霞地貌，是青藏高原腹地乃至我国一、二级阶梯过渡地貌单元中唯一的第三系红层丹霞地貌景观区，由红砂砾岩构成，岩体表面丹红如霞，是第三纪以来地球内外应力作用，青藏高原隆升、气候环境演变和黄河形成发育历程的真实记录，是国家级地质公园。

隆务河在尖扎县昂拉汇入黄河。隆务河又称隆务格曲、格曲，在藏语中意为“九条溪流汇合的河”，发源于海拔4482米的黄南山地夏德日山，上游段称曲玛日河，接纳马科曲后称麦秀河。北流麦秀山峡谷和林区，出峡后纳支流扎毛河，进同仁县境始称隆务河。全长170千米，流域面积4955平方千米，多年平均流量为22.9立方米每秒。

黄河流经循化撒拉族自治县段全长79千米，其中东西两峡共长39千米，占49.3%。峡谷两岸大多有第三纪红层分布，在构造运动和河流冲刷作用下，发育为典型的丹霞地貌。

西峡南岸石壁上有著名的奄古鹿拱北，故名拱北峡，又写作公伯峡，曾称古石群峡。建有水电站，大坝高127米，水库总容量6.2亿立方米，装机容量150万千瓦，年发电总量51.4亿千瓦时。

东峡即积石峡，因位于小积石山下而得名，又称孟达峡，是黄河流出青藏高原的最后一道峡谷，长约25千米。这一段的黄河因长时期强烈下切，河面与两岸相对高度多在100—500米，两岸大山插云，峭壁耸立，峡道狭窄，水急浪险，落差大，多漩涡，最窄的“野狐桥”河段只有4—5米。积石峡水电站大坝高100米，水库总容量2.94亿立方米，装机容量102万千瓦，年发电量33.63亿千瓦时，是黄河上游青海省境内最后一座大型水电站。

李家峡水电站建于李家峡河谷中段，水库左侧是坎布拉国家森林公园，周边的坎布拉丹霞地貌是青藏高原腹地乃至我国一、二级阶梯过渡地貌单元中唯一的第三系红层丹霞地貌景观区，由红砂砾岩构成，岩体表面丹红如霞，阳光下山阳面红褐，山阴面深褐，水浅处碧绿，水深处湛蓝，山水辉映，景色壮美。

清水河，又称清水沟，发源于县境东南隅达里加山的达力加错天池以西约1千米的砾石地，海拔4155米，在县城积石镇以东约7千米处的清水乡境内汇入黄河，总长52千米，流域面积691平方千米。

县东黄河南岸是孟达国家级自然保护区，内有五条河沟，由南向北注入黄河。孟达天池位于保护区内，是一个面积约26万平方米、深30米的高山湖泊，群山环抱，水波荡漾，风光旖旎，宛如仙境。

黄河清水湾，俗话说“黄河在这里拐了个弯”，背依小积石山，南临滔滔黄河的拐弯处。小积石山红色的岩石山体峥嵘挺拔，山脚如万丈深渊，形似夹缝。大河家古渡口位于青藏高原与黄土高原的交会处，这段黄河也是青海与甘肃的分界线，曾是唐蕃古道上的重要渡口，相传文成公主即曾在此渡河。

黄河流经民和回族土族自治县南部的黄河谷地，流程25千米。民和县是青海省重要的粮食、蔬菜、瓜果主产区，享有“瓜果之乡”的美誉。

流出青海后，黄河进入甘肃省永靖县境，也进入了黄土高原，呈S形穿流而过，流程107千米，有大夏河、洮河和湟水河汇入。

大夏河的源头是夏河和洛河：夏河发源于甘南高原大不勒赫卡山，源地海拔4220米；洛河发源于腊力大山，源地海拔3685米；两河于完尕滩汇合。主河道全长215千米，流经夏河县、临夏县、临夏市区和东乡族自治县，在康家湾注入刘家峡水库。流域面积7169平方千米，上游有桑科草原，海拔高程2336—4281米之间，草原面积达7000公顷，是甘南藏族自治州的主要畜牧业基地之一。下游流经黄土高原丘陵，干燥少雨，植被较差，暴雨和泥石流频发。

大河家古渡口位于青藏高原与黄土高原的交会处，这段黄河也是青海与甘肃的分界线，曾是唐蕃古道上的重要渡口，相传文成公主即曾在此渡河。

洮河发源于河南蒙古族自治县西倾山东麓，上游主河道向南流经甘肃省碌曲、临潭、卓尼，至岷县急折向北，经临洮、康乐、东乡、永靖，在茅龙峡汇入黄河刘家峡水库。洮河全长699千米，流域面积2.55万平方千米，年平均径流量53亿立方米，年输沙量0.29亿吨，平均含沙量仅5.5千克每立方米，水多沙少。洮河年水量仅次于渭河，在黄河所有支流中居第二位，是黄河上游地区来水量最多的支流。这是由于洮河的上游是河源草原区，中游是土石山林区和黄土丘陵，大多数地区草场辽阔、森林茂密，地面覆盖度高，水源涵养条件好。而且受青藏高原和蒙古高原气候交绥的影响，大部分地区湿润多雨，降水量较大。只有下游属黄土丘陵沟壑区，植被稀少，黄土裸露，水土流失严重，是流域泥沙的主要来源区。

在洮河主要支流周科河源头的尕海湿地，有一个尕海湖，是永久性的淡水湖，也是黄河流域少有的天然湖泊之一。虽然面积不大，但在涵养水源、蓄洪减灾和维持生物多样性方面发挥着重要作用。

湟水发源于青海省海晏县境大坂山南麓，全长300千米，年平均径流量46.5亿立方米，年平均输沙量0.24亿吨，流域面积1.56万平方千米，其中约88%面积属青海，仅12%属甘肃。流域地形复杂，沿途峡谷盆地相间，状如串珠，自上而下流经巴燕峡、湟源峡、西宁盆地、民和盆地，与支流北川河汇合，流入小峡、大峡、老鸦峡，在民和县享堂镇汇入湟水—大通河，进入甘肃境内，至八盘峡附近付子村汇入黄河。两岸支流众多，呈平等对称排列，较大支流有药水河、西纳川、北川河、沙塘川、引胜沟等。湟水流域处于青藏高原与黄土高原的交接地带，大地构造属祁连山褶皱带，地质条件复杂，水系构造十分独特。流域地貌的主要格局是由北西走向的三条相互平行的山脉及其所夹的两条谷地组成，构成湟水与大通河两个并行但自然条件迥异的地理景观区。干流谷地为黄土丘陵，土层深厚，气候温和，人口稠密，农业开发早，水土流失较严重。

大通河位于流域北部，发源于青藏高原东北部祁连山脉东段，自西北向东南流经青海和甘肃两省，出享堂峡，在享堂镇与湟水汇合。干流全长643千米，流域面积3.29万平方千米，地处内陆高原，周围群山环抱，地形连绵起伏，海拔高，气候寒冷，林草繁茂，人烟稀少。

以往湟水与大通河汇合后仍称为湟水，即湟水为干流，大通河为支流。2011年全国第一次水利普查后，已将湟水与大通河汇合后的河段称为湟水—大通河，并确定大通河为干流、湟水为支流。

在永靖县西南约40千米的积石山大寺沟西侧的崖壁上，公元3世纪的西晋初年就开始开凿石窟，到西秦建弘元年(420) 建成上下四层石窟。最早称为唐述窟，羌人称为“鬼窟”的意思。唐代称龙兴寺，宋代称灵岩寺，明永乐后称炳灵寺。“炳灵”是藏语“仙巴炳灵”的简化，意思是“千佛”“十万弥勒佛洲”。现存窟龛183个，计石雕造像694身、泥塑82身，壁画总面积约900平方米，分布在大寺沟西岸长约200米、高60米的崖面上，以悬崖高处的唐代“自然大佛”及崖面中段的众多中小型窟龛为主体。2014年作为“丝绸之路：长安—天山廊道的路网”遗址之一列入《世界遗产名录》。

黄河从积石峡奔涌而出，先后进入炳灵峡、刘家峡、盐锅峡，这一段峡谷也被称为黄河三峡，建有刘家峡、盐锅峡两座水电站。刘家峡水电站大坝高147米，长840米，总库容量57亿立方米，装机容量135万千瓦，年发电量55.8亿千瓦时。刘家峡水电站是黄河上游第一座大型水利枢纽工程，控制面积7.3万平方千米，具有发电、防洪、灌溉及工业和城市用水等综合效益。

由此形成的水库自炳灵寺峡口至水库大坝，呈西南—东北走向，岸线长54千米，水面最宽处6千米，水域面积达130多平方千米。峡谷中奇峰对峙，层岩壁立，湖上水天一色，炳灵寺石林倒映水中，景色独特。

盐锅峡水电站总装机容量44万千瓦，年发电量21.7亿千瓦时，坝高57.2米，总库容量2.2亿立方米，水域面积16.1平方千米。

黄河兰州段全长152千米，其中流经市区45千米。这是黄河流经的第一个省会城市，也是唯一一次穿城而过。黄河自西南流向东北，穿过兰州市与白银市，切穿山岭，形成峡谷与盆地相间的串珠形河谷，有八盘峡、柴家峡、桑园峡、大峡、乌金峡，新城盆地、西固—城关盆地、泥湾—什川盆地、青城—水川盆地等。

八盘峡水电站位于西固区，距兰州市中心52千米。总装机容量22万千瓦，大坝高41米，长396米，总库容量0.49亿立方米，水库面积11平方千米。

位于滨河路中段、白塔山下的黄河铁桥，始建于清光绪三十四年(1908)，宣统元年(1909)建成，后为纪念孙中山先生而改名中山桥。由美国桥梁公司设计、德国泰来洋行承建、中国工匠施工，是西北地区第一座现代桥梁。铁桥四墩五孔，每孔跨径45.9米，桥长233.5米，总宽8.36米。2006年公布为全国重点文物保护单位。

出兰州市后，黄河有258千米流经白银市，占黄河甘肃段的58%，流域面积1.47万平方千米。黄河从白银区南部水川镇西峡口入境，自西向东经流水川盆地，穿越乌金峡谷，从景泰县东北黑山峡下北长滩乌龙漩口进入靖远县。

大峡水电站位于榆中县与白银区交界的大峡峡谷出口段上，电站以发电为主，装机容量30万千瓦，年平均发电量14.65亿千瓦时，还可发展自流灌溉和改善灌溉给水条件约86.67平方千米。坝址控制流域面积22.78万平方千米。

这一带的黄河两岸，除河谷外是一望无际的黄土高原地貌，河道较为平坦，中间发育心滩，沿着河道形成绿意盎然的天然绿色通道，与褐黄色的河水、土黄色的黄土高原形成强烈的色彩对比。大峡村段黄河在构造上位于青藏高原的东北部，受喜马拉雅运动的影响，地层发生褶皱和断裂，发育了成因类型复杂的陆相沉积，周围山脉常以黄土和砂砾层交替出现，从上往下伴随河道的演化形成不同时期的河流阶地。

黄河进入靖远县后，经县城后北折，过红山峡，从黑山峡出境，穿行于崇山峻岭之间，大体上呈S形状，过境流程154千米。靖远县是甘肃省拥有黄河流程最长的县，素有“甘肃黄河富靖远”之说。红山峡地区曾经历多次构造运动，表现为强烈的沉降和局部的升起。新生代第四纪时期以来，构造运动比较强烈，地层分带性明显，发育完整，成因类型也比较复杂。第四纪沉积发育陆相沉积，包括河流冲积扇、塬梁地区风成黄土、山前洪积相及断陷带内的冲洪积相等四种地质构造和地貌条件各异的沉积物，因此在不同地层出露表地层颜色差异明显。

祖厉河发源于会宁县南部与通渭县交界的华家岭北麓，及会宁县党家岘乡砖井村。上源两支，东源为祖河，西源为厉河，分别长33千米、36千米，以厉河为主源。两河在会宁县城汇合后北流，90千米后入靖远县境，流经48.2千米，在县城西3千米处汇入黄河。因流域地层含盐碱较多，水味苦咸，故又称苦水河。河水含沙量较高，最大含沙量为1110千克每立方米，是世界上含沙量最大的河流之一。流域地处陇西黄土高原，地貌形态是黄土丘陵和残垣，植被稀疏，地表冲刷严重，属甘肃水土流失较为严重的地区，祖厉河携带巨量泥沙汇入黄河，因与干流黄河悬沙浓度不同，形成显著的颜色差异。两岸众多黄土塬一望无际。

景泰县位于黄河西岸，是黄土高原与腾格里沙漠的过渡地带。黄河石林位于县城东南部，黄河自东向西在其中穿行。石林生成于距今

400万年前的第三纪末和第四纪初的地质时代，由于燕山运动、地壳上升、河床下切，加上风化、雨蚀、重力坍塌，形成了以黄褐色河湖相砂砾岩为主的石林地貌奇观。2004年被定为国家地质公园，总面积50多平方千米，其中石林群约10平方千米。

乌金峡、红山峡和黑山峡俗称为“鬼门三峡”。其中黑山峡起于靖远大庙村，终于宁夏中卫小湾村，全长71千米，是黄河上游最后的大峡谷。黑山峡河段呈S形，前半段属黄土丘陵区，河谷开阔，河谷内发育有2—4级阶地，后半段流经石质山区，河谷狭窄，水流湍急。V字形的悬崖峭壁有30余千米，有龙王坑、老两口、七姊妹、三兄弟、黄石旋、一窝煮(猪)、阎王砭等险滩，50多道弯，有“远见航道去无路，过弯转舵又一村”之说。两岸岸坡陡峻，水土流失严重，地表支离破碎，分布大面积的旱川地。

黄河在宁夏回族自治区中卫市沙坡头的夜明山流出黑山峡，跨过香山—天景山弧形断裂后，向东北流入中卫盆地。其间黄河地貌上呈现出美丽的“几”字形河曲形态，地质学家对其成因至今众说纷纭，莫衷一是。沙坡头黄河大湾处在腾格里沙漠的东南缘，是青藏高原、黄土高原、鄂尔多斯高原和阿拉善高平原的过渡地带。

黄河自西向东穿过中卫市，流程182千米，占在宁夏流程397千米的45.8%，年均流量1039.8立方米每秒，年均过境流量328.14亿立方米，最大自然落差144.13米。水能蕴藏量200多万千瓦，可利用能量160万千瓦，属国家黄河上游水利水能开发的重要梯级地带，是西北可利用水资源最优越的城市。已建成的沙坡头水利枢纽工程是西部大开发十大项目之一，设计控灌面积713平方千米，每年可供电6.06亿千瓦时，解决卫宁平原8万公顷耕地的灌溉。

在中宁县的泉眼山西侧，有清水河汇入黄河。清水河，古称西洛水、高平川水、蔚茹水，发源于六盘山东麓固原市原州区开城镇境内的

黄河在宁夏回族自治区中卫市沙坡头的夜明山流出黑山峡，跨过香山—天景山弧形断裂后，向东北流入中卫盆地，呈现出美丽的“几”字形河曲形态。

黑刺沟脑，向北流经原州区、海原县、同心县、中宁县，长319千米，流域面积1.46万平方千米，其中宁夏境内流域面积1.36万平方千米，是宁夏境内流入黄河的流域面积最大、最长的支流。受到温带大陆性气候的影响，清水河显示典型的干旱半干旱河流特征。干支流大部分流经含盐量高的第三系红层或石膏地层，导致河水矿化度极高，并且呈现出愈到下游河水愈苦涩的水况，既不能饮用，又难以灌溉。

黄河在吴忠市的流程有69千米，东岸是利通区。发源于牛首山东麓的清水沟由南向北穿过吴忠市城区，在古城镇党家河村流入黄河，全长27.3千米，控制流域面积307.73平方千米，年径流量2.85亿立方米，年平均输沙量72.13万吨。

黄河西岸是青铜峡市，流程58千米。青铜峡是一个单斜构造，发

育众多扭曲和小型褶皱及断层，地跨两个地貌单元，呈U形。两岸地形不对称，右岸为二级阶地，左岸地形陡峻，峡谷段上游为新生代沉降盆地，地势平缓，河口宽达4千米。

青铜峡水电站位于青铜峡峡谷出口处，是中国最早的闸墩式水电站，以灌溉与发电为主，兼有防洪、防凌和工业用水等效益的综合性水利枢纽工程。总容量27.2万千瓦，年发电量10.4亿千瓦时。枢纽布置了三大灌溉渠道：秦汉渠、唐徕渠、东高干渠，灌溉面积3667平方千米。枢纽的兴建结束了宁夏灌区两千多年无坝引水的历史。

银川平原又称宁夏平原，在广义的河套地区中，被称为西套。银川平原西南起于中卫市沙坡头区，经吴忠市、银川市，北止于石嘴山市，斜贯宁夏回族自治区北部，由黄河冲积而成，地势平坦，土层深

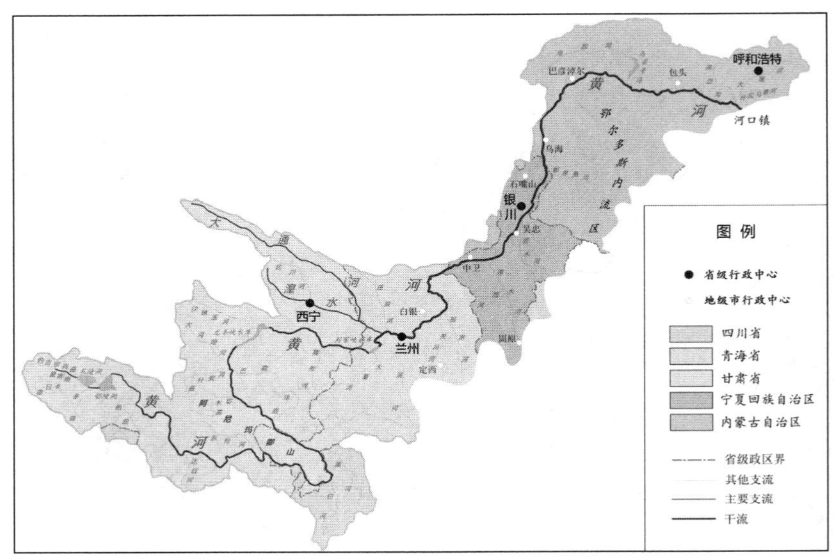

黄河上游地区示意图

厚，引水方便，利于自流灌溉。青铜峡以北至石嘴山以南又称银川盆地。

银川市是黄河流经的第二个省会级城市。黄河流经银川市辖区80多千米，南北贯穿。银川平原引用黄河水自流灌溉已有两千多年历史。引黄干渠有唐徕、汉延、惠农、西干等渠，年引水量数十亿立方米。配套排灌干支斗渠千余条，长数千千米，形成灌有渠、排有沟的完整的灌排水体系，保证了13万多公顷农田的灌溉。

由于历史上黄河不断改道，银川湖泊湿地众多，古有“七十二连湖”之说，现有“塞上湖城”之称。全市有湿地面积397平方千米，主要为湖泊湿地和河流湿地，其中天然湿地占湿地面积的60%以上，自然湖泊近200处，面积1000平方米以上的湖泊20多处。较著名的有鸣翠湖、阅海、鹤泉湖、宝湖、西湖等。

黄河自平罗县南端进入石嘴山市，流程146千米，在惠农区出境。沙湖位于平罗县境内，面积8.2平方千米，平均水深2.2米，是宁夏最大的天然半咸水湖。沙湖地处内陆半干旱荒漠地区，沙、水、苇、鸟、山五种景观结合，构成独特风光。

都思兔河，蒙古语意为“油脂河”，因水面仿佛浮动着油脂似的波纹，故名。发源于内蒙古鄂尔多斯高原鄂托克旗包日浩晓苏木海图滩，在查布苏木境与后都思兔河汇合，西流至平罗县红崖子入黄河，长160千米，流域面积7949平方千米。

黄河进入内蒙古自治区，由乌海市海南区西边、海勃湾区与乌达区中间，再沿海勃湾西边纵穿流过，流程105千米，平均河宽250—500米，水深2.5—11.6米，多年平均径流量269亿立方米。由于受上游融雪、降水及上游水库调节等影响，年内水位变化较大，幅度一般有2—4米。

黄河自西向东流经杭锦旗，在242千米的河道中有毛布拉格孔兑沟、巴拉贡沟、朝凯沟等支流汇入。毛布拉格孔兑沟发源于锡尼镇锡尼补拉格嘎查，于杭锦淖尔乡隆茂营村北入黄河。主沟长110.9千米，流域总面积1260.7平方千米，其中丘陵沟壑区752.7平方千米，中游流经库布齐沙漠带面积425.8平方千米，下游平原区82.2平方千米，在杭锦旗1201.7平方千米。

黄河西北岸是巴彦淖尔市，在市境流程345千米。这是河套平原的黄河“几”字湾的北端的后套平原，“黄河百害，唯富一套”即指此地。

黄河沿磴口县境东界自南向北流过，全长52千米。“磴口”名称源于旧磴口(今阿拉善盟阿左旗巴音木仁苏木驻地)。磴，指石阶。黄河流至磴口处为南北向，磴口在黄河西岸，由于该岸河槽基层坚硬，河水不易冲淘，而上层覆盖的砂壤土松散易冲淘，水涨水落，久而久之便留下一级级台阶。磴口又是黄河东西交通之重要渡口，因而得名。由于地势平坦，河道出露大量河漫滩、险滩、心滩。县城巴彦高勒镇一带黄河三盛公段由于受到乌兰布和沙漠和库布齐沙漠影响，是黄河受风沙灾害最严重的区段，多年平均入黄沙量0.24亿吨，使河道淤塞，水流极其平缓，河道中央也发育出面积较大的心滩，两岸出现范围较大泛滥平原。磴口县地处河套黄灌区上游，拦河闸控制着整个河套的灌溉，长180多千米的灌区总干渠及乌审干渠横穿县境而过，绝大多数耕地可引黄灌溉。黄河水侧渗丰富，加上古地理环境及黄河改道，地下水资源十分丰富。

三盛公水利枢纽工程建于总干渠入口处，是一座以灌溉为主，减少泥沙输入，兼有航运、公路运输、发电及工业供水、渔业养殖综合利用的闸坝工程。拦河大坝长2.1千米，有3处进水闸和一个2000千瓦的渠首电站等设施。

黄河流经临河区。临河湿地是西部干旱半干旱地区典型的黄河河滩芦苇沼泽地，是温带候鸟迁徙繁殖的重要区域，也是北部重要的防沙生态屏障。自清代以来，修渠引黄灌溉后套，孕育了八百里河套米粮川。临河已形成以永济、黄济两大干渠为主体的引黄灌溉网，年引水量达11.02亿立方米，总灌溉面积12.73万公顷，沟渠占地1.37万公顷。

五原县境内的黄河是全河的最北端，阴山山脉横亘其北。黄河冲积层在长期风蚀作用下形成许多风蚀洼地和黄河改道时冲刷的天然壕沟，常年积水，形成大小不同的海子(湖泊，俗称泊尔洞)。全县有面积数亩至千亩以上大小不等的海子数百个，总面积近8万亩。

黄河在巴彦淖尔市的最后一站是乌拉特前旗，乌梁素海就在该旗的东北。乌梁素海，蒙古语意为生长红柳的地方，是黄河改道后在此形成的河迹湖。总面积300平方千米，是中国八大淡水湖之一，也是世界罕见的荒漠半荒漠地区的大型草原湖泊，有“塞外明珠”的美称。

黄河流经包头市境内214千米，水面宽130—458米，水深1.6—9.3米，平均流速为1.4米每秒，最大流量6400立方米每秒，年平均径流量260亿立方米。包头黄河湿地位于黄河流域中游“几”字形段上，属内陆干旱半干旱高纬度河流湿地，自西向东分别是昭君岛片区、小白河片区、南海湖片区、共中海片区和敕勒川片区(又称土默川平原)，是黄河冲积形成的湿地平原，包括滨河湿地、沼泽湿地和湖泊湿地等类型。

黄河在包头市属土默特右旗大城西乡李五营村西1.8千米处入境，横贯旗境南缘，至程奎海乡八里湾村东南1千米处出境，流入托克托县，全长106千米，河宽0.2—0.95千米。

二、中流砥柱：黄河中游

托克托县河口村(曾设镇，或称河口镇)是黄河上游和中游的分界处，黄河由此结束在土默川平原的流程，向晋陕峡谷过渡。下游河道为南北走向的吕梁山所阻，折向东南，奔腾于晋陕峡谷之间。这里河面宽阔，水势平缓，曾经是黄河上一个重要的渡口，带动晋、蒙、甘、宁等地的贸易和交流。

大黑河，蒙古语名为伊克图尔根河，后因流域内土质黝黑而称大黑河，是黄河上游末端的大支流，也是内蒙古境内最大支流。发源于卓资县十八台乡东躺子南山顶，流经呼和浩特市近郊，在托克托县双河镇注入黄河。全长238千米，年径流量4.29亿立方米，流域面积1.24万平方千米。黄河流向由西向东，大黑河干流由北东方向流来，形成对流格局，故称逆向支流。

黄河的东岸是清水河县。黄河自县境西北的喇嘛湾镇入境，至万家寨水库，流程70千米，区域面积196平方千米，河面宽200—400米。在县西南近30千米的峡谷段，两岸奇峰壁立，气象万千。这一带是内蒙古高原与黄土高原的中间地带，峡谷地貌开始发育。由于地形条件的独特性，灰岩峭壁呈怪石嶙峋、犬牙交错状，峡谷最上端两壁岩石比峡谷出口处的岩石成层性差，呈块状，谷底发育河流阶地。长城在这里沿陡峭突兀的山峦延伸，与黄河并行向南。在万家寨大坝以上13千米处开始，是包子塔湾、老牛湾、四座塔湾和杨家川小峡谷。黄河在悬崖峭壁中反复曲折，形成一个接一个的大湾。在包子塔湾转了一个近360度的圆弯，将岸壁围成一个半岛。

黄河流经准格尔旗段长238千米，西依鄂尔多斯高原，河东是晋北山区的偏关县和河曲县，河水混浊，波涛汹涌，两岸黄土丘壑泥沙俱下，自河口至龙门河段的泥沙量占黄河的55%。至此，黄河的东岸早已是山西省，西岸还留在内蒙古。

黄河万家寨水利枢纽工程位于托克托至龙口河段峡谷内，是黄河中游规划开发的8个梯级中的第一个工程，也是山西省引黄入晋工程的起点。左岸隶属山西省偏关县，右岸隶属内蒙古自治区准格尔旗。控制流域面积39.5万平方千米，总容量8.96亿立方米，调节库容4.45亿立方米，每年向内蒙古和山西供水14亿立方米。电站装机容量108万千瓦，年发电27.5亿千瓦时。库区在晋蒙峡谷之间绵延数万米，高峡平湖，形成黄河水清奇观。

黄河在内蒙古的最后一段流经龙口镇，长72.5千米。太子滩位于蒙、晋、陕三省区交会处，处于黄河河道中心位置，远望像开阔河面上一艘巨舰。黄河的东岸自万家寨镇老牛湾以下属山西偏关县，至天峰坪镇寺沟村流入河曲县，长32千米，有关河、县川河、杨家川河等支流注入。关河发源于平鲁县利民沟，在老营镇贾堡村入境，由东向西，从天峰坪镇关河口村流入黄河，全长154千米，流域面积2040平方千米，年径流量5900万立方米。

河曲县处于晋陕峡谷北段，但河谷开阔，呈盆地状，发育有典型的曲流。县城西濒黄河，恰当河道弯曲处，因名河曲。县城北的河道中央有一冲积形成的河心滩，地势平坦，东西长约800米，南北宽约500米，名娘娘滩，是塞上有名的小绿洲。

县城东北约15千米处，与对岸准格尔旗龙口镇段之间形成龙口峡谷。两岸石壁陡峭，黄河夹持其中，河水至龙口喷薄而出，声若雷鸣。至梁家碛后，豁然开朗，展开了一片河谷平原，水流骤然变宽变缓，形似龙口，以此得名。

流出准格尔旗后，黄河正式进入晋陕峡谷，东岸是山西省保德县，西岸是陕西省府谷县。该段河道受河势影响，冬天容易形成冰凌，宽阔的河道上遍布白色的形态各异的凌花，冰盖不断延伸，层层堆积，高低错落，颇为壮观。但冰凌阻塞河道，容易诱发地质灾害。

天桥峡谷在保德县东北15千米天桥村附近。峡谷全长20千米，两岸狭处仅距20余米，峰峦延绵，峡底急流翻滚，浊浪排空，涛声震谷。

太子滩处于黄河河道中心位置，远望像开阔河面上一艘巨舰。

黄河在悬崖峭壁中反复曲折，形成一个接一个的大湾。在包子塔湾转了一个近360度的圆弯，将岸壁围成一个半岛。

横截峡谷中部的险滩，被称作“雾迷浪”。险滩中央，几座犬牙交错的礁石如山峰耸立，又相互搭成一座座拱门，急流从拱门中冲过，浪花腾涌，水雾排空，遮天蔽日。若在严冬，峡中河水上层结冰，行人可从冰桥往来于两岸，犹能听到桥下滔滔水声，人们便称这冰桥为天桥，天桥峡之名也就由此而来。峡谷中泉水多从河底向黄河排泄，少数泉水出露在岸坡。从天桥到铺沟沿河10千米，分布有百余泉点，出露高程820米左右，总出水流量8立方米每秒。

天桥水电站上游距万家寨水利枢纽95千米，是黄河中游北干流上第一座低水头、大流量、河床式径流试验性水电站。电站以发电为主，兼有排凌、排沙、排污等综合效益，在山西电网中承担着重要的调峰、调频作用。总装机容量12.8万千瓦，年设计发电量6.07亿千瓦时。

在陕西府谷县墙头农业园区墙头村附近，黄河西北岸出现了“莲花辿”的奇观。这是一种莲花状的丹霞地貌，红白相间、层层叠叠的砒砂岩形成于古生代二叠纪和中生代三叠纪、侏罗纪、白垩纪之间，距今已有2.5亿年。莲花辿高一二百米，绵延上万米，巨石巉岩，高低错落。壑周有圆尖大小石墩上万个，墩上植被覆盖时，与山峦红绿相映，美不胜收。

黄河流经陕西神木市和山西兴县间，自府谷县白云乡进入神木市界，至万镇界牌村后进入佳县，流程98千米。窟野河在沙峁头村注入黄河。

窟野河的正源乌兰木伦河，发源于内蒙古伊金霍洛旗合同庙乡杨家壕北山顶，流向东南，至乌兰木伦庙进入陕西省境内；最大支流悖牛川，发源于准格尔旗铧尖乡与东胜区塔拉壕乡交界处的神山豁子，向东南流至头道柳与暖水川汇合后，流向转为西南，至沙家塔出境；两河在神木城北房子塔相汇合，以下称窟野河，于沙峁头村注入黄河。全河长245千米，流域面积8710平方千米。陕西境内河长159千米，流域面积4865.7平方千米。流域地处黄土高原和毛乌素沙地过渡地带的东段，出露岩层为砂岩和砂岩页岩互层，强度低，易风化，加上植被稀少，水土流失特别严重，河水多粗沙，年输沙量达1.36亿吨，是黄河粗泥沙的主要来源区之一，对下游河道淤积有严重影响。近年来经过持续有效的治理，毛乌素沙地面积缩小，水土流失得到控制。

在黄河东岸的山西兴县、临县，有岚漪河、蔚汾河、湫水河等支流汇入，西岸的陕西佳县有秃尾河汇入。这一带群山逶迤，丘陵棋布，沟壑纵横，地形破碎，加上水土流失比较严重，给黄河输入大量泥沙。

岚漪河发源于山西岢岚县荷叶坪山马跑泉，至兴县木崖头乡育草沟村南东1千米处流入兴县境，至裴家川口汇入黄河，全长120千米，流域面积2167平方千米。多年平均径流量0.94亿立方米，年平均输沙量1170万吨。

蔚汾河发源于山西岚县野鸡山，由界河口流入兴县境，至张家湾村汇入黄河，全长81.8千米，流域面积1478平方千米，输沙量较大，水量变化季节性强。秃尾河，汉代称圁水，后称吐浑河，明代称秃尾河，发源于陕西神木市瑶镇西北的公泊海子，称为公泊沟，与圪丑沟汇流后称秃尾河，下游为神木与榆林、佳县的界河，在佳县武家峁注入黄河。全长140千米，流域面积3294平方千米。

湫水河发源于山西兴县吕梁山中段黑茶山南麓大坪头乡山脚下湫水寺，由东会乡阳坡村流至临县境内阳坡水库，出库后纵贯县境中部，至碛口汇入黄河，全长122千米，流域面积1874平方千米，年平均输沙量2400万吨。

碛口因黄河第二碛——大同碛而得名。碛，意为浅水中的沙石。大同碛是由湫水河的冲积，河床上布满沙石而成。

山西临县和陕西佳县间的黄河段两岸，由于流水侵蚀，河谷下切，加上岸边出露基岩主要是第三系砂岩夹薄层泥岩，岩性差异性明显，

“莲花辿”奇观高一二百米，绵延万米，巨石巉岩，高低错落。这是一种莲花状的丹霞地貌，红白相间、层层叠叠的砒砂岩形成于古生代二叠纪和中生代三叠纪、侏罗纪、白垩纪之间，距今已有2.5亿年。

在河水冲刷和风化作用下形成状态各异的水蚀地貌。从克虎、曲峪到碛口的黄河沿岸，黄河流水侵蚀地貌景观最为著名。由于厚层砂岩内含有大量正长石和石英石，在地下水溶蚀、河流冲蚀、风蚀和日照条件下，正长石逐渐分化分解，石英石从厚层砂岩中脱落下来，因此在砂岩中形成了石沟、石龛、石窟、石书等形状及各种动物形态的天然崖壁浮雕。

黄河从临县南下进入柳林县，县境内流程57千米。河床下切，两岸奇峰突兀，形成秀美壮观的峡谷。柳林县地处黄土高原的丘陵沟壑区，黄土塬、黄土柱、黄土梁等黄土地貌发育较广。发源于石楼县东石楼山西侧的屈产河，又名龙泉水，由曹家垣流入柳林县，至石西乡下塌上村汇入黄河，全长74.9千米，流域面积1205平方千米，年平均径流量0.484亿立方米。

佳县南黄河流经清涧县，境内流程57千米，流域面积407.8平方千米。该段流域基岩裸露，岸高谷深，河口至贺家畔一带河道曲折，舍峪里以上有险滩。黄河与支流无定河、清涧河三大水系的长期剥蚀和堆积作用，使这里形成地表破碎、峁梁起伏、河谷深切的黄土丘陵沟壑地貌。

无定河，古称生水、朔水、奢延水。唐五代以来，因流域内植被破坏严重，流量不定，深浅不定，清浊无常，故有恍惚(忽)都河、黄糊涂河和无定河之名。唐代诗人陈陶曾有名句："可怜无定河边骨，犹是春闺梦里人。"无定河发源于定边县白于山北麓，上游称红柳河，流经靖边县新桥后称为无定河，至横山转向东流，至鱼河堡转向东南，经米脂、绥德，至清涧县高杰村镇河口村注入黄河。全长477千米，流域面积3.05万平方千米，陕西境内河长442.8千米，流域面积2.1万平方千米，地处黄土高原北部和毛乌素沙漠边缘。年径流量15.35亿立方米，年输沙量2.17亿吨，平均含沙量141千克每立方米。输沙总量仅次于

石英石从厚层砂岩中脱落下来，因此在砂岩中形成了石沟、石龛、石窟、石书等形状及各种动物形态的天然崖壁浮雕。

渭河，居各支流第二位。

在清涧县玉家河镇赵家畔村和山西石楼县辛关镇之间的黄河段被称为太极湾，是“九十九个拐峁”中的一个拐峁。阴极是靠近清涧的弯曲黄河，阳极是石楼一侧的黄土山坡，一阴一阳，仿佛太极图像。

黄河进入陕西延川县和山西永和县之间，在这里形成五个大湾，由北而南依次是旋涡湾、延水湾、伏寺湾、乾坤湾、清水湾。一般称此类大湾为河曲，科学名称是蛇曲，更具体的分类称为嵌入式蛇曲，是峡谷中被河流冲刷形成的像蛇一样蜿蜒的地质地貌。黄河蛇曲段位于华北板块南缘、鄂尔多斯地块陕北斜坡的东缘，与晋西挠褶带相邻，属于蚀余黄土丘陵峡谷地貌，以土石梁峁和沟谷为主，河道及右岸支流强烈下切，沟深坡陡，两岸黄土覆盖较薄，坡面沟谷受流水侵蚀和重力侵蚀。伏寺湾也称为凤凰湾，黄河在此画出一个规则的半圆弧形，形成一个320度Ω形的大转弯。乾坤湾的S形大转弯气势磅礴，左河道中有一块鞋状沙丘，人称鞋岛，是一片清丽的在河之洲。清水湾的蛇曲呈305度弯曲，形如C，地形奇特，地势宏伟。延川和永和分别建有蛇曲国家地质公园。

黄河临汾段(含永和、大宁、吉县、乡宁4县)处在山西断陷盆地，由于地壳拉张，盆地陷落，边缘上升形成系列断层，加上河流下切侵蚀，形成盆地中心到边缘的多级台地，表现为河道两岸的地层垂直出露，层叠展现，基岩之上分别出露灰绿色、红色砂砾岩和红土，随着地势起伏而随机分布。

清涧河发源于子长市李家岔乡周家崄，东流经子长市马家砭镇入清涧县，折向南流，由营田进入延川县，经马家河后流向东南，在延川县苏亚河村注入黄河，全长175千米，流域面积4078平方千米，年平均径流量1.29亿立方米。

黄河东岸的大宁县有昕水河注入。昕水河发源于蒲县摩天岭，在隰县午城镇附近有东川河和城川河汇入，在大宁县西注入黄河，全长140千米，流域面积4325平方千米。流经黄土残塬区，水量不大，含沙量高，年输沙量2830万吨。

黄河西岸的延长县有延河注入。延河，曾名区水、去斤水、洧水、

伏寺湾（上图）和乾坤湾（下图）

延水等，发源于靖边县天赐湾镇周山，是延安市第二大河，也是陕北第二大河。由西北向东南流经城前河村，由镰刀湾乡杨石寺入安塞区境，至沿河湾罗家沟出境；由河庄坪乡李家湾村入宝塔区，到西沟门出境；

壶口瀑布是中国第二大瀑布，也是世界上最大的黄色瀑布。黄河奔流至此，两岸石壁峭立，河口收束，狭如壶口，每秒1000立方米的河水从20多米高的陡崖上倾注而泻，惊涛拍岸，形成“千里黄河一壶收”的气概。

由黑家堡镇盖头坪村接甘谷驿入延长县境，东至南河沟乡凉水岸汇入黄河。全长290千米，流域面积7686平方千米，年平均径流量2.93亿立方米。

黄河流至宜川县，有云岩河注入。云岩河又称汾川河，发源于延安市宝塔区崂山东麓南泥湾镇九龙泉，至临镇折向东南，在善马桥入宜川县，至高柏乡小河口注入黄河，全长112.5千米，流域面积1781.4平方千米，年平均径流量4618万立方米，平均年输沙量479万吨。

壶口瀑布位于陕西宜川县和山西吉县间的黄河干流上，是中国

第二大瀑布，也是世界上最大的黄色瀑布。黄河奔流至此，两岸石壁峭立，河口收束，狭如壶口。瀑布上游黄河水面宽300米，在前进不到500米距离内，被骤然压缩到仅23—30米的宽度。每秒1000立方米的河水从20多米高的陡崖上倾注而泻，形成“千里黄河一壶收”的气概。所处的河道河床坡降大，河谷下切作用强烈，河谷断面在这一带呈U形状态，开阔宽展的谷地中河水以瀑布形式再次在河床中央下切，形成特殊的谷中谷现象。

在山西河津与陕西韩城交界处，黄河流经龙门。相传龙门是大禹治水时所开凿，因而又名禹门口。这是北起内蒙古托克托河口的晋陕大峡谷的终点，两岸高耸入云的龙门山和黄龙山形如门阙，黄河夹中，河宽仅105米，河水奔腾，破门而出，黄涛滚滚，声震山野。出禹门口后，河宽突然增加到1800—3000米，潼关段黄河又有渭河和北洛河注入，河道进一步变宽。

黄河第二大支流、山西省最大的河流汾河在河津东湖村汇入黄河。汾河，古称汾、汾水，发源于宁武县管涔山雷鸣寺泉(近年考察结果可上溯至神池县太平庄乡西岭村)，纵贯山西省境中部，流经太原和临汾两大盆地，沿途汇入岚河、潇河、文峪河、昌源河、洪安涧河、涝河、浍河、浍河等支流，经忻州市的宁开、静乐，太原市的娄烦、古交、万柏林、阳曲、尖草坪、杏花林、迎泽、晋源、小店、清徐，吕梁市的文水、孝义，晋中市的祁县、平遥、介休、灵石，临汾市的霍州、洪洞、尧都、襄汾、曲沃、侯马，运城市的新绛、稷山、河津、万荣等6市29县(市、区)，全长713千米，流域面积3.97万平方千米，占山西省总面积的25%。因受黄河东侵夺汾之势的影响，汾河入黄河口常出现南北向移动变迁，北至河津市中湖潮、东湖潮一带，南至万荣县荣河镇庙前村故道。

20世纪60年代，三门峡大坝的建设使上游水流变缓，水面变宽，随着季节交替，在陕西合阳沿河形成宽阔的狭长形湿地区域，适宜的自然环境逐渐成为我国中西部地区水禽动物的天然过冬区和迁徙站。

发源于山西绛县横岭关陈村峪的涑水河，西南流经闻喜、夏县、运城市盐湖区、临猗，至永济市伍姓湖，在弘道园村附近汇入黄河，全长199千米，流域面积5526平方千米。

在陕西潼关段，黄河接纳了最大的支流渭河。渭河发源于甘肃省定西市渭源县鸟鼠山，有二源：南源清源河，源于渭源县西南豁豁山，长30千米，东北流至渭源县清源镇，与西源合；西源(正源)名禹河，源于渭源县西鸟鼠山，东流与南源合后始称渭河。东流过陇西县，东南流入武山县，南岸有榜沙河、山丹河、大南河汇入；东流入甘谷县，北岸有散渡河注入；于鸭儿峡入天水市麦积区，葫芦河由北岸注入，精河由西来汇，东汇牛头河，过小陇山，入陕西省境；经宝鸡市的陈仓、渭滨、金台、岐山、眉县、扶风，咸阳市的杨陵、武功、兴平、秦都、渭城，西安市的周至、户县、长安、未央、灞桥、高陵、临潼，渭南市的临渭、大荔、华县、华阴，至潼关的港口入黄河。渭河全长830千米，流域面积13.48万平方千米，年径流量100.5亿立方米，年输沙量5.34亿吨，分别占黄河年水量、年沙量的19.7%和33.4%，是向黄河输送水、沙最多的支流。

渭河水系发育，受秦岭纬向构造体系和祁连山、吕梁山、贺兰山"山"字形构造体系的影响，地质构造比较复杂，两岸支流呈不对称分布。渭河干流偏于流域南部，沿秦岭北麓东流。其中河源至宝鸡峡流经山区，河谷川峡相间。宝鸡峡以下，流经地堑断陷盆地，称关中平原，河谷宽阔，比降平缓，水流弯曲。南岸水系源于秦岭，流经石山区，多系流程短、比降大、水多沙少的支流。北岸水系发育于黄土高原，源远流长，集水面积大，水土流失严重，是流域内主要产沙区。较大支流多集中在北岸，其中流域面积大于1万平方千米的大支流有三条，即葫芦河、泾河、北洛河。

葫芦河发源于宁夏西吉县月亮山，流经甘肃省静宁、庄浪、秦安，至天水市麦积区石佛镇南三阳川注入渭河，全长298千米，流域面积1.07万平方千米，年径流量5.03亿立方米。流经陇西黄土高原丘陵沟壑区，水土流失严重，年输沙量7270万吨，最大含沙量每立方米1210千克。

泾河发源于宁夏泾源县六盘山东麓，南源出于泾源县老龙潭以上，北源出于固原大湾镇，至平凉八里桥汇合，东流经平凉、泾川，于杨家坪进入陕西长武县，从长武县西南边缘流过，是长武县与彬州市、永寿、礼泉县的界河，再自谢家沟入泾阳县，东流至西安市高陵区，于马家湾乡泾渭堡村东北注入渭河。泾河长460千米，流域面积4.55万平方千米，年径流量20亿立方米，年输沙量2.82亿吨，是渭河主要来沙区。泾河和渭河由于含沙量不同，呈现出一清一浊，在汇合处清水浊水同流一河互不相融，形成“泾渭分明”现象。但自古至今，“泾渭分明”现象发生过明显的变化。由于泾、渭两个流域植被和水土流失的变化，河水的含沙量、清浊程度也会不同。西周时泾清渭浊，泾渭分明，以后泾河有过由清变浊、由浊变清的反复，但到唐朝人们已经常感叹泾渭也清浊难分了。近代泾、渭虽仍有差异，但经常不太明显，而且因水量、含沙量的变化而呈现季节性差异。

马莲河是泾河最大支流，发源于陕西定边县境，全长375千米，流域面积1.91万平方千米。第二大支流是蒲河，发源于甘肃环县境，全长198千米，流域面积7482平方千米。两河都流经黄土丘陵沟壑区和黄土沟壑区，土质疏松，水土流失严重，是泾河泥沙的主要来源区。

北洛河发源于陕西定边县白于山南麓，河源分三支：西支为石涝川，中支为水泉沟，东支为乱石头川，在吴起汇流后始称北洛河。自西北向东南，流经志丹、甘泉、富县、洛川、黄陵、宜君、白水、澄城、蒲城、大荔，至三河口入渭河。河长711千米，流域面积2.7万平方千米，年径流量9.24亿立方米，年输沙量0.98亿吨。流域的上游属黄土丘陵沟壑区，沟深坡陡，地形破碎，植被稀少，水土流失严重，是流域的主要产沙区。明成化年间，朝邑河岸崩溃，北洛河改为直接入黄河，至清嘉庆年间，又由大庆关溃出后复入渭河，后又直接入黄河。1933年黄河东移后，北洛河在黄河、渭河之间的三角地带徘徊达10余年，时而入黄，时而入渭，直到1947年才固定入渭河。

泾河、北洛河虽属黄河二级支流，但因流域面积大，水沙来量多，汇入地点又离渭河入黄河口近，多把它们作为独立水系研究，常与渭河干流并列，称为“泾、洛、渭”。

渭河下游河道比降平缓，入黄口附近河段历来受黄河河道摆动和洪水顶托影响。三门峡水库修建后，黄河河床淤高，渭河下游河道也发生溯源淤积，河道及洪水位升高，洪涝灾害加重。

黄河在潼关、风陵渡间转向东流，流经河南三门峡市与山西运城市之间。

宏农涧河发源于河南省灵宝市南部峭山北麓罗家沟，向北流至灵宝市北寨村注入黄河，全长97千米，流域面积2062平方千米，年平均径流量2.6亿立方米。此河冲积的砂质黏土和淤泥质砂砾石层的黄河河段河滩平坦，河槽窄深，水流较集中，河势变化以弯道发育为主，部分较宽河道中央发育心滩。

山西芮城大禹渡位于三门峡水库回水变动区，是黄河淤积的主要部位之一，受水库蓄洪泄洪影响，该河段冲淤变化迅速，左岸淤积，右岸侵蚀，主流摆动频繁，岸滩崩塌剧烈，弯道发展过分弯曲，多处形成深湾、截弯取直等河流地质现象。

黄河自常乐镇大坪村流入平陆县境，在中条山南麓沿岸形成一片湿地，由西向东呈带状分布。这一湿地区既有峡谷地貌和三门峡宽阔河道，又有分布广阔的滩涂，不仅有典型的河流湿地特征，也有库塘湿地特征，出现了杨树林、斑竹林、桑林及柽柳和荆条等灌木丛，岸边也有芦苇、香蒲等草丛植物。

三门峡在河南三门峡市东北黄河中。在黄河形成过程中，西部的水汇集至今潼关以下一段相对较低的地段，在今陕州区一带受到太行山脉的阻挡，以巨大的水力持续冲击，年深日久，终于冲出三个口子，形成三股水道，汇为一条大河流入平原，流向大海。后人将这三股激流，自东至南称为人门、神门、鬼门，而三门之间依然屹立河心的岩石，分别被称为人、神、鬼三岛。大禹治水的传说形成后，又称大禹治水时凿龙门，开砥柱，所以将屹立河中的巨石称为砥柱、砥柱山、中流砥柱。建造三门峡水利工程时，砥柱得以保留，现存于大坝前水中。

在三门峡以下130千米、洛阳市以北40千米的黄河干流，建有小浪底水利枢纽工程。工程由拦河大坝、泄洪排沙灌溉和发电设施系统三部分组成，是治理、开发黄河的关键性工程，也是国内仅次于长江三峡的特大型水利枢纽工程。控制流域面积69.4万平方千米，占黄河流域面积的85.3%。坝址所在地南岸为孟津区小浪底村，北岸为济源市蓼坞村，是黄河中游最后一段峡谷的出口。坝顶高程281米，正常高水位275米，库容126.5亿立方米，淤沙库容75.5亿立方米，调水调沙库容10.5亿立方米，长期有效库容51亿立方米，水库面积达272.3平方千米；总装机容量180万千瓦，年平均发电量51亿千瓦时；每年可增加40亿立方米的供水量。它的建成可有效地控制黄河洪水，使黄河下游花园口的防洪标准由六十年一遇提高到千年一遇，基本解除黄河下游凌汛的威胁，减缓下游河道的淤积。小浪底水库还可以利用其长期有效库容调节非汛期径流，增加水量用于城市及工业供水、灌溉和发电。它处在承上启下控制下游水沙的关键部位，几乎可100%控制黄河向下游的输沙量，利用淤沙库容可滞拦泥沙78亿吨，可使下游河床20年内不淤积抬高。

在济源市小浪底大坝上游20千米处水库中，有已建为世界地质公园的黄河三峡——孤山峡、龙凤峡、八里峡。八里峡是黄河中游的最后一个峡谷，也被称为“黄河之门”或“万里黄河第一峡”。这里山势险峻，传说大禹治水时劈开王屋山，使黄河冲破阻碍，滚滚东流；实则大约由于10余万年前的地质运动而贯通。小浪底水利工程竣工前，峡谷内崖壁耸立，黄河激流奔涌，纤夫在两岸峭壁上艰难行进，自古不知多少船只在此触礁沉没，有“鬼门关”之称。大坝截流后，谷内水位逐渐抬高，风景宁静而优美。

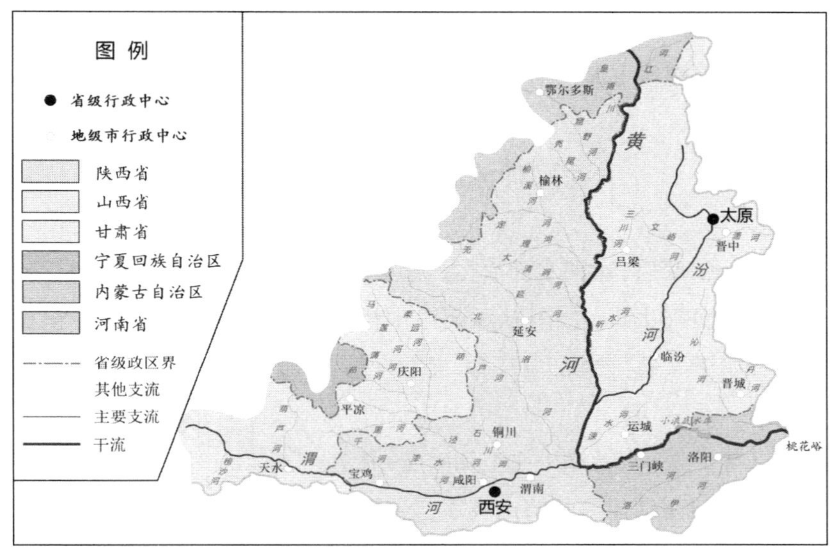

黄河中游地区示意图

洛河发源于秦岭山脉东侧的陕西省洛南县洛源镇木岔沟，于王岭乡兰草河口进入河南省卢氏县，流经洛宁、宜阳、洛阳、偃师，在岳滩村东约1千米处与伊河相汇，向东北经巩义市神堤村北注入黄河。总长445千米，流域面积1.89万平方千米，年平均径流量34.3亿立方米，年输沙量0.18亿吨，水多沙少，是黄河的多水支流之一。洛河流域处于暖温带南部，年降水量大于600毫米，南部山区高达900毫米。流域内暴雨较多，而且降雨强度大，雨区面积较大。由于洛河邻近黄河下游，洛河发生大洪水对黄河下游会产生严重威胁。

伊河发源于熊耳山南麓的栾川县陶湾镇，流经嵩县、伊川，穿伊阙而入洛阳，至偃师注入洛河，与洛河汇合后称伊洛河。全长267千米，流域面积5974平方千米，年平均径流量为7.22亿立方米。

涧河发源三门峡市陕州区观音堂镇，流经渑池县，义马市，洛阳市新安县、西工区、涧西区，全长104千米，流域面积1430平方千米，于洛阳市区瞿家屯流入洛河。

三、奔流向海：黄河下游

出小浪底后，黄河水面放宽，大量泥沙淤积，开始成为“悬河”，防御洪水的黄河大堤(左岸)从孟州市中槽坡村筑起，自古就有“千里黄河大堤始于孟县”之说。黄河大堤右岸临黄堤计长624.2千米，自上而下为：

①孟津堤，自孟津牛庄至和家庙，长7.6千米。

②自河南郑州市的邙山脚下，经中牟、开封、兰考及山东东明、菏泽、鄄城、郓城至梁山县徐庄，长340.2千米。

③东平湖河段梁山县徐庄至东平青龙山的10段河湖两用堤及山口隔堤，计长19.3千米。

④从济南市郊区宋家庄经历城、章丘、邹平、高青、博兴至垦利区二十一户，长257.1千米。

左岸临黄堤计长746.9千米，自上而下为：

①自河南孟州中槽坡，经温县、武陟、原阳至封丘鹅湾，长171千米。

②贯孟堤，自封丘鹅湾至吴堂，长9.3千米。

③太行堤，自长垣大车集至苏东庄，长22千米。

④自河南长垣市大车集经濮阳、范县至台前张庄，长194.5千米。

⑤自山东阳谷陶城铺经东阿、齐河、济阳、惠民、滨州至利津四段，长350.1千米。

黄河流经郑州市荥阳市广武镇境内桃花峪，这里已取代长期沿用的“旧孟津”被确定为黄河中下游的分界点。岸边建有21米高的黄河中下游分界碑。自此以下，黄河下游河段长786千米，流域面积2.3万平方千米。桃花峪也是中国三大阶梯地形第二、三级的交接点，是山地与平原衔接处，黄河自此进入平原地区。

在黄河左岸武陟县南，有沁河流入，这是黄河中游最后一条一级支流。沁河发源于山西平遥县黑城村(一说源于沁源县西北太岳山东麓二郎神沟)，过沁潞高原，穿太行山，流经沁源、安泽、沁水、阳城、晋城市郊区，自五龙口进入河南省济源，经沁阳、博爱、温县，于武陟县南流入黄河，全长495千米，流域面积1.31万平方千米，平均年径流量17.8亿立方米，年平均输沙量798万吨，属水多沙少河流。

沁河最大支流丹河，发源于山西高平丹朱岭，流经泽州盆地，经晋城市城区、泽州县进入河南博爱县与泌阳县间，在磨头镇陈庄村汇入沁河，全长166千米，流域面积3137平方千米。

沁河另一条支流蟒河，发源于山西晋城市阳城县南指住山麓花野岭，由北向南，流入河南省济源市、孟州市，分为两支，再经温县、武陟县，在武陟县分别入黄河和沁河，全长130千米，流域面积1328平方千米。

沁河流域是黄河三门峡至花园口间洪水来源区之一。沁河下游河道两岸筑有大堤，全长150多千米，河床高出两岸地面2—4米，武陟县木栾店附近临背河悬差7—10米，与黄河下游河道相似，也是“地上河”，历史上决口泛滥频繁。

黄河右岸流经郑州市惠济区，这是黄河经过的第三个省会城市，花园口位于惠济区的黄河岸。黄河从中游挟带来的大量泥沙淤积在下游河道，以致河床抬高，形成地上悬河。在河南沁河口附近，黄河水位高出河堤外地面6—7米，高出新乡市区地面20米；在柳园口附近，黄河滩面高出开封市地面7米左右。花园口是悬河的起点，其流量和水位是黄河下游的防汛标准。

黄河经过九曲十八弯，流经九个省区，滔滔河水挟着滚滚泥沙冲入大海。由于淡水与咸水混合发生的絮凝作用，在广阔的海面形成一条犹如蜿蜒长龙的黄蓝交汇带。黄河之水天上来，奔流到海不复回。

1938年6月9日，为阻滞日寇进攻，蒋介石“以水代兵”，下令在花园口扒开黄河大堤，人为造成决口泛滥，黄河改道东流，从淮河入海。1947年3月15日，花园口堵口合龙，黄河回归故道。

花园口以下，黄河的左岸是河南原阳县、封丘县、长垣市、濮阳县、范县和台前县；山东阳谷县、东阿县、齐河县，济南市天桥区、济阳区，滨州市惠民县、滨城区，东营市利津县、河口区、垦利区。黄河的右岸

是河南中牟县、开封市兰考县；山东菏泽市东明县、牡丹区、鄄城县、郓城县，梁山县、东平县，济南市平阴县、长清区、槐荫区、天桥区、历城区、章丘区，邹平市，高青县，滨州市博兴县、滨城区，东营市东营区、垦利区。在垦利区流入渤海。

金堤河发源于河南新乡县荆张村，经延津、卫辉市、浚县、滑县、濮阳县、范县，在台前县东北端北张庄入黄河。全长211千米，流域面积5171平方千米。流域所在地历史上是黄河决溢迁徙地区，1855年黄河在铜瓦厢决口改道北流，河道两岸逐步修建堤防，太行堤、北临黄大堤与北金堤之间的水系，几经演变成为金堤河。金堤河是季节性河流，河水来源除流域降水外，还有引黄灌溉区弃水、退水和黄河干流侧渗补水等。金堤河中下游于1951年辟为黄河下游北金堤滞洪区，并建有石头庄溢洪堰等工程。为有利于防汛，1964年将范县、寿张县由山东省划归河南省管辖。1977年废溢洪堰，兴建渠村分洪闸，用以防御黄河特大洪水。滞洪区面积2316平方千米，约占流域面积的46%。

京杭大运河在阳谷县境内穿过黄河。该段黄河河槽宽浅，主流位置不定，水流散乱，泥沙淤积严重，水势变化大，是黄河下游河床变化最为频繁的游荡性河段。由于大运河水直接与黄河水连通，相互影响，在清末大运河废弃前，经常为保证漕运畅通而置黄河水灾于不顾。

艾山至利津黄河段俗称黄河山东河道。艾山卡口位于东阿县城东12千米处，是黄河下游河床最窄处。艾山与对面的外山形成天然的卡口，使黄河河床在这里陡然变窄，急速的黄河水到此被挤在狭窄的河床内。此段河道属窄深河槽段，河道比降为1%。淤积以沿程淤积为主，溯源淤积的影响有限，河口延伸影响的范围不超过艾山段。

东平湖原名安山湖，清咸丰年间定名为东平湖，位于东平县，是山东省第二大淡水湖，黄河下游唯一湖泊，属滞洪湖，是黄河下游重要分洪工程。水域总面积627平方千米，平均水深2.5米，蓄水总量3亿立方米。东平湖老湖区是浅碟形的平原湖泊，湖面209平方千米，是滞洪水库一部分，承担滞蓄黄河及大汶河洪水的任务。东平湖的主要注入河流是大汶河，大汶河入东平湖经调蓄后，出陈山和清河口闸东汇入黄河。

大汶河，古称汶水，发源于沂源县旋崮山北麓，汇泰山山脉、蒙山支脉诸水，自东向西流经莱芜、新泰、泰安、肥城、宁阳、汶上、东平等县、市，全长231千米，流域面积8944平方千米。习惯上称东平县马口以上为大汶河，干流长209千米，流域面积8633平方千米；泰安大汶口以上为上游，大汶口至东平县戴村坝为中游，戴村坝以下为下游，为大清河。东平县马口以下称东平湖区，流域面积(不包括新湖区)465平方千米。大汶河年平均径流量18.2亿立方米，年平均输沙量182万吨。

济南市是黄河流经的第四个也是最后一个省会城市，从市属平阴县至章丘区，长172千米。黄河济南段都是地上悬河，河道滩面一般高出两岸地面2—5米，局部高达10米。该段黄河具有水量少、沙量多的特点，携带泥沙在河道内不断淤积，河床逐年抬高，且河道狭窄弯曲，是黄河防洪抗凌的重点河段。

打渔张黄河段位于滨州市博兴县，北岸属滨州市滨城区，河道两岸为引黄灌溉区，“引黄济青”工程也位于此地。打渔张森林公园以渠首工程为核心，集自然与人文景观于一体，形成北国水乡特色。

黄河最终流至东营市垦利区，流入渤海。由于历史上黄河尾闾段左右摆动，多次决堤、满溢、泛滥等的冲积、淤垫，形成了典型三角洲地貌，如海滩地、微斜平地和河滩高地，地势自西南向东北呈扇形微倾斜。古代三角洲与现代三角洲叠合，同时出现废弃河床、牛轭湖、自然堤、决口扇和泛滥平原，以及现代三角洲平原、沙坝、边滩等地貌。

黄河三角洲面积约6000平方千米，海岸线长约350千米，大致于1855年黄河铜瓦厢决口改道袭夺大清河入海后形成，属陆相弱潮强烈堆积性河口，是我国最大的三角洲平原，也是最后形成的三角洲，并且一直在不断形成新的陆地。

黄河三角洲国家级自然保护区内水源充足，植被丰富，水文条件独特，海水淡水交汇，形成宽阔的湿地，浮游生物富集，各种珍稀鸟类群聚。有芦苇荡2万公顷、槐林1.3万公顷、柳林0.2万公顷以及国内罕见的天然柽柳林。各种野生动物计达1524种，其中包括鸟类367种，

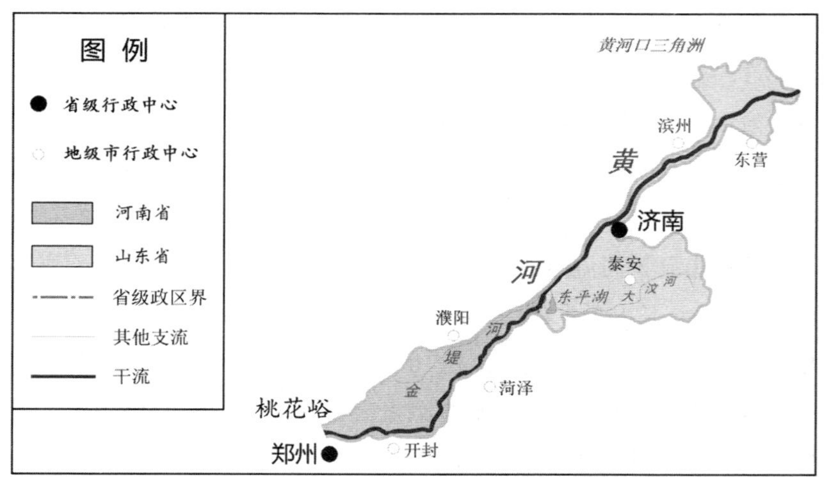

黄河下游地区示意图

是东北亚内陆和环西太平洋鸟类迁徙重要的中转站、繁殖地、越冬地。2013年，经《国际湿地公约》(《拉姆萨尔公约》)组织确定，黄河三角洲国家级自然保护区正式列入国际重要湿地名录。

黄河经过九曲十八弯，流经九个省区，滔滔河水挟着滚滚泥沙冲入大海。由于淡水与咸水混合发生的絮凝作用，在广阔的海面形成一条犹如蜿蜒长龙的黄蓝交汇带。

黄河之水天上来，奔流到海不复回。

第二章　黄河——中国的母亲

一、无可争辩的地位：本土古人类的发祥地

现在的黄河自西向东共流经青海、四川、甘肃、宁夏、内蒙古、陕西、山西、河南及山东九个省和自治区，而在历史时期，黄河下游还曾经流过今河北省、天津市、安徽省、江苏省四个省市，整个黄河下游总冲积平原的面积共约25万平方千米。今天的海河水系是在公元3世纪以后才开始出现和形成的，而黄河夺淮的历史直到1947年才最后结束。因此，历史时期的黄河流域面积比今天要大，总面积超过100万平方千米。

在中国历史上，黄河一直享有至高无上的地位，早在汉代就被尊为“四渎”（当时认为四条最大的河流，即黄河、长江、淮河、济水）之宗。黄河一向被称为哺育中华民族的伟大母亲，黄河流域被称为中华文明的摇篮。

但是近些年来，随着在黄河流域以外地区，如长江中下游、四川盆地、辽河流域、燕山山区等地新的考古成果的出现，有人对此说法提出了异议，有人认为有关黄河在中国早期文明的地位的历史应该重写，或者说中华文明不止这一个摇篮。还有些人认为，黄河自古以来带给中国人民的只是灾害，黄河对中国弊大于利，甚至黄河是近代中国落后、封闭的根源。

如果我们尊重历史事实,不抱任何偏见的话,就可以十分明确地得出这样的结论:根据迄今为止的科学研究包括考古发掘的成果,上述看法是完全站不住脚的。特别是近年公布的中华文明探源工程的结论,已经对这些质疑作了明确的回答。

遗传学家研究人类基因结构普遍的共同性及其流传分布的过程,肯定人类都起源于东非,大约在8万—10万年前迁入中国。但另一个无法否定的事实,是在中国境内的确发现了大量在10万年前就存在的古人类及他们留下的遗址、遗物。对这些古人类及他们存在年代的鉴定,得到国际学术界的认可。那么无非有两种可能:一是这些古人类以后全部灭绝了,所以今天的中国人完全是来自非洲的古人类的后代;一是尽管今天的中国人主要是来自非洲的古人类的后代,但在中国本土的古人类并没有完全灭绝,其中一些人已经融合于外来的人口中。

我认为,无论最终的结论是什么,在探讨中华民族和中华文明的形成过程时,中国本土古人类的存在和活动都不应忽视。举个最简单的例子,从非洲迁来的古人类到了中国以后为什么选择某些地方定居呢?除了当时当地的自然条件外,有没有此前的本土古人类活动造成的因素或留下的条件呢?所以讨论本土古人类对中国历史的影响还是有意义的。

考古学一般将距今二三百万年至一万年左右的时间段称作旧石器时代。在中国境内已经发现的旧石器时代的遗址大约有两千处,其中近一半分布在黄河流域。迄今为止,在黄河流域发现的最早的古人类是蓝田人,距今已有70万—115万年,1963—1964年发现于陕西蓝田县公王岭,最新的研究成果认为蓝田人的年代还应更早。其次是北京猿人,亦称中国猿人,距今约70万年,1927年发现于北京西南周口店龙骨山的洞穴中。发现于黄河流域的距今3万—10万年的旧石器时代中期的人类化石,还有山西襄汾县丁村的丁村人、陕西大荔甜水沟的大荔人、山西阳高县许家窑的许家窑人、内蒙古乌审旗萨拉乌苏河（即红柳河）的河套人等，时间稍晚的人类文化遗址还有山西朔州市寺峪遗址、河南安阳县小南海洞穴遗址、山西沁水县下川遗址等。这些遗址不仅分布面广，内容丰富，而且持续时间长，具有连续性。如北京周口店的遗址，既发现了约70万年前的北京猿人，也发现了距今18000年的旧石器时代晚期的山顶洞人。

当然，黄河流域之外也已经发现了重要的古人类遗址，如目前我国最早的元谋猿人的化石是在云南元谋县发现的，距今约170万年。还有安徽和县的和县人，也有三四十万年的历史。此外有马坝人（广东韶关）、长阳人（湖北长阳）、柳江人（广西柳江）、资阳人（四川资阳）、左镇人（台湾台南）等。但除了元谋猿人外，其他的都晚于蓝田人和北京人，数量和延续性方面还不能与黄河流域相比。

所以，尽管其他地区也是中国古人类的发祥地，但黄河流域无疑是最主要的，也是最重要的发祥地，所起的历史作用自然要大得多。

二、农业文明的曙光，中华文明的起源

我国目前已发现的文化遗址证明，进入距今约3000—8000年前的新石器时代以后，黄河流域仍然是当时最发达的地区。其重要的标志是，农业文明的曙光不仅首先照临了黄河流域，而且从此产生了最普遍、持久的影响，从而使中华文明的源头在黄河流域形成，中国有文字记载的历史最早在黄河流域出现。

因在河南新郑市裴李岗发现而命名的裴李岗文化广泛分布在河南中部的郑州、新郑、尉氏、中牟、新密、巩义、登封、长葛、鄢陵、郏县、项城、潢川等地，是公元前6000—前5000年的早期新石器时代遗存。出土的石器中有石磨盘和石磨棒，可以证明当时已经有了原始的粮食

加工。基本同时的磁山文化发现于河北武安市，也是一处早期新石器时代遗址，除了同样有石磨盘、石磨棒以外，还发现了腐朽的粟类谷物。显然，当时这一带的人类已经从原始的采集、渔猎进入了农业生产。

仰韶文化因1921年发现于河南渑池县仰韶村而得名，至今已经发现了上千处遗址，广泛分布在黄河流域的河南、山西、陕西、河北、甘肃东部、宁夏和内蒙古南部，但以黄河中游地区为主，时间从公元前5000年至前3000年不等。仰韶文化以彩陶(绘有黑、红花纹的陶器)为特征，农业为主，渔猎为辅，饲养猪、狗等家畜，属于母系氏族公社时期。

著名的西安市半坡遗址、陕西临潼县(今属西安市临潼区)姜寨遗址、河南三门峡市庙底沟遗址都是仰韶文化的典型。从这些遗址可以进一步证实，当时这里的人们已经过着定居生活，形成了村落，大多有了房屋，以农耕为主，同时饲养家畜，兼有渔猎。当时的陶器制作已经相当成熟，石器工具已有很多品种。仰韶文化前后持续约2000年，经过这一阶段的发展和进步，奠定了黄河流域农业文明的基础。

被称为甘肃仰韶文化的遗址分布在甘肃、青海一带，包括发现于甘肃临洮县的马家窑文化和半山—马厂文化，时间约在公元前3000—前2000年。它的基本特点与仰韶文化相同，也是以农业为主的。时间上的差距可以设想为人口缓慢迁移的结果。那么，甘肃仰韶文化的来源应该就是黄河中下游地区。

黄河下游地区以大汶口文化和龙山文化为主。大汶口文化于1959年首先发现于山东宁阳县堡头村，而以泰安市的大汶口得名，分布在山东和苏北部分地区。继起的龙山文化是1928年在山东章丘县龙山镇(今属济南市章丘区)城子崖发现的，至今已广泛发现于山东、河南、江苏、安徽、河北、陕西、山西、甘肃、内蒙古、辽宁和湖北北部。龙山文化的共同特点是以农业为主，畜牧业较发达，已经进入父系氏族公社时期。由于各地的龙山文化在时间和特征方面有所差异，因而又分为庙底沟二期文化、河南龙山文化、陕西龙山文化、山东龙山文化和河套龙山文化等。

龙山文化比仰韶文化有了显著的进步，反映在磨制石器已占据较大比例，陶器的制作更加精细，村落的规模更大，挖土工具、凿井技术、金属冶炼已经在一些地区出现，还发现了可能是文字雏形的一些符号。

只有农业、牧业生产进步到一定程度，发展到一定规模，一个人类群体才能供养一定数量的非生产人口，而这是人类脱离野蛮的前提。一个群体如果没有首领、管理人员、战斗和守卫人员、祭祀人员、巫师、工匠，或者虽然有却不能专职专业化，或人数太少，是绝对跨不进文明的门槛的。而要使这批人分化出来，达到占人口一定的比例并能维持，就必须生产出能够养活他们的食物。而要形成政治实体，出现等级制度，建筑大型公共建筑和祭祀场所，制作礼器，形成城市，出现专门的市场和手工业作坊，有专人从事非生产性工作，更需要食物以外的物质基础。在此前提下，才可能出现专门从事精神财富创造的人，并且其人数能保持稳定或逐步增加。比较而言，在同样的土地上，农业比早期牧业能创造更多的物质财富。

因此，在山西省发现的陶寺遗址具有的代表性、重要性不言而喻。

陶寺遗址位于山西临汾市襄汾县城东北约7千米的陶寺村，1958年考古调查时被发现，1978年开始大规模发掘，2002年纳入中华文明探源工程。遗址东西长约2000米，南北约1500米，总面积约300万平方米，是规模最大的中原地区龙山文化遗址之一，至2018年已发掘墓葬1000余座，出土完整或可复原文物5000余件。

经碳14测年等多种手段年代综合测定分析，陶寺遗址总体可分为早、中、晚三期，距今分别约4100—4300年、4000—4100年、3900—4000年。早期小城分为东西两个小区：西区居下层贵族；东区居上层贵族，为“宫殿区”，面积约6.7万平方米。宫殿区至中期仍在使用，其中发现有大型夯土建筑基址和铜器残片、带彩墙皮等高规格遗物，显示出居住者较高的身份地位。中期大城面积约270万平方米，加上中期小城的面积，总面积达280万平方米，是目前发现的黄河流域史前最大的城址。遗址西南部近20万平方米的集中区域中，发现了与制陶、石器加工等手工业密切相关的遗址，当为手工作坊区。另外，还发现了墓葬区、仓储区、祭祀区等，整个陶寺遗址的整体布局存在明显的统一规划，功能区划比较清晰。

陶寺聚落的等级分化明显，已存在多个层级，复杂化程度较高。宫殿区、仓储区、祭祀区、重要手工作坊区显然都是为权力阶层服务的。居址则既有规模宏大、地位高的宫殿夯土建筑，又有简陋的半地穴式或窑洞式小屋。贵族阶层也已分化为上下层。墓葬差距巨大，等级越高，数量越少，随葬品越多，反之亦然。中期墓地中大型墓比早期规模更大，随葬品更丰富。同时也存在很多乱葬墓，死者或被弃于灰坑，或被作为人殉祭祀，或被夯筑于城墙中，显示社会阶层分化，阶级矛盾或颇为尖锐。

根据考古工作者的研究，陶寺遗址中有众多重要发现：如早期王墓中出土的龙盘，其龙的形象与特征或是中原龙形态形成的开始；中期骨耜上发现刻有“辰”（农）字，当是迄今考古发现最早的汉字；中期时代的陶寺观象祭祀台，是世界范围内迄今考古发现最早的观象台；陶鼓、鼍鼓、石磬、铜铃、陶埙等乐器，尤其是在早期王墓中配伍出现的乐器，则可能代表礼乐制度的初步形成。另外，考古发现陶寺文化测日影立中的圭尺，既是迄今世界最早的圭尺仪器实物，也可能代表陶寺已经形成“地中”概念，而“中”的概念无疑是“中国”概念的必备要素。

陶寺遗址附近20千米范围内密集分布有14处陶寺文化时期遗址，

基本围绕着陶寺遗址分布。这组聚落分为三个等级，等级差别明显。陶寺聚落宏大的规模与城址，使其处于唯我独尊地位，是绝对的中心，已具备都城的条件。

年代稍晚的二里头遗址也是一个重要证据。

二里头遗址位于洛阳盆地东部的河南洛阳市偃师区境内，遗址上最为丰富的文化遗存属二里头文化，其年代距今约3500—3800年，相当于传世文献中的夏、商之交。遗址沿古伊洛河北岸呈西北—东南向分布，东西最长约2400米，南北最宽约1900米，北部为今洛河冲毁，现存面积约300万平方米，估计原聚落面积应在400万平方米左右。其中心区位于遗址东南部的微高地，分布着宫殿区和宫城(晚期)、祭祀区、围垣作坊区和若干贵族聚居区等重要遗存。西部地势略低，为一般性居住活动区，常见小型地面式和半地穴式房基以及随葬品以陶器为主的小型墓葬。

二里头文化第一期遗存在遗址中东部区域广泛分布，文化堆积范围超过100万平方米。遗存中已有青铜工具、象牙器、绿松石器等规格较高的器物和刻划符号发现。此期的二里头遗址很可能已是较大区域内的中心聚落。

从第二期开始，二里头都邑进入了全面兴盛的阶段，其城市规划大的格局已基本完成。中心区由宫殿区、围垣作坊区、祭祀活动区和若干贵族聚居区组成，其遗存遍布于现在300万平方米的遗址范围内。宫殿区已得到全面开发，大型多进院落宫室建筑群开始营建，院内开始埋入贵族墓。外围垂直相交的大路已全面使用。官营作坊区兴建了围墙并开始生产铜器，可能还有绿松石器。形成了具有二里头文化特色的陶器群。二里头文化向北越过黄河，向东、西方也有所推进，向南推进的力度更大。

宫殿区的面积不小于12万平方米，其外围有垂直相交的大道，晚期筑有宫城。贵族聚居区位于宫城周围。中小型夯土建筑基址和贵族墓葬主要发现于这些区域。其中宫城东北和宫城以北，是贵族墓葬最为集中的两个区域。绿松石器制造作坊和铸铜作坊都位于宫殿区以南，已发现了夯土墙。祭祀活动区位于宫殿区以北和西北一带，东西连绵二三百米。这里集中分布着一些可能与宗教祭祀有关的建筑、墓葬和其他遗迹。

都邑主干道网位于宫殿区的外围。已发现的四条大路垂直相交，略呈“井”字形，显现出方正规矩的布局。保存最好的宫殿区东侧大路已知长度近700米。大路一般宽10余米，最宽处达20米。这几条大道的使用时间均较长，由二里头文化早期沿用至最晚期。这是迄今所知我国最早的城市道路网。

二里头遗址是迄今可以确认的最早的具有明确规划的都邑。

二里头文化第三期持续着第二期以来的繁荣。总体布局基本上一仍其旧，道路网、宫殿区、围垣作坊区及铸铜作坊等重要遗存的位置和规模几同以往。宫殿区大路上偏内侧增筑了宫城城墙，宫墙内面积超过10万平方米。一大批大中型夯土建筑基址兴建于此期。在宫城南大门中轴线上，兴建起了面积达1万平方米的1号基址。在围垣作坊区的北部，一处面积不小于1000平方米的区域被用作绿松石器的生产。与此同时，铸铜作坊开始生产作为礼器的青铜容器。除了青铜礼器，贵族墓中也开始随葬大型玉礼器，其奢华程度远胜第二期。

2018年5月，“中华文明探源工程”公布了初步结论：距今5800年前后，黄河、长江中下游以及西辽河等区域出现了文明起源迹象。距今5300年以来，中华大地各地区陆续进入了文明阶段。距今3800年前后，中原地区形成了更为成熟的文明形态，并向四方辐射文化影响力，成为中华文明总进程的核心与引领者。

探源工程证实了中华文明“多元一体、兼容并蓄、绵延不断”的总体特征。探源研究表明，多元一体文化现象背后的各地方社会，在其文明起源和早期发展阶段，在各自的环境基础、经济内容、社会运作机制以及宗教和社会意识等方面，也存在各种各样的差别，呈现出多元格局，并在长期交流互动中相互促进、取长补短、兼收并蓄，最终融汇凝聚出以二里头文化为代表的文明核心，开启了夏商周三代文明。中华文明的起源和早期发展是一个多元一体的过程。

中华文明在自身发展过程中，广泛吸收了外来文明的影响。源自西亚、中亚等地区的小麦栽培技术、黄牛和绵羊等家畜的饲养以及青铜冶炼技术逐步融入中华文明之中，并改造生发出崭新的面貌。

三、中国的来历

考古学家认为山西襄汾的陶寺遗址"非常可能"就是传说中的尧都，称之为"最早的中国"。之所以说"非常可能"，而不能直接肯定，最大的缺憾就是没有发现正式的文字记载。相比之下，"中国"一词的来历得到明确的肯定虽然也来自考古的证据，却因为有了文字而无可置疑。

1963年8月，在大雨过后的一个上午，租住在陕西宝鸡县贾村一个农家院的陈某，发现后院的土崖因雨水冲刷部分坍塌了，下面好像有点亮光。他用手和小镢头刨，结果刨出了一个铜器，就取回家放着。第二年，陈某返回固原，临走时将铜器交给邻居保管。1965年，邻居缺钱花，就将这件铜器以废铜的价格卖给废品收购站。宝鸡市博物馆一位干部在市区玉泉废品收购站看到这件铜器，感觉应该是一件比较珍贵的文物，便向馆长汇报。馆长随即让保管部主任去查看，主任赶到废品收购站后，也断定这是一件珍贵文物，便以收购站当初购入的价格30元将这尊高39厘米、口径28.6厘米、重14.6千克的铜器买回博

何尊

物馆。经考古人员确认，这是一尊西周早期的青铜酒器。全器造型如“亞”字，长颈，腹微鼓，高圈足。体侧装饰有四道镂空扉棱，从上至下将圆形器体分为四个部分。主体花纹为高浮雕兽面纹，位于中部，巨目利爪，狞厉凶猛。口沿和圈足部位的纹饰，分别为兽形蕉叶纹和相对简单的浅浮雕兽面纹。整器的装饰以雷纹为地，部分采用三层花的装饰手法，看起来华美瑰丽。这尊铜器成了宝鸡市博物馆1958年成立后收藏的第一件青铜器。

1975年，为纪念中日建交，国家文物局要在日本举办中国出土文物精品展，王冶秋局长聘请青铜器专家马承源(已故上海博物馆馆长)组织筹备。马承源很快从全国各地调集了100件一级品文物，其中就有宝鸡出土的这件饕餮纹铜尊。马承源在故宫武英殿见到这件青铜器后，反复看了好几遍，心中一直纳闷：这么大造型的器物为什么没有铭文？随即他用手在铜尊内壁底部反复摩挲，感觉底部某个地方似乎刻有文字。他大为振奋，随即让人送去除锈。经过清除泥土和锈迹，果然在铜尊底部发现了一篇12行共122字的铭文。马承源将这件青铜器命名为“何尊”，因为根据铭文的内容，周王宗族“何”的先人曾追随文王，周王赏赐给“何”贝30朋，“何”因此制作此酒具，以作纪念。

因为这一重大发现，国家文物局取消了何尊赴日本展出的安排。1980年，国家文物局又请马承源组织筹备“伟大的中国青铜器”展，以赴美国进行友好交流。美方提出展品中必须有何尊。国宝出展，身价倍增，最后投保达3000万美元。此后，何尊多次出展，向世界人民展示了中华民族悠久的历史和灿烂的文化。根据文化部2001年第19号令公布实施的《文物藏品定级标准》，何尊被定为国家一级文物。2002年，国家文物局确定了首批禁止出国(境)展览的重要文物共64件(组)，何尊是其中之一。

何尊铭文大意是成王五年四月，周王开始在成周营建都城，对武王进行丰福之祭。周王于丙戌日在京宫大室中对宗族小子何进行训诰，内容讲到何的先父公氏追随文王，文王受上天大命统治天下。武王灭商后则告祭于天，以此地作为天下的中心，统治民众。

而对我们来说，铭文中最重要的话，就是周王营建成周的前提：

> 惟武王既克大邑商，则廷告于天，曰："余其宅兹中国，自之辟民。"(或释作"自之乂民"，大意相同。)

大意是：武王在攻克了商的都城后，举行隆重的仪式向上天报告："我现在把中国当我的家园了，亲自统治那里的民众。"

这是迄今为止找到的最早的"中国"两字的实证，而且明白无误地告诉我们，早在3100年前，"中国"的含义就是当时最高统治者居住的地方。在商朝时，就是指"大邑商"，商王所居的都城。到了周朝，"中国"就是周王居住的地方，开始在丰、镐，而在周成王时，选定成周营建未来的都城，成周将成为"中国"。无论是商朝后期都城殷(大邑商，今河南安阳一带)，周朝的都城丰、镐(今陕西西安市一带)，还是新选定的成周(今河南洛阳一带)，都不出黄河中下游范围。

为什么将最高统治者所在的都城称为"中国"呢？因为"国"的本义就是由城墙包围的、由专人守卫的居民点、聚落、城。"中"的本义是一面特殊用途的大旗，商人用作召集士兵或民众聚集的标志。这面大旗插在哪里，民众、士兵就会在它的周围聚集，它就成为一个“中点、中心、中央”的代名词，引申出来的意思就是最关键的、最重要的、最高的。在商朝和西周，可以称为“国”的城数以千计，因而有“万国”一词比喻其数量多。在“万国”中，只有最高统治者所在的国才能被称为“中国”。

何尊铭文中的“中国”二字

周成王虽然营建了成周，有了新的“中国”，但他以后的西周君主还是以关中的丰、镐为首都，这个“中国”一直沿用，这样就有了两个“中国”。随着西周分封范围的扩大和稳定，近支宗室和主要诸侯的都城也开始分享“中国”的荣光，“中国”的范围逐渐扩大到周朝的中心区域。《诗经》有“惠此中国，以绥四方”的诗句，说明“中国”是对“四方”而言，四方的中间、中心就是“中国”。

到了东周，天子名存实亡，“中国”不再是天子的专利。不仅原来处于中心区域、重要地位的诸侯国以“中国”自居，连原来被视为“戎狄”“蛮夷”的秦国、楚国也自称“中国”了。春秋时还存在的一千多个国，到战国时只剩下秦、楚、齐、燕、韩、赵、魏七国和若干无足轻重的小国，“中国”的概念却扩大到了七国。到公元前221年秦始皇灭六国、建秦朝，秦朝的全部统治区都成了“中国”。从此，“中国”成了中原王朝的代名词。政权可以更迭，朝代可以改名，皇帝可以易姓，但“中国”名称不改，“中国”代表的地域范围随着疆域的扩展最终覆盖今天中国领土的全部。1912年起，“中国”成为我们国家的正式名称，是中华民国的简称；1949年起是中华人民共和国的简称。

追根溯源，“中国”产生在黄河之滨，黄河流域曾经是中国的主体。

四、天下之中——政治、经济、文化的中心

从较早的文献记载中，我们可以看到三皇五帝的传说。《史记·五帝本纪》记录了黄帝(轩辕)的事迹：

炎帝欲侵陵诸侯，诸侯咸归轩辕。轩辕乃修德振兵……以与炎帝战于阪泉之野……蚩尤作乱，不用帝命，于是黄帝乃征师诸侯，与蚩尤战于涿鹿之野……天下有不顺者，黄帝从而征之，平者

> 去之，披山通道，未尝宁居。东至于海，登丸山，及岱宗。西至于空桐，登鸡头。南至于江，登熊、湘。北逐荤粥，合符釜山，而邑于涿鹿之阿。迁徙往来无常处，以师兵为营卫。

大意是说黄帝在诸侯们的支持下，在阪泉之野打败了炎帝，又联合诸侯在涿鹿击败了蚩尤，以后又奔波于各地，长期不得安宁。这里提到的地名：阪泉，大致在今河北涿鹿县东南，一说在今山西运城市解池附近。涿鹿，即今涿鹿县东南。丸山，一作凡山，在今山东临朐县东北。岱宗，即泰山。空桐，一作崆峒，山名，在今宁夏隆德县东。鸡头，山名，即崆峒山。熊，即今河南熊耳山；一说在江南某地。湘，山名，即今湖南岳阳市西南的君山。荤粥，即猃狁，古代北方的游牧民族，商周之际活动在今陕西、甘肃北部和内蒙古西部。釜山，一说在今北京怀柔区北，一说在今河北保定徐水区西。

黄帝死后，葬于桥山。桥山，早期的说法是在今陕西子长市西北，后以今黄陵县境为桥山所在。

如果我们透过这些记载对黄帝神化的外表，而将之视作一个部落或部落集团的活动，还是可以看出一些规律来的。黄帝或炎黄集团的活动范围东至今黄海，西至宁夏南部，南至洞庭湖北部，北至河北、陕西北部，基本是在黄河流域，仅偶然涉足长江中游。

另一方面，早在战国时期，青铜器的铭文上已出现“高祖黄帝，迩嗣桓文”（我们的祖先远承黄帝，近承齐桓公、晋文公）的文字，说明黄帝已成为当时人公认的最早的祖先。而从黄帝至齐桓公、晋文公之间，被后世公认为黄帝的后裔和继承人的是尧和舜。

传说中的尧号陶唐氏，发祥地和主要的活动区域在今山西汾河流域，考古学家认为，在山西襄汾县陶寺村发现的面积达300万平方米的遗址非常可能就是尧的都城。相传尧的生活非常俭朴，住的是用没有修剪的茅草芦苇、没有斫平的椽子搭建起来的房子，吃的是粗粝的食物，喝的是野菜汤，冬天披一张鹿皮，夏天穿一件粗麻布衣，但他体贴百姓，受到爱戴，人们愿意依附他。尧在位日久，年岁渐老，就向四岳咨询继承人，四岳推荐了舜。舜名重华，又称有虞氏，据说是颛顼的后裔，但已数世沦为平民。舜的父亲瞽叟是个盲人，母亲早逝，后来瞽叟又娶一妻，生下了象，为人骄横。这三个人经常想害死舜，但舜每次都能化险为夷。虽然如此，舜从未对他们产生怨恨之心，而是尽心尽力地侍奉父亲和继母，善待兄弟。他的孝行名闻四方，终于得到四岳的引荐。尧将自己的两个女儿嫁给了舜，并让舜接受各种考验。舜把每件事都处理得非常妥当，于是尧命舜摄位行政。尧去世后，舜正式即位。舜年老后同样咨询众人，选出禹来摄行政事。禹在位时，众人推举皋陶为他的继承人。皋陶去世后，又推举了皋陶之子伯益。但禹去世后，禹的儿子启夺取了伯益的帝位而自立，从此开启了家天下的夏朝。

大量考古发现已经能证明夏文化的存在，但由于迄今为止尚未发现这一时期留下的文字记录，对夏朝历史的复原只能根据此后较早时期的史料。据《竹书纪年》等书记载，夏朝的都城有过多次迁移，这意味着在此期间，占统治地位的部落集团进行了多次较大规模的迁移。

夏的第一个都城是阳城，在今河南登封市东南告城。第二个都城斟鄩，文献记载以为在今河南巩义市西南，考古学者认为即相近的偃师市二里头遗址。第三个都城帝丘，在今河南濮阳县西。第四个都城原，在今河南济源市西北。第五个都城老丘，在今河南开封市祥符区东南。第六个都城西河，在今河南内黄县东南。见于其他比较可靠的史籍的夏都还有：平阳，在今山西临汾市西南；安邑，在今山西夏县西北；晋阳，在今山西太原市西南；斟灌，在今河南清丰县东南。据传说推算，夏朝历时约5个世纪。在此期间都城迁移次数如此之多，有的地方还不止一次成为夏的都城，足以说明当时人口迁移的频繁，显然有其必然原因。

首先，当时的生产水平很低，人类抵御自然灾害的能力非常有限，所以在洪水、大旱一类自然灾害发生之后，只能以迁移作为应对的主要手段。另一方面，由于当时人的生活、生产方式非常简单，积累的物资也很有限，对原来居住的地方并不那么留恋。处于游牧、狩猎、采集和迁移性农业的部族，更会以不断迁移为正常的生活方式。

其次，在总人口很少的情况下，各地普遍地广人稀，迁移的部族在离开原地后，一般不难找到新的生活和生产基地。但随着人口的增加，一些适合文明发展的地区如黄河中下游的宜农地区，由于自然条件适宜和已有的开发基础，成为部族间争夺的对象，失败的部族只能迁出这些地区，进入边远地区或条件较差的地方从事新的开发。军事和政治手段已经在迁移中发挥重要作用。

再者，由于人们的地理知识有限，早期的迁移往往没有明确的目的，会受到一些偶然因素的影响。但自然地理因素起了很大作用，是很明显的。

最后，迁移的基本单位是以共同的血缘关系为基础的部族或部族集团、部落联盟。

这些都城的迁移都集中在今河南、山西中南部的黄河流域，可以说夏朝的基本人口都是黄河哺育的。以后，商朝取代夏朝，周朝取代商朝，但他们统治的人口主体是夏朝留下的或繁衍出来的夏人。因其中不止一个部族，又称诸夏，以后又自称华夏。

从已经发现的我国最早的文字——甲骨文的内容判断，关于商朝的文献记载大致是可信的。虽然对商人先民的来源尚未取得一致结论，但商人取代夏人的统治以前就已生活在黄河流域，以后的统治区主要也在黄河流域，到晚期才扩展到淮河流域。

周人的始祖后稷(弃),据说是尧的农师,被舜封于邰(今陕西武功县西南)。这些记载虽不一定可靠,但周人发祥于关中平原应是事实。后稷的后裔公刘迁到豳(今陕西旬邑县西),开荒定居。传到古公亶父(约公元前12世纪)时,因受戎狄之逼,由豳渡过漆水和沮水,翻越梁山,迁至岐山下的周原(今陕西岐山县境),从陕北高原进入关中平原。据说当时随他迁移的人口很多,因此周族的人口大量增加。古公亶父在周定居后,改变了原来的戎狄风俗,发展农业生产,还营建居民点和城郭,从此日益强大。约公元前11世纪,文王(姬昌)建丰邑(今西安市沣水西岸)为都城,又向东作了一次大迁移。以后武王都于镐(今西安市西),与丰相近。

周武王灭商以后,为了巩固自己的统治,大规模分封诸侯,以后在其子成王初年又分封了一次。通过分封,周族及其联盟的人口扩散到各地,周天子的统治区也随之扩大。但除了少数几个诸侯被封于淮河流域,其余的封地都在黄河流域。公元前770年,因犬戎在上一年攻入镐京,幽王被杀,其子平王东迁雒邑(今河南洛阳市),周人由关中平原向伊洛平原作了最大的也是最后的一次迁移。

春秋战国时期,以各诸侯国为中心,各地的开发都取得了进展。周天子的名存实亡形成了政治上的多元性,经济、文化的发达程度也因各诸侯的情况而异。但在黄河流域以外的主要诸侯国只有楚、吴、越以及与中原各国还较少交往的巴和蜀,其中吴国的统治者是周人的后裔。当时主要的政治舞台是在“中国”,即中原,具体就是黄河中下游相交一带,就是南方诸侯也都承认这一事实,所以他们发展的方向就是向中原扩展自己的势力,甚至把国都迁到中原去。如越国在灭吴以后一度迁至琅琊(今山东青岛市黄岛区西南)。到了战国时期,七个主要的诸侯国中只有楚国在黄河流域之外。

以农业、手工业为主的经济也是以中原地区最为发达,所以中原也是商业活动集中的地方。如越国的谋臣范蠡，在辅佐越王勾践灭吴后弃官从商，他的经营区就是在黄河下游号称“天下之中”的陶(今山东菏泽市定陶区北)。孔子的门徒端木赐(子贡)，也经商于黄河下游的曹卫之间，发了大财，“家累千金”，足以与各国国君分庭抗礼。吕不韦是“阳翟(今河南禹州市)大贾”，就是在邯郸经商时才结识当时作为秦国人质留在赵国首都的异人(秦始皇的父亲)，开始他的政治投机的。成书于西汉的《盐铁论》曾列举战国以来“富冠海内”的“天下名都”，它们是：燕之涿(今河北涿州市)、蓟(今北京市城区西南)，赵之邯郸(今河北邯郸市丛台区)，魏之温(今河南温县西南)、轵(今河南济源市东南轵城)，韩之荥阳(今河南荥阳市东北)，齐之临淄(今山东淄博市临淄区东北)，楚之宛(今河南南阳市)、陈(今河南淮阳县)，郑之阳翟(今河南禹州市)，三川之二周(今河南洛阳、巩义市)。这些名都在当时除了宛属于淮河流域外，其余都属于黄河流域。此外，杨宽在《战国史》中还列举出了著名的大城市：齐的即墨(今山东青岛市即墨区东南)、安阳(今山东曹县东)、薛(今山东滕州市东南)，赵的蔺(今山西吕梁市离石区)，魏的大梁(今河南开封市)、安邑(今山西夏县西北)，韩的郑(今河南新郑市)、屯留(今山西长治市屯留区南)、长子(今山西长子县西南)，楚的寿春(今安徽寿县)，越的吴(今江苏苏州市)，宋的陶邑(今山东菏泽市定陶区北)，卫的濮阳(今河南濮阳县南)，秦的雍(今陕西宝鸡市凤翔区南)、咸阳(今陕西咸阳市渭城区东北)、栎阳(今陕西临潼区北栎阳镇)。其中不在当时黄河流域的只有寿春和吴两个。

春秋战国时的黄河流域也是文化最发达的地区。儒家学说的创始人孔子是鲁国曲阜(今山东曲阜市)人，他曾周游列国，晚年回到曲阜，致力于儒家经籍的整理和教学，他拥有众多学生，主要来自鲁国和卫、齐、宋等国，明确记载为来自非黄河流域的仅有言偃(子游)，吴人。另有二位，据后人说是楚人。这些门徒大多以后就在这一带传播儒家学说，所以齐鲁地区成为儒家文化最发达的地方。战国时百家争鸣，几种主要学派的创始人和主要传播地区也集中在黄河流域。墨子(墨翟)是宋国人，一说是鲁国人。道家的创始人老子其人和出生地说法不一，但见于记载的他的活动范围也是在中原。道家学派的几个代表人物中，杨朱是魏国人，宋钘是宋国人，尹文和田骈都是齐国人，庄子是宋国蒙(今河南商丘东北)人，从道家分化出来的法家慎到是赵国人。儒家的继承人孟子(孟轲)是邹(今山东邹城市)人，活动于宋、滕、魏、齐诸国。战国中期产生的黄老学派流传于韩、赵、齐等国。法家商鞅是卫国人，活动于魏、秦国。荀子(荀况)是赵国人，活动于齐国首都临淄的稷下以及秦、赵、楚国，晚年住在兰陵(今山东兰陵县西南兰陵镇)。韩非是韩国人，主要活动于韩国，最后入秦国。可以看出，除了个别学派的少数学者是来自楚国或在楚国活动以外，其他都不出黄河流域的范围。

应该承认，地处黄河流域之外的楚国也具有发达的经济和文化，所以对黄河流域的学者也有一定的吸引力，不少人曾游学于楚国或在楚国活动。战国后期，楚国还出现了杰出的诗人屈原和以屈原作品为代表的新的文学形式——楚辞。不过，楚国的地位远不能与整个黄河流域抗衡，而且随着楚国的衰落以至灭亡，楚文化的鼎盛时代也就结束了。

秦朝和西汉是黄河流域的黄金时代。秦朝建都咸阳，西汉建都长安(今西安市西北)，东汉迁于洛阳，都不出黄河中游的范围。实际上，早在西周时就有了丰、镐和洛邑的设置，只是还没有成为真正的全国性政治中心。而到秦汉时代，黄河中游已是名副其实的全国性政治中心，其影响甚至远及中亚。黄河下游是全国的经济中心，是最主要的农业区、手工业区和商业区。从司马迁的《史记·货殖列传》和班固《汉书·地理志》中都可以看出，战国以降的格局不但没有改变，而且黄河流域的优势地位由于政治中心的存在而更获加强。东汉期间，四川盆地和长江中游的开发进步较快，但除了成都平原可以跻身于先进之列外，其他地区还处于发展之中。

政治、经济上的优势也充分反映在文化方面。有人统计了两汉时期见于记载的各类知识分子、各种书籍、各个学派，私家教授以及官方选拔的博士和孝廉等的分布，发现绝大多数是跨黄河流域。看来两汉时“关东出相，关西出将”的说法的确反映了当时人才的分布高度集中的实际状况。

从公元2世纪末东汉末年开始，黄河流域出现了持续的战争和动乱，历经三国、西晋，中间只有短时间的统一和安定，便又进入更加动荡的十六国和北朝时期。在这个阶段，黄河流域遭受空前浩劫，人口大量死亡和外迁，经济遭到毁灭性的破坏；而南方(一般指淮河、秦岭以南)却相对安定，又增加了大批来自黄河流域的移民，一度取得了足以与黄河流域抗衡的地位。但是黄河流域的优势并没有丧失，一旦战乱平息，经过一段时间的恢复，就又显示出实力。所以到北朝后期，北方的经济文化已经使南方甘拜下风了。

从6世纪末开始至8世纪中期的隋唐时代是黄河流域又一个繁荣时期。隋唐先后在长安和洛阳建都，关中平原和伊洛平原两次成为全国的政治中心。唐朝的开疆拓土和富裕强盛使长安一度成为当时世界上最大最繁荣的城市，影响远及中亚、朝鲜、日本。此时尽管长江流域和其他地区已有了很大的发展，但黄河流域在农业、手工业、商业以及国家财政收入中还占着更多的份额。唐朝这一阶段的诗人和进士主要分布在黄河流域，显示出文化重心所在。

天宝十四载(755)，安史之乱爆发。叛乱带来的战火和叛乱平息后持续不断的藩镇割据、农民起义及统治者的镇压对黄河流域造成巨大的破坏；至五代时期更是军阀混战，契丹南下，政权更迭频繁，天灾人祸不绝。直到10世纪后期，这一局面才由于北宋的建立而终止。在此期间，南方却大体保持着局部的安定，经济发展的势头不但没有停止，还因为摆脱了中央政权的控制和索取而加速了地区开发。大批北方移民也为南方增添了人力和智力资源，在不少地方成为经济发展的主要动力。一般认为，中国的经济重心从此移向南方。

北宋建都开封，政治中心从黄河中游东移至下游，这是为了尽可能靠近连接南方的水路交通线，以保证首都地区的粮食供应和朝廷的财政收入，反映出南方经济所处的重要地位以及黄河流域对南方的依赖。尽管北方的经济并没有衰落，农业生产的规模也没有缩小，但人口的数量逐渐逼近黄河流域所能提供的粮食的极限，南方的发展又更加迅速，因而重心南移的形势再也没有逆转。但在北宋时，黄河流域的文化还是居于全国首位，以洛阳为中心的文化发达地区和首都所在的政治中心地区培养了众多人才，也吸引了不少文人学者从外地迁入，更增加了黄河流域的文化密度。

1126年北宋灭亡，黄河流域成为女真人建立的金朝的疆域。宋金间战争所造成的巨大破坏刚刚得到恢复，崛起于更北方的蒙古铁骑已经席卷了华北平原。蒙古灭金的残酷战争造成黄河流域有史以来最惨重的损失，绝大多数城市被毁，人口减少80%以上。直到元朝建立后，黄河流域还异常萧条，人口密度极低。元朝的北南人口之比是历史上最低的，北方人口占总人口不足20%。经过这一打击，黄河流域始终没有恢复元气，到明清时期与南方的差距就越来越大了。

北宋末年，已经有了“苏常熟，天下足”的说法，说明只要江南的苏州府、常州府粮食丰收，全国的商品粮就有了保证。到明朝中期，这句话变成了“湖广熟，天下足”，说明湖广(相当今湖北、湖南二省)已成为全国商品粮的基地。而江南的经济已从农业扩大到经济作物、手工业、商业、服务业，如松江府有了“衣被天下”的美誉，苏州则引领时尚，成为全国商业服务业最发达的地方。

黄河流域由盛转衰，固然与战争动乱所造成的破坏有关，但根本的原因还不在此。要不，为什么经过从三国到十六国、南北朝近400年的分裂割据和天灾人祸，还会出现隋唐时代的繁荣呢？而经过金、元二代，为什么就不能恢复了呢？

这还得从黄河和黄河流域本身寻找原因。

第三章　黄河儿女

在今天中国14亿人口中，在今天散布在海外的数千万华人和华侨中，究竟有多少人自己或他们的先人是由黄河哺育的呢？要具体回答这个问题相当困难，恐怕永远找不到一个标准答案。但是大量历史事实足以证明，黄河曾经哺育了华夏民族的主体，曾经哺育了中华民族的大部分先民，她的儿女遍布于中华大地，并已走向世界各地。

一、商周时期：华夏的扩展

商人的来源目前有不同说法，一说来自东方，一说来自北方。如果是东方，就是黄河流域下游；如果是北方，那就是今内蒙古境内的辽河流域。但不管来自哪里，商人势力壮大到推翻夏朝，以及建立商朝后的基础均在黄河流域，这是毫无疑义的。

商人在取代夏朝之前，至少已经有过八次迁移：第一次，契本居于亳(今山东曹县东南)，迁居蕃(今山东滕州市)。第二次，昭明迁至砥石，今地不详。第三次，昭明又迁至商，在今河南商丘市睢阳区东南。第四、五次，可能相土迁至东都，在山东泰山下；又迁回商。第六次，夏朝帝芬三十三年，迁于殷，在今河南安阳市。第七次，夏朝孔甲九年，迁回商丘。第八次，成汤迁回亳，“从先王居”，回到祖宗的发祥地。

商朝建立后，都城又有过多次迁移，大致过程如下：中(仲)丁由亳迁于嚣(隞)，在今河南荥阳市北敖山南。河亶甲迁于相，在今河南内黄县东南。祖乙迁于邢(耿),在今河北邢台市;又迁于庇,在今山东郓城县东北。南庚迁于奄,在今山东曲阜市。盘庚迁于殷,在今河南安阳小屯。从盘庚迁殷至殷商亡,维持了273年(或云253年、275年),基本上没有再迁。在最后阶段,仅帝武乙时有过迁移,但估计不久又回到了殷。帝乙及其子辛(纣)经常居于牧(朝歌,在今河南淇县东北),但正式的都城还是在殷。

商朝后期,其活动范围已扩展到淮河流域,但其主体依然是在黄河流域。

周人发祥于黄河的重要支流渭河流域。周人的始祖后稷(弃),传说是姜嫄踩到巨人的足迹而生。后稷是尧的农师,被舜封于邰(今陕西武功县西南)。后稷的后裔不窋失官后奔戎狄间,大致在今甘肃庆阳一带。他的孙子公刘迁到豳(今陕西旬邑县西),开荒定居。到了古公亶父(约公元前12世纪)时,因受戎狄之逼,由豳渡过漆水和沮水,翻过梁山,迁至岐山下的周原(今陕西岐山县境),由陕北黄土高原进入关中平原。豳人扶老携幼,跟随古公迁往周原,周围的部族也纷纷归附。于是古公抛弃了戎狄的习俗,建造民居城郭,设立行政机构,不但人口增加,文明程度也有了很大提高,从此强盛起来。大约在公元前11世纪,文王(姬昌)建丰邑(在今西安市沣河西岸)为都城,又向东作了一次迁移。以后武王建都于镐(在今西安市西),与丰相近。

约在公元前11世纪中期,周武王最终消灭商朝。为了巩固周朝的统治,武王大规模分封诸侯。武王的分封有两种类型:一种是就地分封或承认既成事实,一种是易地分封或将本国本族的人封至周的故地以外。后一种分封实际是一次规模不等的移民,因为新建诸侯国的地方原来都不是周人所有,要使当地人接受周朝所封诸侯的统治,或者要使他们让出自己的土地,没有一定的人口为后盾是绝对办不到的。如果封地是尚未开发的处女地,也需要有一定数量的人口才能开发利用，方能生存。

周朝封神农之后于焦（今安徽亳州市），黄帝之后于祝（今山东肥城市东南），帝尧之后于蓟（应为燕，即南燕，今河南延津县东北），帝舜之后于陈（今河南周口市淮阳区），大禹之后于杞（今河南杞县）。这部分封国中肯定有一部分是就地分封，或承认既成事实。

但周朝分封自己的子弟宗室和功臣，肯定是向新土地的扩展和移民：

召公奭，封于燕，在今河北北部和辽宁西端，都于蓟（今北京城西南隅）。

武王弟叔鲜，封于管，在今河南郑州一带，都于管（今郑州）。

武王弟叔度，封于蔡，在今河南境内，后改封于今上蔡县一带，都于上蔡（今上蔡县西南）。

武王弟武（处，霍叔），封于霍（今山西霍州市西）。

武王弟封（康叔），封于康（今河南禹州市西北）。

武王弟叔振铎，封于曹（今山东菏泽市定陶区西南）。

周章（仲雍曾孙）之弟虞仲，封于虞（今山西平陆县东）。

武王之子成王继位后，周公旦摄政，平息了商纣王子武庚和管叔、蔡叔的叛乱以及夷人的反抗，再次分封，一部分“殷顽民”（参与或被怀疑参与叛乱的殷遗民）也被分派给诸侯，随他们迁入新的封地。

周公之子伯禽，封于鲁，在今山东西南一带，都于曲阜（奄，今曲阜市）。

吕尚（师尚父），封于齐，在今山东北部，都于营丘（淄博市临淄区东北）。

康叔，改封于卫，在今河南北部，都于朝歌（今淇县）。

商纣王异母兄微子开，封于宋，在今河南东部及江苏、安徽、山东间地，都于商丘（今河南商丘市睢阳区南）。

成王弟唐叔虞，封于晋，在今山西西南，都于唐(今翼城县西)。

成王弟某，封于韩，在今山西河津市东北。

成王七年，周公营建成周洛邑(今河南洛阳市)，建有王城和成周二城，作为周朝控制东方的政治中心，周公旦在此驻守，并且将大批“殷顽民”也迁至洛邑，所以必定也有相当多的周人同时迁入。

先后被分封的周宗室姬姓诸侯还有：

郕，在今山东宁阳县东北。

毛，确地无考，一说在今河南宜阳县境内。

聃，在今河南平舆县北。

郜，在今山东成武县东南。

雍，在今河南焦作市西南。

滕，在今山东滕州市。

毕，在今陕西咸阳市东北。

原，在今河南济源市西北。

丰，在今陕西山阳县。

郇，在今山西临猗县西南。

邘，在今河南沁阳市西北。

应，在今河南鲁山县东。

蒋，在今河南淮滨县东南。

邢，在今河北省邢台市。

茅，在今山东巨野县南。

胙，在今河南延津县东北。

祭，在今河南荥阳市东北。

耿，在今山西河津市东南。

息，在今河南息县西南。

顿，在今河南商水县西南。

随，在今湖北随州市。

据《史记·吴太伯世家》记载，早在周人定居于周原不久，古公的长子太(泰)伯、次子仲雍迁往江南，被当地民族拥为首领。当代学者结合考古新发现研究认为，实际是周人曾有一支定居在今山西，以后被称为虞或北虞，在今平陆县东一带。到周康王时(约公元前11世纪—前10世纪间)又从虞分封出宜(吴)，始封地可能在今江苏仪征市一带，以后南迁至丹徒，并且扩大至宁镇丘陵和皖南，最后东下进入平原，在今无锡、苏州地区发展建都。

西周时期，华夏在黄河流域的分布越来越广泛深入，并已扩大到淮河流域、辽河流域，开始进入长江流域。

到了春秋战国时期，周天子的统治和权威名存实亡，诸侯间的弱肉强食随时爆发为激烈的战争，生存下来的诸侯国为了保持生存和竞争的能力，千方百计扩大各自的疆域或开发残存的处女地，其人口也在不断迁移。

晋国

晋国初封时都于唐(今山西翼城县西)，不久迁于翼(绛，翼城县东南)。唐和翼都处于浍河上游的中条山余脉间，开发的余地很小，周围还都是戎狄等非华夏部族。晋人沿着浍河向下游发展，进入与浍河相交处的汾河谷地。又向南进入涑水河谷，至昭侯元年(前745)封他的叔父成师于曲沃(今闻喜县东北)。以后沿着汾水下游和涑水河谷移殖扩散，到献公时，其西界和北界已推进到黄河和今山西中部。景公九年(前591)灭赤狄，晋人扩展到今山西中部。

赵国

赵的先世在西周时被封于赵城(今山西洪洞县北赵城)，西周末年成为晋的属国。晋献公时赵夙受封于耿(今河津市东南),晋文公时赵良被封为原大夫,迁居于原(今河南济源市西北)。晋定公十五年(前497),赵简子以晋阳(今山西太原市西南)为基地。公元前475年,赵襄子灭代国(在今河北蔚县一带),封给侄子赵周,称代成君。周威烈王二十三年(前403),赵与韩、魏三家分晋后被承认为诸侯。赵桓子即位(前425),迁都于中牟(今河南鹤壁市),赵敬侯元年(前386)迁都于邯郸(今河北邯郸市)。至此,赵的疆域拥有今山西中部、陕西东北角和河北西南部。

赵武灵王二十年(前306)开始发动对中山、林胡、楼烦的进攻,至惠文王三年(前296)灭中山国,疆域扩展到今河北西部、山西北部和内蒙古河套地区。为了开发这些地区,巩固北部边疆,大批移民被从赵国中心区迁来。

韩国

韩国的先人韩武子春秋时是晋国的大夫,封于韩原(今山西河津市东北)。春秋末年,韩贞子迁居平阳(今山西临汾市西南)。韩武子(与始祖同称,前424—前409年在位)时迁都宜阳(今河南宜阳县西)。公元前403年成为诸侯后,建都于阳翟(今河南禹州市)。韩哀侯二年(前375)灭郑,迁都新郑(今河南新郑市)。韩国的疆域包括今河南中部、山西东南角。

魏国

魏国的始祖毕万,是晋献公的大夫。公元前661年晋献公灭魏(在今山西芮城县北),将魏封给毕万,其后裔即以魏为氏。约公元前7世纪末,魏悼子迁至霍(今山西霍州市西南)。晋悼公十一年(前562),魏绛(昭子)迁治安邑(今山西夏县西南)。公元前403年成为诸侯国后定都于安邑。战国初年，魏国向北击败中山，向东南战胜楚国，攻占大梁（今河南开封市），惠王（前369—前319年在位）前期迁都大梁。魏的极盛疆域包括今陕西黄河南岸南部、山西南部、河南东部。

燕国

燕国的都城一直在蓟（今北京城西南隅），从未迁移，仅在战国时以武阳（今河北易县南）为下都。其疆域有今河北北部和辽宁西端。燕昭王时，燕将秦开击败东胡，燕国的北界扩展到今内蒙古的东南缘、辽东半岛和朝鲜半岛的西端。随着疆域的扩展，燕国原来的居民随之迁入新的疆土，也进一步迁入朝鲜半岛北部。

秦国

西周孝王时（约前890），秦人的首领非子在犬丘（西犬丘、西垂，在今甘肃天水市西南）从事畜牧，被周王召至“汧渭之间”（今陕西扶风、眉县一带）养马，受封于秦（今甘肃清水县秦亭附近）。至周平王东迁，秦襄公以救护之功，被封为诸侯，赐“岐以西之地”。但这片土地已为戎人所占，得靠自己力量夺回来。秦文公四年（前762）于“汧渭之会”建邑，十六年驱逐戎人，疆域扩大到岐。宁公二年（前714）迁都平阳（今陕西宝鸡市陈仓区东），德公时（前677—前676）迁都于雍（今陕西宝鸡市凤翔区），献公二年（前383）迁都栎阳（今陕西西安市临潼区北渭水北岸），孝公十二年（前350）迁都咸阳（今陕西咸阳市西北窑店）。

随着疆域的扩展，秦国不断吸收或强制迁入其他国家的人口，同时也将本国的人口大量迁入新占领地区。其中最主要的一次是惠文王更元九年（前316）灭蜀国后，曾迁入万户人口，人数达四五万。在战国后期秦国取得别国的土地后，有时还将原来居民驱逐，而代之以本国移民。如惠文王十三年（前325）攻下魏国的陕后，昭襄王二十年（前

287）获得魏国所献的安邑后，都曾迁入本国人口，甚至赦免罪犯迁入。

齐国

齐国的都城基本稳定在营丘(后称临淄，今山东淄博市东北)，仅胡公时一度迁于薄姑(今山东博兴县东南)，为时很短。齐国初期在今山东中部，齐灵公于公元前567年灭莱，疆域扩大到今山东东部，大批齐人迁入新辟地区。

卫国

卫国国君是周王的近支，曾经是西周时一个重要的诸侯国。但在春秋战国前期受到附近戎狄的压迫，后期又处于几个强大诸侯国之间，始终不得安宁，迁徙频繁。卫国初都朝歌(今河南淇县)，拥有原商都附近地区和七族殷民。公元前460年被翟人打败，国都被攻破，只剩下702个遗民，加上共、滕二邑的人口才五千人，拥立戴公迁到曹(今河南滑县东)，又迁到楚丘(曹以东)安顿下来，后又迁都帝丘(今河南濮阳县西南)。公元前254年为魏所灭，后在秦国庇护下复国，迁到野王(今河南沁阳市)，作为秦的附庸存在到公元前209年。

郑国

郑国初封于郑(今陕西渭南市华州区)，西周末年桓公将宗室和国民迁至洛阳以东，取得东虢(今河南荥阳市东北)和郐(今河南新郑市西北)的十邑。东周初郑武公灭此二国，建都于新郑，直至公元前374年为魏国所灭。

华夏的扩张和戎狄的退缩

西周和春秋前期，当时被称为“戎、狄、蛮、夷”的各少数民族在中国北方分布还相当广泛，甚至在华夏人口最集中、势力最大的黄河中下游流域，占比也不少。周穆王征犬戎以后，曾将戎人迁到太原(今泾水下游之北)，离周人的中心相当近。丰镐附近渭水两侧的戎人为数不少。在东都洛邑附近，也曾居住过许多戎人，如杨拒、泉皋、伊洛之戎。

春秋初期，在鲁国周围今山东鱼台县东、曹县西北、成武县西南附近和泰山中就有戎人。卫国一直为狄人侵扰而不得不屡次迁都，迁到濮阳后城外就有戎州，居有戎人。郑国受到“北戎”的侵扰，而北戎就生活在黄河北太行山中。在今山西，华夏居住的北界是霍太山，晋献公时的西北界是自今吉县西南经县东北、隰县西北而至于汾水之滨，中条山以南也是非华夏的活动范围，在这些地区活动的主要是狄人，即赤狄、白狄和长狄。赤狄分为六种，在太行山以东的白狄有鲜虞、肥与鼓。在伊洛流域，除杨拒等戎外，还有陆浑之戎、茅戎和蛮氏等部落。渭水下游有戎人部落彭戏氏、大荔之戎，秦国的西部今甘肃天水和甘谷一带有邽、冀戎，其西有义渠等多种戎人。东海之滨有莱、介、根牟、郯、莒等夷人，分布在今山东东部。淮水流域有淮夷和徐戎。东北的燕国几乎被非华夏族包围，无终、山戎、秽貉、冷支、孤竹、屠何等都在今河北和辽西一带。

但到战国结束秦始皇统一六国时，形势已发生根本变化。在这以前，秦、赵、燕三国已在北方筑起长城，大致是从今甘肃岷县向北至临洮，再东北经宁夏固原，甘肃环县，陕西横山、神木，内蒙古东胜，至托克托对岸黄河边，自今乌加河北岸沿阴山南麓，经呼和浩特、卓资、河北张北县北、沽源县北、围场、内蒙古敖汉旗、辽宁阜新市北、开原市南，折东南越过鸭绿江，终于朝鲜清川江入海口。在长城之内的黄河流域，非华夏族已经基本消失，至少已经没有他们的聚居地了。留在长城以内的非华夏族最终被融合在华夏之中，成为华夏的构成部分。

二、秦汉的开拓与移民

秦始皇灭六国的前后，都将自己的后方巴蜀作为安置罪犯和特殊移民的场所，实际上扩大了华夏的分布范围。如十九年(前228)灭赵后，一部分赵人被迁于蜀，其中大部分通过买通押送官员而被安置于交通较便利的葭萌(今四川广元市西南)，少数如卓氏、程郑等被迁至临邛(今四川邛崃市)，赵王迁则被迁到房陵(今湖北房县)。二十四年灭楚后，楚王的一部分宗族被迁至严道(今四川荥经县)，贵族上官氏被迁于上邽(今甘肃天水市)，权氏被迁于陇西，还有以后成为河东大族的柳氏。班固的先人在楚亡后迁于晋、代之间(今山西北部)，班壹又避居楼烦(今宁武县)。二十六年齐国投降，齐王建被迁至共(今甘肃泾川县北一带)。

二十五年，秦将王翦平定楚国的江南，收降越君，设置了会稽郡，此后又在今福建设置了闽中郡。越人聚居在以会稽(今浙江绍兴市)为中心的浙东平原，广泛分布在今浙江中南部、安徽南部、江西中南部和福建这一广阔的区域内。秦始皇在对越人进行内部迁移的同时，从全国将“有罪谪吏民”(有过失的官吏和犯了罪的百姓)迁至山阴(今绍兴市)，而将这一带原来的越人迁往乌程、余杭、黟、歙、芜湖、石城县以南，即今浙江杭州、湖州二市及相邻的皖南地区。

三十二年，秦始皇派蒙恬率30万人进攻匈奴，略取河南地，即黄河上游今宁夏以下、内蒙古境内黄河以南部分。第二年，蒙恬驱逐了匈奴，在这一带设立了44(一作34)个县，又渡过黄河，夺取高阙、阳山、北假中，向那里移民。三十六年，又向北河、榆中迁了三万户人口。两次移民的数量估计近30万，尽管在秦始皇死后这些人大多逃离，或进入匈奴地区，但为以后的移民留下了基础。

二十九年，秦始皇用兵南越，到三十三年又出动50万大军征服南越，夺取今广东、广西和越南东北一带，设置了南海、桂林和象郡三郡。这批来自中原的远征军有一部分就在岭南定居，又从全国征发一批戍卒和罪犯。为了弥补移民严重失衡的性别，又从中原补充了一些妇女。这些军人和移民绝大多数来自黄河流域，他们构成了岭南华夏最早的主体。

秦始皇时继续将特殊对象迁入巴蜀，如九年嫪毐作乱被杀后，其舍人党羽有四千余家被迁蜀。十二年吕不韦自杀后，其家属和部分舍人也被迁往蜀地。临邛还有从“上郡”（指发达地区的郡）迁来的百姓。在出土秦简中就有父亲申请将儿子强制迁往蜀地边县，由官府批准并执行的案例，可见当时强制迁蜀的规模不小，并已形成相应的法律或行政流程。

到了西汉元朔二年（前127），汉武帝收复了阴山以南秦朝的旧地，当年夏天就招募了10万人迁入，这10万人主要来自关东。元狩四年（前119），关东连年遭受水灾，流民无处安置，于是将72.5万贫民迁往西北边疆，包括今内蒙古南部、山西西北部、陕西西北部、宁夏南部和甘肃中西部，其中以不久前从匈奴获得的河西走廊为主。元鼎六年（前111），羌人被逐出湟水流域，退到今青海湖（鲜水海）及其西地区，汉人开始向湟水流域移殖，至始元六年（前81）在这一带新设金城郡。

在大规模移民以后，汉武帝又在上郡、朔方、西河、河西设置田官，组织60万戍卒垦殖。这60万人中大多数是定期轮换的，但垦殖的规模如此之大，常年保持的人口必定很多，其中一部分成为实际定居的移民。当时，从敦煌（今甘肃敦煌）至盐泽（今罗布泊）沿途建有军事哨所和供应站，在轮台（今新疆轮台县东）、渠犁（今库尔勒市）都有几百人在屯垦。汉宣帝时在车师（今吐鲁番）、莎车（今莎车县）、北胥鞬(在新疆,确地无考)设有屯田校尉,华夏的农业开发已经远达新疆。

经过西汉近200年的发展,黄河流域的经济和文化都达到了空前的水平,不仅依然保持全国领先的地位,而且在全国所占的比重也有了大幅度的增加。据西汉末元始二年(公元2)的统计,在全国约6000万人口中,约70%分布在黄河流域。由于当时的农业生产水准大致与人口数量成正比,而黄河流域的手工业、盐铁业又占绝对优势,可以认为,就经济实力而言,黄河流域在全国所占比例还不止70%。但另一方面,在黄河下游的关东地区(太行山、中条山和豫西山区以东)已经出现了局部的人口相对饱和,土地开发殆尽。而在黄河流域以外地区,大多还处于开发初期,有的尚未开发,一般地广人稀,甚至还是无人区。

秦朝时移民从辽东进入朝鲜半岛已相当普遍,从山东半岛航海去朝鲜也不太困难,所以在朝鲜半岛南部的辰韩就有大量秦朝时迁入的移民,并且长期保持着秦人特色。秦末汉初,中国陷入战乱,而朝鲜半岛未受影响,从燕、齐、赵地(今河北、山东)有数万人迁往避难。汉初燕人卫满"聚众数千人"统治朝鲜,境内就有大批燕、齐流民。由于当时朝鲜法律简易,民风淳朴,对大陆汉人很有吸引力,不少人从辽东、山东半岛迁入朝鲜。汉武帝元封三年(前108)在朝鲜设置乐浪、玄菟、临屯、真番四郡,元始二年(公元2)有户口60多万,其中绝大部分应是燕、齐、赵的移民及其后裔。西汉末扬雄的《方言》将"燕、代、朝鲜洌水(一作列水,今朝鲜大同江)之间"作为一个方言区,可见朝鲜半岛北部人口多数应为汉族移民,语言基本与燕、代(今河北西北部)相同。

匈奴从战国后期开始,就一直会从秦、赵、燕的缘边地带掳掠人口。秦末汉初匈奴重新占领河套地区,秦始皇迁入的数十万人口中,必定有部分留在原地或被匈奴俘获。当匈奴再次撤退时,总有人会随之迁移。西汉初，韩王信、卢绾等逃亡匈奴时带走数千上万人，在汉武帝反击匈奴前的数十年时间里，匈奴几乎每年都会从汉朝边境掳掠人口，此后也从未断绝。赵破奴、李陵、李广利等汉将战败后投降匈奴，也带走一定数量的将士，还有因种种原因投降或逃入匈奴的官员、士兵、百姓，估计实际迁入匈奴的汉人在10万以上。

三、南迁的序幕

从王莽政权后期至东汉初，黄河流域陷于大规模的战乱之中，北部又受到匈奴的威胁，西南、西北和东北先后出现地方割据，只有南方比较安定，所以中原人纷纷南下避乱。这些人中的上层在北方重新安定后基本都返回原地，平民和无地农民则由于南方较容易获得土地和维持生计而选择了定居。尽管下层平民移民在古代不足以引起学者和史官的重视，所以没有留下具体的记载，但南方一些政区户口数字的异常变化还是能够说明问题。东汉永和五年(140)全国的户口总数比元始二年(公元2)少，但南方一些郡的户口数却大大超过了元始二年的数字。大致相当于今湖南、江西两省大部分的长沙、零陵、桂阳和豫章四郡分别达到原来的314%—636%，年平均增长率在8.3‰—13.5‰之间。如果考虑到两汉之际的动乱给各地造成的影响以及东汉的户口数一般比西汉有较大的隐漏率，那么这些地区的实际人口的增长率还应更高，这只能是人口机械流动的结果，说明主要来自黄河流域的移民已经大量迁入长江中游和湘江流域。处于长江下游的吴郡和丹阳郡也属户口数增加的单位，说明其实际人口的增长超过了大多数郡的平均水平，也应是吸引了相当数量的移民的结果。

东汉末年开始的战争和动乱，如果从光和七年(184)黄巾起义爆发算起，到建安二十四年(219)三国鼎立的局面形成为止，长达35年。

在此期间，局部的战争时时发生，波及中原大部分地区的大规模战争也持续了多年。

黄巾起义爆发时，由于东汉朝廷的统治依然维持着，而且黄巾的主力当年就遭镇压，所以没有造成重大的人口迁移。以后几年尽管余波未息，四方多事，但难民一般就近避乱，也还没有形成大规模、长距离的迁移。到初平元年(190)关东州郡起兵讨伐董卓，董卓挟献帝迁都长安，将洛阳二百里内数百万人强行西迁，引发了第一次由中心地区向周边的大迁移。除了这数百万人外，青、徐二州(约相当今山东大部和江苏北部)有百余万人逃往幽州刺史刘虞所辖的今河北北部、北京市和辽宁西部。洛阳一带还有少数人逃脱了董卓军队的逼迁，迁回故乡或向东迁移。今山东西部和河南的人口主要南迁至今湖北江陵的荆州一带投奔荆州牧刘表。

第二次大迁移开始于初平三年(192)，王允杀董卓后，董卓的部将李傕、郭汜等攻入长安杀王允，不久又互相攻击，关中大乱。关中的难民有数十万东迁至今江苏徐州一带投奔徐州刺史陶谦，另有数万人进入今四川境内投奔益州牧刘焉。一部分向南出武关(今陕西商洛市商州区西南丹江北岸)，经南阳盆地，继续迁入荆州。同年，孙策渡长江南下经营江东，江淮间不少人随之南迁。至建安四年(199)，孙策攻入皖城，俘获袁术部下三万余人，迁至吴(今江苏苏州)。

建安十六年(211)，屯兵关中的马腾、韩遂等十部起兵反曹操，关中再次大乱，引起第三次大迁移，有数万户越过秦岭进入汉中盆地，投奔张鲁。

建安十八年(213)，曹操与孙权相持不下后北归，征发沿江郡县百姓内移，引起民众惊恐，自庐江、九江、蕲春、广陵(约相当今江淮间安徽、江苏等地)十余万户渡江投奔孙权。这是第四次大迁移，人数达数十万之多。

魏正元二年(255,吴五凤二年),扬州刺史毌丘俭与文钦等起兵讨司马氏,失败后,淮南有数万人渡江南迁至吴国境内。这是第五次也是最后一次较大规模的迁移。

但是以上这些迁移并非都以大规模移民为最终结果,有几次迁出的人口或者以后又返回中原,或者大部分死亡,没有多少人在迁入地定居。如迁往徐州的数十万人,在初平四年被曹操全部屠杀。流入荆州的难民,在曹操得荆州后,大多北归,返回关中的就有数万人。在曹操占领汉中后,原来投奔张鲁的人户又被全部迁回,有的还被迁往关东。还有的人避乱距离不是太远,局面安定后就返回故乡。真正成为移民的是迁入江南和四川一带的那些人,由于蜀、吴相继建国,并分别延续了43年和60年,这些人中的大多数因此而定居。

迁入蜀国的人口主要来自三个方面:一是北方今河北、河南,包括刘备的原籍和曾经流动过的地方,大多是随刘备至荆州后再迁入川的。二是来自南阳和荆州,数量最多。这是由于刘备曾在新野驻扎,吸收了不少当地人士,又接收了刘表部分部众和投奔他的人口。三是由关中迁入蜀地及投奔刘备的人口。其中一部分是在刘备入蜀前就已迁入,如初平三年(192)后从关中和南阳迁入的有数万人,被刘焉编为"东州兵"。

吴国的移民主要来自北方今河南、山东、安徽和江苏北部,几乎没有来自关中和西北的。南迁吴国的人物中不少皆率领大批宗族和部曲同行,南迁后基本就此安顿定居。吴国接收的移民数量很多,仅第四次迁移就有四五十万,直接反映即吴国境内的行政区划有了显著增加。以今浙江省境为例,自东汉末中平至西晋太康(184—289)这百余年间,所设的县由21个增加到47个,新设了26个,比秦汉时的总数还多。所设新县最西南已到达今江山市西北(定阳县),最南已至今瑞安市(罗阳县),许多原来人迹罕至的山区被开辟。在汉代还存在的大片空白、未设县的地区，至此大部消灭。这固然有山越人被纳入郡县管辖的因素，但也可以肯定是华夏不断南迁、人口增加的结果。

直到东汉末年，今福建省境内还只有一个从秦朝沿袭下来的东冶县(今福州市)，但孙吴占有江东后，先后增设的县多达7个。其中吴兴、建平、建安位于从今浙江越过仙霞岭，沿建溪入闽的交通线上；昭武、将乐位于由今江西越过武夷山，沿富屯溪入闽的交通线上；南平则处于这两条交通线相会的闽江旁：这样的分布恰恰反映了移民由今浙江、江西两个方向迁入福建后，逐次推进、逐渐定居的态势。东安县设于今南安县东，在晋江下游，说明移民的开发区已开始进入晋江流域。

今江西境内也有类似情况，但今湖南和岭南地区的县级行政区划没有明显的增加和变化，可见北方移民主要分布在今苏南、皖南、浙江、江西、福建，而以赣江流域和闽江流域为南界，在此范围以南、以西就只有移民潮的余波了。

四、永嘉南渡

西晋统一不久，皇室内部争权夺利的斗争就在元康元年(291)爆发，到永康二年(301)更演变为大规模的混战。匈奴等少数民族乘机而起，推翻西晋统治，建立了各自的政权。中原再次成为烽火连绵的战场，从4世纪初的西晋永嘉年间(307—313)到5世纪中叶的宋元嘉年间(424—453)，从黄河流域南迁的移民络绎不绝，余波一直持续到南朝陈前期。

第一阶段：永嘉乱后(307—324)

永嘉元年(307)，王弥起兵攻青、徐二州(今江苏北部、山东中部和东部)，汲桑、石勒攻入邺城(今河北临漳西南)，又进攻兖州(今山东西部)，不久均投奔刘渊。二年，刘渊遣刘聪和石勒分两路对晋朝发起大规模进攻，攻下平阳(今山西临汾市西南)一带。三年，刘渊军在延津(今河南卫辉市东北)大败晋军，刘聪军越太行山南下，围浚仪(今河南开封市)，石勒军一度占领南阳(今河南南阳市)，并攻下襄阳(今湖北襄阳市)。东海王司马越以讨石勒为名率四万甲士离开洛阳，将朝廷日常机构全部带走，晋朝中央政权在北方的统治实际已不复存在。当年全国空前大旱，长江、汉水、黄河、洛水一度断流，北方幽、并、司、冀、秦、雍六州又暴发严重蝗灾。由于北方普遍陷于战乱，刘聪、石勒的军队又大多自北向南推进，大多数人只能逃往南方。今河北、山东、山西、河南以及江苏、安徽二省淮北部分百姓相继渡淮河、长江南迁。东晋元帝大兴三年(320)在建康(今南京市)设立了第一个侨县——怀德县，以安置由其原来的封国琅琊国(都开阳，今山东临沂市北，辖境约相当周围数县)迁来的千余户。以后又在北方移民集中定居的淮河以南、长江以北和江南沿江一带设置了以安置移民为主的侨州、侨郡和侨县。侨州、郡、县就以移民的北方原籍政区命名，为区别于北方依然存在的政区，一般在政区名前面加上“南”字。如在长江北设置有南徐、南兖、南幽、南冀、南青、南并等州，明帝时在南徐州、南兖州下设置南沛、南清河、南下邳、南东莞、南平昌、南济阴、南濮阳、南太平、南泰山、南济阳、南鲁等郡。因有来自关中秦国(原扶风国，约相当关中泾水、渭水以西北地)的移民，改堂邑县(今江苏南京市六合区北)为秦郡，并侨置了尉氏县。

第二阶段：东晋太宁三年至永和五年(325—349)

太宁三年(325)，后赵军接连向东晋在北方的残余势力发动进攻，晋淮北诸将或降或逃，司、豫、徐、兖四州完全沦陷，晋朝的北界退至淮河一线。淮北居民纷纷南迁，原来迁至淮北避乱的北方难民此时又继续南迁，为安置这些难民，在钟离县(今安徽凤阳县东北临淮关)侨置徐州。咸和元年(326)，后赵继续南侵，引起“建康大震”。次年，东晋镇守历阳(今安徽和县)的苏峻和驻防寿春(今安徽寿县)的祖约起兵叛乱。三年，苏峻攻入建康。后赵军渡淮攻寿春，有两万余户百姓被掳掠北迁，但同时有大批百姓渡江南迁。

第三阶段：东晋永和六年至咸安二年(350—372)

永和五年(349)末，冉闵在后赵境内大肆屠杀胡、羯，次年自立为魏帝。后赵残余势力与冉闵相战，前燕军南下夺取后赵故地，羌人首领蒲洪等率秦雍流民夺取关中，中原战乱愈演愈烈。至永和七年，“盗贼蜂起，司、冀大饥，人相食”，“青、雍、幽、荆州徙户及诸氐、羌、胡、蛮数百余万，各还本地，道路交错，互相杀掠，且饥疫死亡，其能达者十有二三”。也就是说，这数百万难民流民最终能返回家乡的不过百分之二三十。返乡难民流民中原籍在南方的虽然很少，但在一般华夏民众特别是士大夫心目中，南方的东晋依然是正统所在，所以北方籍人口也会以东晋为避乱的目的地。史料中的种种记载表明，这一阶段迁入南方的北方汉人还是相当多的。由于冉闵等无暇南顾，加上后赵、冉魏一些官员守将降晋，东晋的疆域有所扩展。此后晋军多次北伐，尽管都以失败告终，但在取得局部胜利或撤退过程中，都会将一些北方人口带回。东晋的边将往往将北方流离失所的灾民、饥民当作俘虏，掠回江南。由于关中也战乱不息，秦、雍流民大量南迁汉中，或继续南下蜀地，或顺汉水而下，迁至襄阳(今湖北襄阳市)一带。

第四阶段：东晋宁康元年至南朝宋永初二年(373—421)

宁康元年(373)，前秦夺取东晋梁、益二州，开始对东晋发动持续攻势。此后数年间，除了在蜀地的争夺外，秦军先后在襄阳、淮阴、盱眙、魏兴(今陕西安康市汉滨区西北)等地用兵,秦晋间局部战争不断。东晋一直处于守势,疆土日蹙,引起一些已在他乡居留的北方流人继续南迁。太元八年(383,前秦建元十九年),苻坚出动八十多万大军对东晋发动全面进攻,结果兵败淝水,损失惨重,国内大乱。不少秦军被俘,一部分被赏给晋将为奴隶,一部分被配入官方“作部”(工场)服劳役。部分前秦宗室、官员、将领投奔东晋,因种种原因不得已迁入或滞留前秦的汉族官民也趁机南迁。太元九年(384),晋军分道北上西进,先后攻克襄阳、彭城、洛阳、黎阳(今河南浚县东),次年又攻克成都,收得益、梁二州。此后数年间,北方前秦、后秦、后燕、西燕、北魏间争夺异常激烈,都引起流民不断南迁。为此,东晋曾增设侨郡,以安置“秦雍流民”“关陇流民”“秦州流民”。

义熙元年(405),后秦主姚兴将汉水以北的南乡、顺阳、新野、舞阴等十二郡归还东晋,引起一些北人投向南方。义熙五年(409),刘裕出兵攻南燕,于次年攻克其都城广固(今山东青州市),南燕亡。南燕的降俘人员和部分人口被南迁。义熙十二年,刘裕率军攻后秦,克洛阳,次年兵临长安,灭后秦,随即东归。十四年,晋军东撤途中大败,关中为赫连夏所占。这几年间,尤其是刘裕东归和晋军东撤时,大批北方和关中士民随之迁回南方。在关中的战乱中,又有不少百姓流入汉中和巴蜀。直到南朝宋永初三年(422),秦雍流民还在源源不断南下。

第五阶段:宋永初三年至泰始五年(422—469)

永初三年(422)后,北魏不断向宋司、兖、青州(相当今河南中部和山东中西部)进攻,宋军一直处于劣势。河南失守后,宋的司州已经没有辖境,只能在汝南悬瓠(今河南汝南县)设置侨司州,泰始年间淮北失守,又迁至义阳郡(今河南信阳市)。在此过程中,聚集在宋魏交界地带的难民被迁入宋境。北魏与夏在关陇的战争，宋、魏与氐人间的反复争夺，导致关陇和汉中的流民多次迁移，最终往往流入巴蜀。元嘉十三年(436，北燕太兴六年)北燕国灭于北魏，北燕国主冯弘奔高丽时，宗室冯业率三百人航海归宋，定居于新会(今广东江门市新会区北)，以后世代任地方官。至梁大同年间(536—546)，冯业曾孙、高凉太守冯宝与当地俚族首领、高凉州刺史冼挺之妹结婚，从此得到冼夫人与俚族地方势力的全力支持，形成足以左右岭南政治、军事和经济的实力。冼夫人将脱离大陆政权六百年的海南岛重新与大陆结合在同一政权，为国家的统一作出重大贡献。冯氏也发展成为岭南最显赫的豪族，历陈、隋、唐初而不衰。唐玄宗的大内总管高力士，就是冯宝的玄孙。

元嘉二十七年(450)，魏主拓跋焘大举南下，进至瓜步(今江苏南京市六合区东南)，次年退兵时又将大批宋民北迁。但仍有北魏的汉族将领率部曲投宋。因淮北受到严重破坏，次年又将彭城流民迁于瓜步，将淮西流民迁至姑孰(今安徽当涂县)，共数万人。泰始五年(469)，宋的青、冀、兖、徐和豫州的淮西部分完全丧失。在此前后有大量人口南迁。

宋泰始六年(470)后，淮西四州百姓不愿属魏，南方派间谍招诱，陆续有汉民成批南迁。梁天监六年(507)，曹景宗、韦叡击败围攻钟离(今安徽凤阳县东北临淮关)的魏军，生擒五万余人，其中万余人送建康献捷。普通六年(525)，魏徐州刺史元法僧降于梁，拥其僚属部众士女万余口南迁。承圣元年(552)，梁军自广陵南撤时，江北居民万余口随军南迁。陈光大元年(567)，淳于量与吴明彻在郢州(今湖北武汉市武昌)击败周军和叛军，俘获万余人，送往建康。

这几次移民高潮历时一百多年，加上它的余波更长达二百多年，但移民南迁的路线前后大致相同，主要有东、中、西三线：

东线以淮河及其支流(包括当时入淮的济水)汝、颍、沙、過(涡)、睢、汴、泗、沂、沭等河和沟通江淮的邗沟构成的主要水路，辅以各水间的陆路。不仅在今河南、山东和安徽、江苏北部的司、豫、兖、青、徐诸州移民大多由此线南渡，就是在今山西、河北的并、冀、幽州的流民大多也在渡过黄河后循此线而南。由今河南和淮北渡淮的北方人往往居留于淮南，或继续由陆路南下，渡江后定居于皖南、赣北沿江地带。由今山东、豫东而下的流人一般居于沿泗水的彭城、下相、淮阴一带，或渡淮居于苏北，或由邗沟南下广陵(今江苏扬州市西北)，过江至京口(今镇江市)，聚居于江南。还有少数人由山东或苏北航海至广陵或江南，甚至直接到达东南、南方沿海。此线的起点是西晋、十六国和北朝经济文化最发达、人口最稠密的地区，终点又是东晋、南朝政治中心所在和经济文化最发达地区，是最重要的一条。永嘉后的北人南迁，特别是宗室贵族、文武大臣、世家大族，多数经由此线。江淮间和苏南、皖南是侨州、侨郡、侨县的主要设置区，也是北方移民最集中的地方。

中线起点主要是洛阳和关中，分别由洛阳经南阳盆地，由关中翻越秦岭东南再经南阳盆地，由关中越秦岭至汉中盆地再顺流而下，最后都汇聚于襄阳，然后再由汉水东南下。在今甘肃、陕西、山西和河南西部的秦、雍、梁、司、并诸州流民大多是走此线，南迁后往往定居于襄阳、江陵等汉水流域和长江中游地区。也有一部分人从南阳盆地东南越过桐柏山、大别山的隘口进入江汉平原。

西线汇聚了今甘肃、陕西、宁夏、青海境内的凉、秦、雍州流人，由穿越秦岭的栈道进入汉中盆地。继续南迁者循剑阁道南下蜀地，或部分利用嘉陵江水路，定居于沿线或成都平原。也有人在今甘肃南部沿白龙江而东南。在蜀地发生战乱时，部分流人又沿长江东下，进入长江中下游。

按今地划分，接收移民最多的是江苏省，在今南京、镇江、常州一带最为集中，苏北则以扬州、淮阴等地为主。移民的来源，山东占了一半以上，其次是河北、河南、山西、陕西，而本省和安徽的淮北部分亦是移民来源之一。本区之所以能接收最多的移民，固然有诸多地理上的优势，但最主要的因素还是东晋至南朝定都建康所形成的吸引力。

第二位是安徽。其境内的移民主要来自北方，以河南为最，其次为河北、山东、山西。本省淮北的移民也占了相当大的比例，少部分来自江苏北部。侨郡、县大多设于江淮之间，江南仅在今芜湖附近设置。

湖北境内长江上段今江陵、松滋一带的移民主要来自山西、陕西、河南，少量来自安徽和江苏的淮河流域。长江下段今武昌、黄梅一带的移民大多来自河南，也有一些安徽淮北的移民。但湖北接收移民的主要地区还是汉水流域，上自今郧西、竹溪，下至今宜城、钟祥，而以襄阳为中心。来自陕西的移民数量最多，其次是河南、甘肃，再次是河北、山西、安徽、四川。

江西、湖南离中原已远，移民到达的较少，仅在北部一小部分设置了几个侨县。

河南南部、淮河流域也设有若干侨县，主要安置本省北部流民，其中也有少数来自陕西、甘肃及本省南部邻区。

陕西秦岭以南的汉中地区安置的移民几乎都来自甘肃、四川和本省北部。

四川的侨地除彭山外，都在成都东北及川陕交通线附近，移民除极少数来自河南外，其余都来自陕西、甘肃及本省北部。

山东今黄河东南地区因一度为刘宋所有，也曾设置侨州郡县，接纳的移民以河北的为主，其余为河南北部及山西移民。

这次南迁是史无前例的、至此规模最大的移民，原始移民估计至少有200万人，也将华夏人口扩散至南方新的空间。

五、向西北和东北的迁移

永嘉之乱爆发至西晋覆灭，一些已经迁居中原的凉州、秦州官员和世家大族为割据河西或逃避乱祸，谋求任职凉州，或迁居河西，这些人成为此后建立的前凉政权的统治集团和基础。永嘉五年(311)洛阳陷落，中原避难凉州者络绎不绝。东晋太兴三年(320)，自立为晋王的司马保病死，部众万余人投奔凉州。前凉在今新疆吐鲁番设高昌郡，说明一部分中原移民已被安置于此。

前秦建元(365—385)末，苻坚曾将此前在攻占襄阳时俘获的“江汉之民”万余户迁至敦煌(今甘肃敦煌市西南)，这批移民的大部分后裔长期定居于河西。

前秦建元十八年(382)苻坚命吕光率7万多将士出征西域，吕光平定西域返回时，苻坚已在淝水战败，吕光留在姑臧(今甘肃武威市)，于东晋太元十一年(386)建后凉，这7万多将士大多留在河西，他们在关中的部分家属也随同迁往。

吕光遣其子吕覆镇守高昌，并带去大臣子弟。421年北凉灭西凉时，晋昌冥安(今甘肃瓜州县东南)人唐和、唐契兄弟与外甥李宝招集民众二千余家避难于伊吾(今新疆哈密市西北)，后投奔高昌。北魏太武帝时，汉人阚爽自立为高昌太守。北魏和平元年(460)柔然并吞高昌后，先后被立为高昌王的有阚氏，敦煌张氏、马氏，金城榆中(今甘肃榆中县西北)麹氏等，麹氏并成为世袭的高昌王，可见汉人在当地一直占主要地位，所以在高昌的8个城中“皆有华人”。

5世纪初，吐谷浑的居住和活动范围大致相当今青海、四川二省的昆仑山和巴颜喀拉山的东北部分和甘肃的洮河、白龙江上游一带。由于西北的汉人早已迁入氐羌地区，也会随之归属于吐谷浑。慕璝在位时，还招集“秦凉亡(无)业之人”。在夸吕可汗时期，“官有王公、仆射、尚书及郎将、将军之号”，“丈夫衣服略同于华夏”，受华夏文化影响很大，自然与所辖人口中相当可观的汉人数量有关。

西晋初，慕容廆成为慕容鲜卑首领，日渐强大。慕容廆每年从昌黎郡(治今辽宁义县)掠夺人口，所辖人口的汉族成分不断增加。被晋朝封为鲜卑都督后，慕容廆于元康四年(294)迁至棘城(今辽宁义县西北)，实际已据有昌黎郡，并隔断了其东的辽东等郡与中原的陆路联系。由于慕容廆既有合法的政治地位，又基本实行晋朝的制度，汉族人口的迁入不存在文化和心理上障碍。当时中原战乱纷纭，洛阳和长安先后失陷，幽、冀等地沦为战场，此地成为避难的乐土，流亡士人和百姓纷纷投奔。由于移民大增，慕容廆设冀阳郡安置冀州人，成周郡安置豫州人，营丘郡安置青州人，唐国郡安置并州人。迁入的流民主要来自今河北和山西大部、河南北部和东部、山东东部和北部，有数万户之多，并且还在不断招引原籍的亲属故旧。

咸康四年(338)，前燕主慕容皝(慕容廆之子)击败石虎进攻，将以令支(今河北迁安市西)为中心的段部鲜卑部众数万家迁回，其中相当多是汉人流民。两年后，慕容皝袭击后赵的冀州北部，将幽、冀二州的三万余户迁回。次年，前燕攻入高句丽的丸都城(今吉林集安市)，掠回男妇五万余口，其中相当一部分是被高句丽掳掠的辽东汉人。前燕又击败宇文部，将其五万余落迁至昌黎。至此，在前燕都城龙城(今辽宁朝阳市)一带迁入的汉人估计有近40万。

晋永和六年(350)，前燕迁都于蓟(今北京城西南)，晋升平元年(357)又迁都于邺(今河北临漳县西南)。汉族移民中的上层人物会与行政中心同步迁移，在原籍有一定社会地位或经济实力的人大多会返回故乡，但多数平民百姓和已经安定生活的人不会再迁移。

六、怛罗斯的战俘和安史之乱后的南迁浪潮

唐朝天宝十载(751),安西节度使高仙芝率3万军队在怛罗斯遭遇“黑衣大食”(阿拉伯阿拔斯王朝)军队,唐军大败,仅数千人逃脱,其余均被杀或被俘。俘虏大多数被带回大食,以后仅个别人得以返回,如《经行记》的作者杜环,也正是通过《经行记》,我们得以了解当时的一些情况。唐军战俘多数来自中原,其中不少人具有造纸、纺织、绘画等技艺,见于《经行记》记载的有京兆(今陕西西安市一带)和河东(今山西西南部)人。阿拉伯人就是通过这批人学会造纸技术,以后又传入欧洲,从此中国的造纸技术逐渐普及,并最终完全取代古埃及流传下来的纸莎草造纸。这次从黄河流域向外部世界的特殊移民数量虽然很少,但对世界文化传播的意义却异常重大。

安史之乱后的南迁

唐天宝十四载(755)十一月,范阳、卢龙节度使安禄山发动武装叛乱,当年底夺取东都洛阳,次年六月攻占潼关,玄宗出逃成都。七月,太子李亨在灵武(今宁夏灵武市南)即位(肃宗),唐军实施反击。黄河以北沦为屠场,关中遭受惨重破坏。肃宗至德元载(756),叛军大举南下江淮,但受阻于南阳(今河南南阳市)、睢阳(今河南商丘市睢阳区南)。大批河北、河南的难民只能向淮河以南、长江以南逃生。当年十二月,驻守江陵的永王李璘图谋占据江东,沿长江东下,袭击吴郡(今江苏苏州市)、广陵(治今扬州市),引起江淮间震动。上元元年(760),淮南东、江南西、浙西三道节度使刘展于广陵叛乱,朝廷调平卢兵马使田神功镇压,战事波及淮南和江南各地,导致百姓进一步南迁。

至德二载(757),唐朝收复长安、洛阳,叛军退回河北。但至乾元

元年(758),史思明复叛,次年三月在安阳大败唐军,进而攻占洛阳,影响关中。因战事扩大,波及汉水流域的襄阳、南阳盆地边缘的邓州(今河南邓州市)等地。此过程中洛阳一带百姓惊恐出逃,又引发南迁高潮。关中百姓迁往蜀地,襄、邓难民迁至江南和湘江流域。

藩镇割据期间的南迁

大历十二年(777),李正已据有今山东大部和江苏北部15州,拥兵10万;田承嗣据有今河北南部、河南北部和山东西北7州,拥兵5万;李宝臣据有今河北中部7州,拥兵5万;梁崇义据有今湖北西北部和河南西南部6州,拥兵2万。自德宗建中元年(780)起,藩镇之间、朝廷与藩镇之间的战争及唐军叛乱不时发生,波及地区民不聊生,纷纷外逃。二年正月,成德节度使李宝臣死,其子李惟岳要求承袭父职,为德宗所拒,不久成德、魏博、淄青、山南东道四节镇起兵反叛。六月,淮宁节度使李希烈反,据襄阳一带,蕲州(治今湖北蕲春县北)刺史李良安带老幼2万余口迁入江西,依附江西节度使李皋。四年正月,李希烈叛军包围郑州,游骑逼近洛阳。二月,泾原节度使姚令言在长安叛乱,拥朱泚称帝,德宗出奔奉天(今陕西乾县),继奔梁州(今陕西汉中市)。

藩镇控制区不许百姓外迁,藩镇与朝廷的主要战场在河南,而在此期间关中常因灾害和来自江淮的漕运断绝而出现饥荒,河南和关中成为主要的外迁地区。人口流失导致留在原地的百姓实际赋税加重,又引发新的逃亡,因人口不断增加而赋税较轻的南方自然对流民具有强大吸引力。

唐末至五代期间的南迁

僖宗乾符二年(875),王仙芝、黄巢分别于长垣(今河南长垣市)和冤句(今山东曹县西北)起兵,后王仙芝战死,余部统归黄巢。黄巢与朝廷间战事遍及今河南、安徽、浙江、福建、江西、广西、湖南、湖北各地。广明元年(880),黄巢攻入关中,僖宗出逃剑南,转往成都。中和四年(884),黄巢兵败自杀于狼虎谷(今山东济南市莱芜区西南)。

此后,军阀混战不断。秦宗权据蔡州(今河南汝南县)称帝,遣部将四出攻略。战祸涉及今河南、安徽、江苏、陕西、湖北等地。昭宗龙纪元年(889)秦宗权覆灭后,河东节度使李克用、汴宋节度使朱温、凤翔节度使李茂贞等继续争战,皇帝几次出逃。天复四年(904)朱温逼昭宗及长安居民东迁洛阳。

五代期间,政权更迭几乎都通过军事实力,北方战事不断。916年契丹建国,947年改国号为辽,不断向中原扩张。而南方各国相对稳定,为增加本国实力,吸纳外来人才,招抚北方民众。

在此期间,战乱波及地区的民众往往不得不多次迁移,但总的形势还是南迁,并日益向南方各地深入。

大规模、持续的南迁移民浪潮在淮汉以南沉淀下来,形成三道波痕:第一道远达湘南、岭南、闽南,第二道集中于长江沿线,第三道在淮南江北、鄂北和川中地区。按移民数量而言,则依次为第二、三、一道。

第二道内北方移民高度集中,自东向西又可分为三区:苏南浙北区、皖南赣北区和鄂南湘西区。其中一二两区与淮南合称江淮之间,是当时北方移民的主要聚集区。

苏南浙北区相当于唐朝的润、常、苏、湖、杭、越、睦等州,估计在这一区内定居的移民要占当地总人口的三分之一。

皖南大致相当于天宝时的宣、歙二州,但在安史之乱期间及以后的数年间新设了5个县,又从宣州(治今安徽宣城市宣州区)分置了池州(治今安徽池州市贵池区),说明户口的增加相当可观,移民数量必定很大。赣北相当天宝时江、洪、饶、袁、抚、吉等州。安史之乱后的户口统计数一般都比以前有大幅度的下降，可是赣北却有三个州有很大增长，而且饶(治今江西鄱阳县)、洪(治今南昌市)二州都在山区设立了新县，说明平原地带人口已经相当稠密。

赣南湘西北区相当于唐朝的荆、澧、朗、鄂、沔等州，是移民最高度集中的地区。因地理位置接近，中原移民蜂拥而至，荆州户口增加10倍，不得不析置新县，州治江陵城(今湖北江陵县)就有30万户的记录。鄂州(治今湖北武汉市武昌)的户口数也增加了1倍，并从一个下州升格为观察使的治所，管辖本州和蕲州、黄州，成为中央财赋主要来源的东南八道之一。

第三道波痕是移民次集中区，自东而西也可分为三区：淮南江北、鄂北和川中。

淮南江北区淮南道的首府扬州及和州(治今安徽和县)、楚州(治今江苏淮安市)、濠州(治今安徽凤阳县临淮关西)都有接纳北方移民的记录，和州还有比天宝年间户口增加数倍的记载。但因处于人口由北向南迁移的过渡地带，居留的人数不及苏南浙北和皖南赣北那么多。

鄂北区以襄州为中心，治所襄阳(今湖北襄阳市)因位于汉水与南阳至江陵的大道的交汇点，是中原移民南下的主要集散地，所以襄州在元和年间(806—820)的户口数比天宝时净增1.2倍。但大部分移民也相继南迁，因此定居人数远不如其南面的荆州。

川中的成都城在安史之乱后有10万户，而天宝时整个益州所属10县合计也不过16万户，可见已迁入不少关中移民，而且并不限于成都平原。但由于移民来源仅为关中，数量比前二区要少。

第一道波痕包括闽南的泉州、莆田等地，湖南的衡州(治今湖南衡阳市)、道州(治今湖南道县)、永州(治今湖南永州市零陵区)等地，远至广州、交州(治今越南河内市西北)，数量并不太多，但为今后更大规模的移民开辟了道路。

与永嘉之乱时的南迁相比，这次迁移的路线更长，迁入地更广，数量也更多。由于南方原有人口远比西晋末年至南朝为多，所以长江中游人口相对较稀少的荆州成为移民集中地，江西也因人口较少而吸收了大量移民。黄河流域的移民不仅大大增加了南方的人口数量，而且使南方各地区间的人口分布比以前更为均衡了。

汉人的北迁

唐末五代时期，中原政权更迭频繁，战乱不已，今山西、河北缘边地区的百姓为避战祸，纷纷迁入北方契丹(辽)统治区。一些守边将领也因种种原因率所部兵士和当地百姓投奔契丹。契丹对来降汉人招纳安抚，在滦河流域依照幽州(治今北京市)的制度，建城郭民居，设立市场，开辟农田，使汉人安心定居，归降的将领大多得到重用。

契丹多次入侵中原，影响最大的一次是攻入开封，灭后晋。每次入侵，几乎都以掳掠人口北归而结束，一直持续到辽统和二十三年(宋景德二年，1005)宋辽澶渊之盟订立后才基本停止。被掳掠的人口估计有近百万，其中来自黄河流域的约有半数，他们及其后裔构成了辽朝人口的多数。被俘掠的汉人以不同办法安置：充当家务奴隶，编入宫卫户，建立头下军州，编入军队，建立一般性的行政州、县等。汉人的分布地极广，最北达到今嫩江下游的泰州兴国县(今黑龙江泰来县塔子城镇)，东南至鸭绿江边，甚至远至今蒙古国鄂尔浑河和克鲁仑河的镇、维、防三州，但大多被安置在今内蒙古东南的西辽河流域和辽宁省境内，主要从事农业生产。

此前东北地区居民一直以非华夏族为主，这次移民的结果，汉族成为东北地区人口最多的第一大族。在城市和农业地区，都已是以汉族为主，连在契丹的发祥地上京临潢府(治今内蒙古巴林左旗东南波罗城)一带也是如此。

契丹本为游牧民族，农业与手工业在经济中所占比重极小。大量汉人的迁入，促进了契丹地区的经济文化发展，西辽河流域灌溉和土壤条件较好的区域都成为农业区，大片草原成为半农半牧区。城市以汉人为主，商贸发展，纺织、陶瓷、矿冶、五金制造等手工业的质量和产量都有较大提高。

大量汉人的迁入及与契丹的杂居，促进了契丹族社会的进步。阿保机重用汉族人才，发挥他们的特长，政治、经济、法律、社会的各种制度均由他们制定，文字也由汉人创制，汉语成为通用语言。契丹、奚等族逐步改变单纯游牧的生活方式，转向农牧结合，部分已开始定居。华夏的传统文化、艺术、生活习俗、婚姻和丧葬方式都对契丹人产生重大影响，汉人与契丹、奚、渤海各族之间通婚已相当普遍。

七、靖康之乱后的南迁和金、元时的外迁

北宋靖康元年(1126)，金兵大举南侵。几年间，战祸遍及几乎整个黄河中下游地区，造成了惨重的破坏。二年春，北宋灭亡。五月，康王赵构(宋高宗)建立南宋政权，后定都临安(今浙江杭州市)。在求生欲望的驱迫下，北方人民纷纷向秦岭—淮河以南的南方迁徙。南宋也多次号召北方人民南迁，并用行政或军事手段将一批北方人民迁往南方。靖康以后的北人南迁持续一个半世纪，规模极大，形成中国历史上汉人南迁的第三次高潮。其中规模较大、人数较集中的迁移大致有七个阶段。

第一阶段：靖康元年至绍兴十一年(1126—1141)

靖康元年(1126)正月，京师开封告急，徽宗南下避难，才到亳州(今安徽亳州市)，随行官员已开始潜逃。八月，宋军在今山西境内战败，

境内百姓渡黄河南奔，“州县皆空”。闰十一月，开封陷落，军民4万余人夺万胜门逃亡。

南宋建炎元年(1127)，元祐(后称隆祐)太后率六宫及卫士、家属赴南方避难，先迁扬州，再迁至江西，大量百姓随同。是年冬，高宗经汴河退于扬州，河北、河南百姓纷纷南迁。三年二月，高宗驻杭州(临安)，南迁百姓络绎不绝迁至江南。

绍兴(1131—1162)初，因金朝在北方的统治已初步稳定，一批抗金义军和不堪金人统治的百姓迁入南方。绍兴八年(1138)，金朝废刘豫伪齐政权，直接占领河南、陕西等地。十年，宋军大举北伐，攻入黄河流域，但不久奉命南撤。两次军事行动都促使大批北方人民迁入南方。

靖康以后的北人南迁，以本阶段人数最多，短短十余年，西北流寓之人遍布江、浙、湖、湘、闽、广，还包括今陕西汉中地区和四川，范围之广史无前例。绍兴十一年(1141)，宋金和议达成，和约规定南宋不得接收金朝“逋亡之人”，南迁浪潮方告消退。

第二阶段：绍兴三十一年至隆兴二年(1161—1164)

绍兴三十一年(1161)，金主完颜亮大举南侵，淮河一带百姓纷纷南逃。当年六月，南迁的淮北崔唯夫、董臻部有万余人。二月来自金境迁入均州(今湖北丹江口市西北)的军民有数万人。十一月，完颜亮被杀，淮南金军北撤，宋军一度进驻淮北的蔡州(今河南汝南县)和宿州(今安徽宿州市)，中原百姓扶老携幼来归。后金兵又南侵，大批淮南人民渡江避难。隆兴二年(1164)冬，进入江南的淮南流民仍有二三十万。当年十二月双方议和，次年达成协议，此次移民告终。

第三阶段：开禧二年至嘉定元年(1206—1208)

开禧二年(1206)，南宋发动北伐，在淮北作战失败。金军乘胜攻入淮南和信阳军(今河南信阳市)、随州(今湖北随州市)一带，淮河流域近二十万户再次南迁，以后分布在镇江、平江(今苏州市)、建康、江阴、广德、嘉兴、湖州、常州、衢州(治今浙江衢州市柯城区)、婺州(治今浙江金华市婺城区)、信州(今江西上饶市信州区)、饶州(治今江西鄱阳县)等府、州、军，还有迁入福建的。嘉定元年(1208)，宋金再订和约，部分流民自江南迁回淮南。

第四阶段：嘉定十年至十七年(1217—1224)

嘉定七年(1214，金贞祐二年)，因受蒙古军队威胁，金朝自中都(今北京市)迁都南京(今河南开封市)，并于十年大举攻宋。南宋发出告示，招引金朝军民，山东境内反金武装陆续渡淮河入宋境，次年红袄军也在李全率领下进入淮南。在此前后，今河南、河北、陕西境内连续多年发生严重的蝗灾、旱灾，灾民大批进入淮南。十二年，金兵攻入陕南、荆襄和淮南，进逼长江北岸，淮南流民渡江避乱，汉水以南自荆门、江陵到汉阳，长江以南自岳阳、鄂渚至武昌，遍布南迁军民。至十四年，金兵开始撤离宋境。十七年，金向宋求和，派官员至光州(今河南潢川县)声明不再南下。

本阶段的移民浪潮持续七八年，由于土著民南迁和金境流民大批迁入，陕南、汉(水)南、淮南等“三边之地”已形成“民、夷(指来自金境的汉族移民)杂居”、客大于主的局面。

第五阶段：绍定四年至端平元年(1231—1234)

绍定五年(1232，金天兴元年，蒙古窝阔台汗四年)，南宋与蒙古联合灭金，合围金都汴京，金主东逃归德府(今河南商丘市睢阳区南)，不久南逃蔡州(今汝南县)。宋、蒙军攻破蔡州，金亡。由于南宋接纳金遗民，又出现一次北人南迁浪潮。六年，孟珙率宋军在河南作战，先后俘获金朝军民三十多万。这些人开始留在邓(今河南邓州市)、唐(今河南唐河县)一带,至蒙古大举攻宋,其中部分随宋军南迁。

第六阶段:端平二年至景定元年(1235—1260)

蒙古军灭金后,南下攻打南宋的四川、襄阳和淮南地区。襄阳一带难民多南迁江陵,四川流徙百姓多聚于公安(今湖北公安县),有的远奔两浙避难,淮南难民也多进入江南。嘉熙元年(1237),江阴、镇江、建康、太平(今安徽黄山市黄山区)、池州(治今安徽贵池市池州区)、兴国军(治今湖北阳新县)、岳州(治今湖北孝感市北)等长江南岸府州境内都集结了大批来自两淮、荆襄的难民。景定元年(1260),蒙古统帅忽必烈北归,战局暂时稳定,流民减少。

蒙古军占领北方后,滥杀无辜,迫使北方人民大量南逃。此后直至宋朝灭亡,北方人民的南迁一直没有停止。长江以北、淮河以南的京西南、淮南东、淮南西和荆湖北四路是移民主要迁入区。元至元十二至十三年(1275—1276),四路的户数比南宋嘉定十六年(1223)增加很多,增长百分比远远高于长江以南各路,应是北方人口大量迁入的结果。

第七阶段:德祐二年至宋亡(1276—1279)

德祐二年(1276)元军进占临安,不愿降元的张世杰、文天祥等率南宋残部经福建退入广东。其中由陈宜中、张世杰率领的军队,在浙江登舟时有"(正)军十七万人,民兵三十万人,淮兵万人"。崖山之战前夕,宋残部还有官、民、兵二十余万。这部分人中的幸存者,除少数流落越南等海外,相当一部分人定居于广东。

以今地划分,浙江无疑是移民最重要的迁入地。作为南宋的"行在"(临时首都)所在,不仅有大批文武官员自北方迁入,还吸引了不少东京开封和河南移民，临安就有从汴京迁来的各种商店和服务行业。到南宋末年，杭州的风俗已与昔日的东京相似，连当地的方言也发生了变化。至今杭州城区的方言还带有明显的北方味，形成与周围都不同的方言岛。北方移民遍布各地，如绍兴曾集中安置各地流民，士大夫寄居的也很多，诗人陆游年少时就看到过来自今河北、河南、陕西、山东的士大夫移民。

宋高宗一度驻在扬州，使扬州一时成为北方上层移民的集中地。建康府(治今南京市)也曾是高宗驻地，又是水陆交通的枢纽，平江(今苏州市)、常州、镇江经济发达，交通便利，都是移民最集中的地区。

陕西的流民和从西北撤退的军队大多迁入四川，但也有河北、河南籍的移民迁入。四川经济条件有利，可容纳大量外来人口。南宋前期四川的户口增加很快，移民的流入是一个重要原因。

江西接收的移民以来自河南的为主，大多定居于北部和中部的平原和丘陵地带。江西在南宋期间户口增加的幅度很大，后期已超过两浙路而居第一。

进入湖北的移民以河南籍为主，但也有来自山西、河北、山东的。因地处南宋疆域前沿，继续南迁者居多，定居者则多选择襄阳和沿长江、汉水一带。

安徽境内的移民主要定居在皖南沿江地区。淮河流域因地处宋金交界，形势很不稳定，一有战争就又得迁移，所以早期迁入的北方移民基本都已继续南迁。

福建一直未受到战争的直接影响，成为移民的乐土，南迁的宋朝宗室也集中在福建。由于人口增加，平原和缓坡地的开垦利用接近饱和，梯田已相当普遍。生存压力甚至使福建一些地区形成了通过杀婴维持小规模家庭的习俗。

两广也吸收了一定数量的移民，但因距离较远，与上述各省还不能相提并论。

南迁移民大多来自黄河流域，其数量至少有几百万。

在辽朝被金消灭的前夕，宗室耶律大石于1124年自立为王，率部西迁，先后占领了西州回鹘黑汗国的旧地(约相当今新疆和中亚楚河流域)，又向西扩展到阿姆河流域。随耶律大石西迁的主要是契丹人，其中也有一部分根在黄河流域的汉人。

13世纪初，成吉思汗率蒙古军队攻金时，将大批中原汉人迁至蒙古地区，一次有10万人的记录。尽管沿途会有不少人死亡，但最终定居在今蒙古国和我国内蒙古的人也不少，其中多数人具有农耕与手工技艺。此后直到元朝中期，中原和江淮间的汉人士兵、工匠和百姓继续被迁往蒙古。蒙古高原上的都城和林(今蒙古鄂尔浑河上游哈拉和林)和忽必烈即位的上都开平府(今内蒙古正蓝旗东北闪电河北岸)都是以汉族工匠为主建成的，以后还居住着不少中原汉人。此外，在称海(今蒙古国科布多东南)和谦谦州(今俄罗斯叶尼塞河上游)等地也有不少汉人聚居。

在成吉思汗西征时，一些汉人被征发随军，以后定居在西域和中亚。还有些汉人被强制迁往中亚，如据《长春真人西游记》、刘郁《西使记》、耶律楚材《西游录》等书的记载，在邪米思干(今乌兹别克斯坦撒马尔罕)城中有很多汉人工匠，在塔剌思(今哈萨克斯坦江布尔州)有来自河中(治今山西永济市西南蒲州镇)的豪民子弟四百余人，在龙骨河(今新疆福海县境乌伦古河)西北有很多汉民在农耕，阿里麻里城中汉人与回纥人杂居，其南的赤木儿城中居民多来自并(今山西太原一带)、汾(今山西汾阳等县市一带)。这是唐朝以后黄河流域人口又一次迁往中亚和新疆的明确记载。

从蒙古崛起到元灭南宋，战争持续了70多年，其中最残酷、最激烈、最持久的战争发生在黄河流域和四川盆地。反倒是最后灭南宋的战役时间很短，此时元朝统治者又比较注意避免生命财产的损失，所以人口减少的幅度较小。到元朝统一之初，黄河流域人口极其稀少，而南方却相当稠密。但由于赋役繁重、征发不断，北方人民不堪负担，在元灭南宋后纷纷逃亡江南，迁入南方的人口估计在100万以上。加上黄河流域的经济长期得不到恢复，南北的差距越来越大。元朝末年，南方与北方（以淮河、秦岭、白龙江为界）的人口之比已经超过8比2，达到了中国人口史上的顶点。

元末明初的战争使北方受到更大的破坏，因此明朝建立以后就实行了大规模的移民，将南方的人口迁至江淮之间和黄河流域。明成祖迁都北京后，又将北京和华北作为移民的主要迁入地。由于南方人口密度较高，很多地方地少人多的矛盾已经相当突出，而北方到处有荒地可垦，加上统治者采取减免赋税等优待措施，吸引了数以百万计的南方百姓向北迁移。这些南方移民主要定居在江淮之间，但也有一些迁入了黄河流域。总之，黄河流域重新成为吸引移民的地方，大规模南迁的历史结束了。

八、开发边疆

在明朝近300年的时间里，黄河流域的人口有了较大幅度的增加，但还没有造成明显的人口压力。所以在正常情况下，人口流动不大。不过由于水旱灾害和赋税负担的影响，时或出现大批灾民和无地流民进入山区或边远地区开垦。

进入18世纪，中国的人口在恢复到明朝人口峰值的基础上持续增长，到末期已突破3亿。黄河流域同样出现了人多地少的矛盾，人口压力日益严重。但是南方的人口基数更大，产生的人口压力也更大，而且适宜开垦的土地也都已开发利用，不可能再为黄河流域的移民留出空间。

闯关东

清顺治元年（1644）国都迁至北京，军民举国内迁。至三年，内迁者还不绝于途。由东北内迁人口在90万以上，连人口一度较稠密的辽东、沈阳一带残留人口也不足三分之一。直到康熙二十一年（1682），辽东、抚顺一带仍然荒芜残破，从沈阳到卜奎（今黑龙江齐齐哈尔市）之间基本是无人区。

顺治八年（1651），朝廷下令在辽东招垦，至十年颁布《辽宁招民开垦条例》，实行优惠奖励措施。同年于辽阳设府（治今辽宁辽阳市），下辖辽阳、海城二县。河北、山东贫民闻风而至，到康熙初，辽东已有数万移民。

顺治年间，沿明辽东边墙旧址修筑柳条边（老边），长900余里，规定边内农耕，边外游牧，不许百姓越界农耕，又将边内蒙古人迁至边外。康熙九年（1670）至二十年，从开原威远堡至东亮子山又修了一条单边（柳边、新边），长690里，规定老边西段与新边以西为蒙古游牧区。康熙六年废除《条例》，对出关者严格限制，单身满人、汉人必须到兵部领票，关口验票放行。

由于行政效率低下和监管部门的腐败，禁令实际难以严格执行。对已经在边外定居的流民，在遣返无效的情况下，不得不承认现状。特别是在关内灾情严重，大批灾民为求生闯关时，朝廷不得不采取变通办法，默许或直接放行。如乾隆八年（1743）天津、河间大旱，次年灾情扩大至山东、河南，大批流民由山海关、古北口、喜峰口外迁，乾隆帝下令“不必阻拦”“稍为变通”。但在出关人数过多时，又要追究主管官员的责任，并重申严厉禁令。

到乾隆四十一年(1776),奉天地区移民人口及后裔有90万左右,吉林地区有30万,黑龙江地区约有11万,东北地区流民总计约有131万。与东北辽阔的土地相比,人口极其稀少,特别是黑龙江以北,以致沙俄入侵时如入无人之境。

咸丰十年(1860),放垦呼兰迤北荒原。十一年,又开放吉林西北草原,大规模移民由此展开。同治三年(1864)开放伊儿门流域,五年开放桦皮甸子,七年又开放盛京围场和吉林围场。光绪四年(1878)吉林将军设立垦务局,管理移民开垦,并奏准取消汉族妇女不许出长城的禁令,此后汉族移民可以携带家眷迁往定居。六年,朝廷宣布对东北放垦实行满汉同等待遇,并规定放荒、免税、补助等三项优惠政策,河北、山东移民大批迁入。

光绪二十三年(1897),俄国开始修筑中东铁路,计划每年向满洲移民,引起朝野震动,一致意识到只有以更大规模移民开发,才能抵制侵略,守卫国土。移民开始由南满推进到北满。二十九年中东铁路通车,关内迁入东北的移民也大量增加。三十年,东北全面开禁。

奉天的放垦以官荒地为主,有八旗牧厂三处:锦州南部大小凌河流域的大凌河牧厂、盘山县境内的盘蛇驿牧厂和彰武县境内的养息牧厂。还有范围更大的盛京围场。放垦后奉天人口迅速增长,同治元年(1862)约284万,至光绪三十二年(1906)增至约1100万,其中约500万是移民及其后裔。

吉林至光绪二十年(1894)已放垦舒兰、西围地荒、桦皮甸子、乌林沟、西围场荒沟河、伊通、伯都讷、珠尔山、五常厅、双城堡、拉林、阿勒楚喀、三姓北五站,以及珲春等地所属荒地。甲午战争后,为加强边防和筹集军饷,吉林加快放垦和开发,至光绪三十一年全部放垦。光绪三十三年,吉林省人口总数441万,其中大多数是移民及其后裔。宣统二年(1910)增至484万,其中有移民33万。宣统三年总人口达到

572万。

黑龙江于咸丰十年(1860)首次开放呼兰城北蒙古尔山地区，同年制定放垦章程，于是移民蜂拥而至，至光绪七年(1781)已有20多万户。中东铁路通车后，哈尔滨、呼兰成为移民主要集散地，由此迁往各地。二十二年，制定《通肯垦务章程》，于齐齐哈尔设招垦总局。《辛丑条约》签订后，朝廷财务更加困难，放荒筹饷迫切。此后日俄交战，外敌内侵，移民实边成当务之急，光绪三十年向移民全面开放。三十四年制定《沿边招垦章程》，规定对移民招徕、授地、资助及奖励办法，分别在汉口、上海、天津、烟台、长春等处设立招待处，对应招者免车船路费。

光绪三十年(1904)，曾有《北华捷报》记者在直隶永平府(治今河北卢龙县)通往东北的路上统计，35分钟之内走过了270人，另一天一次20分钟内走过了210人。宣统二年(1910)统计，山东每年从烟台、登州、龙口到达东北的有三十五六万。

光绪三十三年(1907)，黑龙江人口约127万，宣统三年已达322万。

宣统三年(1911)，东三省总督制定《东三省移民实边章程》，清亡后为民国政府所实施，大批移民继续迁往东北。到“九·一八事变”发生，日本帝国主义侵占东北时，东北人口已接近3000万。

走西口

内蒙古的移民主要来自山西，并且都是从长城各口迁出的，因而被称为走西口。

山西和陕北土地贫瘠，山多地少，随着人口增长，百姓为生计所迫，只能去口外垦种。但户籍仍留原地，春去秋返，被称为“雁行人”。年深日久，雁行人逐渐定居。至乾隆中叶，土默特沿大青山的村庄中已有不少居民，雁行人数量更多。平时官府不许百姓迁往口外，但灾年往往网开一面。因连年用兵西北，口外长途运送军粮极其艰难，康熙三十一年(1692)下令在杀虎口外和归化城(内蒙古呼和浩特旧城)附近实施屯田。康熙后期，部分移民已深入大青山以北，并建有村庄。清水河、和林格尔等地也有山西移民就近迁入。

(1) 土默特地区

雍正时，对百姓去口外的限制更为松弛。每逢灾荒，甚至资助贫民出口谋生。土默特境内有八处闲旷土地放垦，从山西等地招民垦种。乾隆二年(1737)，萨拉齐、托克托、清水河、归化城四厅大批官地丈放，归化城13所皇庄丈放1900余顷。三十七年，归化城等5厅又丈放1600余顷。雍正时在山西右卫八旗设立的马厂，乾隆三十一年起陆续放垦，移民也随之迁入。至乾隆末，土默特地区的垦殖范围已北越大青山，西至包头黄河边，成为人口稠密的农区。

光绪年间，边疆危机日益深重，朝廷放垦全部口外土地，移民实边，出现移民高潮。武川地处大青山北，开发较晚，成为移民集中地。

清太宗征服察哈尔后，在宣化、大同塞外设立牧厂，顺治后又陆续设置了一批公私牧厂。清初因战争需要，对牧厂控制很严，仅有零星私垦及私牧厂的田庄有农垦移民。但因占地广阔，垦种余地极大，口内无地贫民一直在迁入。乾隆中，准噶尔之乱平定，战马军驼再无需求，公私牧厂无关紧要，日渐荒废，于是陆续丈放招垦。至乾隆末，丰镇放垦升科的土地已有28000顷，丰镇、宁远成为移民集中地区。道光年间马厂继续放垦，移民也随之迁入。光绪时国库空虚，朝廷继续放垦口外蒙地。光绪十二年(1886)丰镇厅、宁远厅在册的移民及后裔近36万，更多私垦、偷垦人口尚未计入。清末全面放垦，新垦集中在由丰镇、宁远二厅析置的兴和厅北部和陶林厅大部。到光绪三十二年，不计陶林厅，其他三厅已有人口54万。

内蒙古移民绝大多数来自山西。东部兴和、凉城、察哈尔右翼后旗等县旗紧邻河北，部分移民来自河北；西部托克托、土默特左右旗距陕西较近，陕西移民也占一定比例。

丰镇、河口镇、萨拉齐、毕克齐等地因位于交通要道，商业逐渐繁荣。道光后包头兴起，至清末成为商业重地。因为晋商长期在蒙地经营，大多略懂蒙古语，很受蒙古人欢迎，几乎垄断蒙地商业和对俄罗斯的贸易。手工业移民也主要来自山西，少量来自陕西、宁夏、河北，经营皮革、地毯、五金等行业。河口地方商业被河曲人所垄断，从事自宁夏至河口段黄河水运的也大多是河曲人。运输行业全由山西人开设，光绪时丰镇10家从事茶叶运输的商行就有大车2100辆。还有一些私开煤窑，窑工大多是山西人。

至宣统三年(1911)，移民及其后裔总数已超过200万。

(2) 鄂尔多斯地区

清初禁止蒙汉来往，对鄂尔多斯地区实行严格封锁，在其南部沿长城边缘划出一条南北宽五十里的禁地，不许汉人进入垦种，也不许蒙古人进入游牧，称为“黑界地”，所以汉人很少迁入。后因鄂尔多斯王公率部随军征战，屡建功勋，朝廷的控制逐渐放松，康熙二十一年(1682)、三十六年先后允准入黑界地游牧和耕种。山西河曲人多地少，借蒙古地六十里耕种，但仍不许在垦区定居，属雁行人。

由于内地人口增加，生存压力日益加重，尤其是在灾荒年份，陕西、甘肃边民不断进入鄂尔多斯，伊克昭盟七旗境内，凡近黄河和长城的地方，都已有汉民足迹。经过一次扩大，到乾隆八年，已经全部向汉人开放，陕西、山西移民大量迁入。还有内地贫民至鄂尔多斯为蒙人畜牧，时间长了也成为移民。同治年间西北战乱，迁入鄂尔多斯的移民估计不下20万。至清末，迁入鄂尔多斯的汉族移民及其后裔至少有40万。

(3) 河套地区

清初划定蒙界，禁止汉人进入河套垦种。康熙末年后，晋北、陕北贫民私租蒙人土地，甘肃边民越界耕垦，汉民陆续迁入。乾隆时公主下嫁阿拉善王，招汉人在乌拉河以西辟地数十顷，引水灌溉，称为“公主菜园地”。山西移民以此为名，合租地开垦，开渠灌溉，因得到蒙古王公支持，租地日渐扩大，迁入农民更多。晋陕商人进入河套经营，用小惠从蒙古王公处包租土地，分租给雁行人。

道光五年(1825)，陕西府谷商人开设的永盛兴、锦永和两家商号，在从蒙古王公那里永租到的土地上引黄河水修成渠道，西部有缠金五条渠道，东部有后套三条渠道，总长200里，还有很多支渠，利用地势可自流灌溉。蒙古王公、台吉贪图地租，纷纷效仿，渠道网络延伸，垦地扩大。四十八家地商共同经营管理缠金渠，到咸丰年间，灌地三四千顷，收粮数十万石。

到光绪二十八年(1902)全面放垦，河套地区已建成八大干渠、二十多条小干渠，鼎盛时由地商所修大小干渠总长1543里，支渠316道，灌溉面积10829顷。在朝廷高压下，蒙古王公与地商不得不将渠道与土地全部交出。官方不善经营，效益下降，导致部分地户迁回原籍。光绪三十一年，报垦永租地13218顷。

在河套的移民以山西保德、河曲人为多，其次是陕西府谷人，也有河北、河南人。

对西北边疆移民

(1)对甘肃西部的屯垦移民

康熙五十四年(1715)，准噶尔部策妄阿拉布坦侵扰哈密，安西(今甘肃瓜州县一带)是交通要道，又是西征大军后方，亟待移民屯垦。次年就近招募，安插屯垦移民941户，此后也有自发移民继续迁往。

康熙六十一年(1722)，因从肃州运粮经哈密至巴里坤费用巨大，招募陕甘无业贫民往河西西部及嘉峪关以西地区开垦，就近生产粮食。雍正四年(1726)冬移民始发，多数于六年春到达沙州(今敦煌)，少数迟至七年春。移民来自平凉、庆阳、临洮、巩昌、甘州、凉州、西宁7府所属55个州、县、厅及卫所，共2405户。

雍正末年，在凉州府、甘州府及肃州直隶州境内开辟9个屯区，移民开垦，迁入约3300户，约15000人。

(2) 对天山北路的屯垦移民

因连年战乱，新疆人口凋残，经济萧条，天山北路遭受破坏严重，自巴里坤至乌鲁木齐、玛纳斯等处都有大片荒地。为减轻军粮供应的负担，急需招垦。乾隆二十六年(1761)十月，首批来自肃州、安西、高台、武威及哈密等处的216户移民西迁，此后至乾隆四十六年一直由官方资送，有记载者23批，35500余人。零星移民延续至乾隆五十年，所招移民大多来自甘肃，甘州、凉州、肃州一带最为集中，也有哈密等处及流寓河西的山西、陕西流民。移民主要安置在乌鲁木齐、巴里坤和奇台等处。

新疆平定后，各省原来发往东北尚阳堡、宁古塔的遣犯改发乌鲁木齐、伊犁等处，陕西、甘肃两省也不例外。

(3) 迁入新疆的认垦商民

乾隆二十六年(1761)在肃州招民屯垦时，有原籍山西临晋县的卢文忠一户五口愿自费往乌鲁木齐认垦，不需官方资送，获得朝廷褒奖，并赏给监生顶戴。此后规定凡商民认垦就照例给予执照，听任垦种，按年升科，对土地拥有永久产权。四十一年后迁往新疆的商民逐渐增加，但多数还是单身出关。如在伊犁九城，携家眷的商民334户、1450口，而单身商民有7960人。随着定居条件的改善，商民开始接家眷入疆。乾隆二十九年至五十年，仅乌鲁木齐、巴里坤两地商民认垦入籍并接家眷入疆的就有14批，2650户，约13000口。商民在经商贸易外，并认垦大批荒地，雇工耕种。因土地资源丰富，粮价便宜，吸引大批陕甘贫民西迁。入疆商民主要出自陕西、甘肃，其次是山西，其他省较少。

(4) 军事移民

平定准噶尔后，为充实边疆人口，清政府还延长绿营兵丁驻屯时间，并鼓励士兵携带家眷。乾隆二十三年(1758)后巴里坤、乌鲁木齐等处提标各营陆续携带家眷，至三十三年已大多携眷。四十五年后，玛纳斯、伊犁、库尔喀喇乌苏(今乌苏)及晶河(今精河)等处屯兵也都改为携眷。新疆驻屯绿营兵丁12000人，与眷属合计约50000人。驻屯官兵均来自陕甘提标各营，甘肃以安西、甘州、凉州、河州(今临夏回族自治州)、宁夏(今银川市)、固原，陕西以延安、绥德、兴安(今安康市)等地最为集中。

至20世纪初，从黄河流域迁出的人口与他们的后裔，已经遍布中国大地。而他们的后代，已经进行过多次的再迁移。例如福建的闽南人、客家人迁往台湾，沿海省份特别是福建和广东二省大批人口迁往东南亚、北美、南美、欧洲、非洲。改革开放以来，更多的黄河儿女和他们的后代走向世界。

九、各族人民的大熔炉

在向各地输出移民的同时，黄河流域也在大量吸收其他地区的移民，特别是来自周边地区的非华夏移民。

黄河流域曾经是多民族杂居，农业民族与牧业民族共处的地区。但至迟在春秋时期，出自夏、商、周的三支后裔已经具有共同的民族意识和心态，结成了一个民族共同体的雏形，并且以“诸夏”(美称为华夏)自居，以区别于其他部族或部落集团。诸夏凭借人口数量和文明发达程度等方面优势，逐渐融合或驱赶其他民族。到秦始皇时(前221—前210)已经推进至陇东高原，自河套以下的整个黄河流域都已成为诸夏

(华夏)的聚居区。在此范围内的非诸夏各族,如果不是已经成为诸夏的一员,就是退出了黄河流域。

从西汉开始,一方面统治了黄河流域的绝大部分的中原王朝将大量非华夏族人口迁入;另一方面,北方非华夏游牧民族用武力向中原推进,取代汉族统治者成为黄河流域的主人。无论哪一种方式,结果却完全一样,都以这些非华夏族融合在华夏(汉族)之中而告终。

汉武帝建元三年至元封元年(前138—前110),十余万东瓯的越族人从今浙江南部和福建迁至江淮之间,其中一支又被迁至今山西西南。这些越人至东汉时已不再见于记载,也没有发现迁回原地,显然他们的后裔已经与当地人无异。

从汉武帝时开始,就不断有匈奴人因投降或被俘从河西走廊和蒙古高原迁入汉地,总数不下十万。多数被安置在西北边疆,或编入军队驻扎在首都等要地,上层人物则安置在长安或内地。其中休屠王之子金日磾,得到汉武帝重用,成为他临终托付的四位大臣之一,金氏家族在西汉后期世代显贵,早已被华夏认同。东汉初南匈奴迁入塞内,人数已有数十万。到公元1世纪末鲜卑人击败匈奴而成为蒙古高原的主人时,除了西迁的一支外,匈奴的主体已经转移到今内蒙古南部、陕西和山西北部。一部分匈奴人已转为农耕或半农半牧,一部分成为汉族家奴或佣工。其上层人物迁居首都或地区政治中心,已经接受华夏文化和礼仪制度。这些人口经过东汉、三国、西晋和十六国时期,几乎遍布于黄河流域各地。但经过十六国后期和北朝的迁徙和融合,到隋唐时,匈奴作为一个民族几已销声匿迹,其后裔已完全融入汉族。

乌桓(丸)人于公元1世纪初从北方迁入汉朝的东北边境,有的被编入汉朝的军队,驻地在洛阳附近。到东汉末年曹操击败乌桓,有十多万乌桓人被迁入北方内地,东北地区残余的乌桓人以后也由魏国安置。十六国时还偶然见到有关乌桓的记载,北朝以后就找不到他们的踪影了。

鲜卑人数量更多，向黄河流域迁移的规模更大，时间更长。在辽东的鲜卑人从西晋初开始就不断迁入汉族地区，先后以龙城（今辽宁朝阳市）、蓟（今北京市）和邺（今河北临漳县西南）为中心建立政权，人口遍布今淮河以北的河南、安徽、江苏、山东和山西。慕容氏所建前燕政权被前秦所灭后，大批鲜卑人又被迁往关中。跋拓鲜卑则从河套和阴山南麓向今山西北部迁移，虽一度被前秦灭国，但以后仍在这一带建立北魏。随着北魏最后统一北方，鲜卑人的分布扩大到整个黄河流域。尤其是在北魏的都城从平城（今山西大同市）迁到洛阳以后，鲜卑的主体更深入到汉族的中心地带。尽管鲜卑当时居于统治民族的地位，但在数量上远不如汉族，文化水平更无法与汉族相比。北魏孝文帝实行彻底的汉化政策，大大促进了鲜卑族文化水平的提高，但同时也加快了鲜卑族融入汉族与本民族消亡的速度。如鲜卑族的所有姓氏都改为汉姓，皇族带头与汉族世家通婚，全面改穿汉服，禁止在官方场合讲鲜卑话，南迁的鲜卑人死后就地安葬，不许归葬北方，籍贯全部改成河南洛阳。以后西魏政权规定，迁到关中的鲜卑人的籍贯都改成京兆长安。到唐朝，鲜卑作为一个民族已不复存在，但鲜卑人的后裔还历历可数，如姓元的还知道自己是鲜卑拓跋氏的后代。以后就连这些界限也消失了，鲜卑后裔作为个人也完全融入汉人之中了。至于在东晋末年被刘裕迁至南方的南燕鲜卑（原在辽河下游，后逐步迁至今河南、山东），由于人数不多，地位低下，被淹没在汉人中的时间就更短了。

西汉以后，不断有一些西域（泛指今甘肃敦煌以西）人迁入。如东汉、三国时已有一些西域人居留内地，一支康国（今乌兹别克斯坦撒马尔罕一带）人居住在河西，西晋时迁至蓝田（今陕西蓝田县西），到南朝宋永初年间（420—422）迁至襄阳（今湖北襄阳市）时已有乡族3000余家。这阶段迁入中原并以康氏为姓的康国人还有好几支。迁自月氏

(今阿富汗一带)的支姓,来自安息(今土库曼斯坦阿什哈巴德至里海一带)的安氏,出于大夏(今阿富汗至伊朗东部)的何氏,出于突厥的阿史那氏等,他们的后裔都被当作汉人。前秦末(385)吕光从龟兹(今新疆库车一带)带回大批乐工,先居住在河西走廊,以后他们的后人又被迁往平城(今山西大同市)。在北魏的洛阳,来自葱岭(今帕米尔高原一带)至大秦(原指罗马帝国,泛指西亚、北非诸国)的定居商人已有上万家。这些移民中的绝大多数最终都融合于汉族。

唐代进入黄河流域汉族地区的其他民族人口就更多了,见于记载的至少有突厥、回鹘及其他铁勒系部族、中亚的粟特(阿姆河、锡尔河之间的泽拉夫善河流域)人、西域诸族、吐谷浑、吐蕃、党项、高丽、百济、契丹、奚等。有的民族迁入的数量很大,如高丽,一次就有3万多户合10多万人的记录。又如党项人,一次“内附”多达20万户。这些民族总数达几百万的内迁人口中,除了有少部分又迁出唐朝疆域之外,大部分已逐渐变得与汉人没有区别。特别是那些分散在汉族内地的外族移民,如高丽人,与汉人融合的速度更快。如在唐朝内迁的“昭武九姓”,大多属阿姆河、锡尔河流域的粟特人建的九姓政权,分别是康、安、曹、石、米、何、火寻、戊地、史,迁入唐朝后即以此为姓,逐渐与汉人无异。

从唐末五代开始,契丹、党项、女真先后占有一部分传统的汉族地区,包括一部分黄河流域,女真人更南迁至淮河以北的广大黄河中下游地区内。元朝的统一提供了又一次民族大融合的机会,不仅契丹、党项、女真人的大部分被留在中国,西征的蒙古军队还带回了大批中亚、西亚、东欧和中国西北的各族人口。作为一个统治民族,蒙古人扩散到黄河流域乃至全国各地。但到明朝建立后,留在明长城以南范围内的各非汉族人口中,除了回族还保持了本民族的身份以外,其余的契丹人、党项人、女真人、蒙古人及来自中亚、西亚等地的人均已经或者逐渐丧失了自己的民族身份。

十、黄河儿女的贡献

黄河流域的人口向南方和周边地区的迁移，其他地区的非汉族人口向黄河流域的迁移，对中国历史的进程、中国疆域的扩展、中华民族的形成、中华文明的丰富和进步，都具有十分重大的甚至是决定性的意义。

前面已经提到，在公元初的西汉末年，黄河流域的人口占中国人口总数中的绝大多数。黄河流域的移民直接增加了迁入地的人口数量，使迁入地的人口迅速增加到经济开发所必需的数量，这在完全依靠人力和极其简单的手工工具的生产条件下，是能够起到决定作用的。对于原来的无人区和处女地，这样的作用尤其明显。如河西走廊、河套地区、南方广大地区、东北等地的开发，都是黄河流域的移民大规模迁入的直接结果。

一般说来，黄河流域的移民选择的迁入地都有比较充分的土地资源和比较适宜的自然条件，这就为他们提供了新的生存空间。移民在新开发区一般会有较高的自然增长率，人口增长较快。另一方面，黄河流域由于人口外流，减轻了当地的人口压力，人地矛盾得到一定程度的缓解。这必定会刺激当地人口以比原来更高的增长率发展，不久就会补充减少部分，并产生新的人口压力和新的移民。黄河流域原有人口的外迁也给周围非汉族人口的迁入和定居准备了基本的条件，结果是这些本来以牧业为主的人口转变为农业人口。

由于以黄河流域为基地的汉人早就发展成为几乎是纯农业的民族，所以这些汉人的迁移和扩散过程也就是农业区扩大的过程。历史时期农业区北界的推进和收缩，都是伴随着中原汉族移民的迁移和撤退进行的。南方地区虽然在北方汉人迁入以前就有了比较稳定的农业，但其规模的扩大和水平的提高还是与北方移民的来到有明显的因果关系。

从春秋战国以降，黄河流域在经济和文化方面具有整体上的优势，长期处于全国最先进的地位，这种形势至少维持到了唐朝中期。正因为如此，来自黄河流域的移民一般具有比迁入地的土著人口更高的生产技能和文化水准，会给迁入地带去比较先进的农业、手工业生产技术、作物、工具等，对提高当地的物质生产水平发挥很大的作用。移民还会在风俗习惯、生活方式、家庭结构和社会机制等方面给迁入地带来巨大的影响。如果移民在人口总数中占有足够大的百分比，这种影响就会是决定性的。

由于中华文明远离其他发达的文明，周围的地理障碍在工业化发展到一定程度以前难以逾越，即使处在中华文明圈的边缘或外围，在大航海时代或明朝中期以前，也基本没有机会接受外来文明中更先进的因素，甚至根本不可能受到其他文明的影响。所以在相当长的历史阶段，即在宋朝以前，黄河流域是先进文化的唯一来源，而来自黄河流域的移民就是先进文化的最活跃的载体。

如果说在正常情况下，由于移民的迁入是以渐次推进的、缓慢的、低层次的方式进行的，移民的影响也只能是潜移默化并主要发生在社会底层的话，那么在黄河流域爆发战争动乱和异族入侵时，情况就完全不同了。这时的移民不仅数量大，迁入时间和地点集中，而且包括大批贵族、官吏、地主、富商、文人、武将等，移民中有相当一部分人文化程度较高，具有特殊技艺、行政治理经验和经营管理能力，其中不乏一些杰出的、罕见的人才，因而对南方及其他迁入地区的政治、经济、文化、社会等各方面都产生很大的影响，最终导致经济文化重心的南移。

就这样，一方面是黄河流域的人口不断外迁，逐渐扩散到中国各地；另一方面是周边地区的非汉族人口大量迁入黄河流域，他们既补充了当地人口，又使自己融入汉族，他们中的一部分还随着汉族移民再迁往南方各地。当南方的汉族移民占了优势之后，先进经济文化的吸引力和民族歧视的压力使当地的土著非汉民族人口自觉或不自觉地转变为汉族的一分子。汉族最终成为中华民族的主体，成为世界上人口最多的民族，就是吸收了大量其他民族成分的结果。历代中原王朝的疆域随着汉族人口的扩散而扩大巩固，构成中国疆域的主要部分，以后又与边疆政权的疆域合为中国领土。在这一漫长的过程中，黄河儿女作为汉族的骨干和种子，作出了最大的贡献。黄河儿女也遍于中华，走向世界。

第四章　黄河之水天上来——探寻河源

当我们沿着蜿蜒在山西和陕西间的黄河峡谷中的公路溯河而上时，一股滚滚浊流在丛山中奔腾。每当两岸的山岭紧锁，但见水从岩石间涌来，又从山脚下消失。而峰回路转，眼前豁然开朗时，又看到在赭黄色的群山与灰蒙蒙的天空融合的地方，飘游出一根土黄色的带子。当我们最终站在壶口瀑布前，在震荡山谷的喧腾水声中仰望倾泻下来的黄河之水时，就再也不会怀疑诗人是过分夸张。黄河之水要不是来自天上，何至于有如此巨大的力量？

从遐想回到现实，我不禁想到了这样一个问题：当李白写出这壮丽的诗篇时，他是否知道，黄河究竟来自何处？

这就得从我们的祖先探寻黄河之源说起。

一、导河积石

中国最早的地理名著之一《尚书·禹贡》中有一部分内容称为“导水”。“导”应该解释为溯源，所以“导水”就是叙述河流的起讫和流向。其中对黄河是这样记载的：

> 导河积石，至于龙门；南至于华阴，东至于底柱；又东至于孟津；东过洛汭，至于大伾，北过降水，至于大陆；又北播为九河，同为逆河，入于海。

尽管对中间个别地名学者有不同解释，但对当时黄河从龙门以下的经流记载得是非常清楚的。然而从龙门以上，只提了“积石”，很明显，作者所了解的黄河源头就是积石。《禹贡》成书于战国后期，这反映了当时人们的地理知识。

至于积石在什么地方，现存史料中还没有发现当时有过具体说明，现存最早的说法要数郦道元《水经·河水注》中的“(积石)山在陇西郡河关县西南羌中”。河关县置于西汉神爵二年(前60)，西晋后就废了。但河关县在西汉时属金城郡，要到东汉时才划归陇西郡，所以《水经注》中的记载反映了东汉以后至西晋期间(约公元1世纪至4世纪初)人们的认识。河关县的故地约在今青海省贵德县西南一带，该县的西南就应该在今青海东部与甘肃交界处。可能就是指循化县附近的小积石山。

隋炀帝于大业五年(609)出兵征服以青藏高原东北部为基地的吐谷浑，在那里新设置了一个河源郡，治所赤水城在今青海兴海县东南的黄河西岸，该郡的辖境大致相当今共和、兴海、同德一带。可见在隋代人的眼中这里就是黄河源头所在，这一认识至少已经非常接近真正的黄河源头了。

到了唐朝，积石山已有大小之分，并且都有了具体所指。李吉甫《元和郡县图志》在河州枹罕县下记载：“积石山，一名唐述山，今名小积石山，在县西北七十里。按河出积石山，在西南羌中，注于蒲昌海，潜行地下，出于积石，为中国河，故今人目彼山为大积石，此山为小积石。”在鄯州龙支县下也说：“积石山，在县西九十八里。南与河州枹罕县分界。”如第一章“大河上下”中介绍过的，小积石山介于枹罕与龙支二县之间，就是今循化县东北黄河北岸的小积石山，而大积石山就是今天的阿尼玛卿山，黄河绕着山脉的东段拐了一个大弯。看来当时人对黄河源的认识就到此为止了。

二、重源伏流

比《禹贡》成书稍晚的《山海经》对黄河的源流又有不同的说法。《北山经》认为黄河发源于昆仑山东北的敦薨山："又北三百二十里曰敦薨之山……敦薨之水出焉，而西流注于泑泽。出于昆仑之东北隅，实惟河源。"然后河水就潜入地下了,《西山经》说："又西北三百七十里曰不周之山……东望泑泽，河水所潜也，其原浑浑泡泡。"又在积石山冒出："又西三百里曰积石之山，其下有石门，河水冒以西流。"研究《山海经》的学者一般认为敦薨山就是今天山东段，敦薨水就是今新疆的开都河，泑泽就是今罗布泊(也有人认为是指博斯腾湖)。按照《山海经》作者的见解，这条发源于天山东段的开都河，经博斯腾湖、孔雀河注入罗布泊，这就是黄河的正源。但黄河在罗布泊潜入地下，要到积石山再冒出地面，以下就是《禹贡》所记载的积石以下的黄河了。

西汉建元三年(前138)，张骞奉汉武帝之命出使西域。由于往返时都被匈奴扣留，十三年后才回国复命。张骞向汉武帝报告了他的亲身经历和听到的情况，以后由司马迁在《史记·大宛列传》中作了记载，其中有关黄河的内容是这样写的：

> 于阗之西，则水皆西流，注西海。其东水东流，注盐泽。盐泽潜行地下，其南则河源出焉。多玉石，河注中国。……盐泽去长安可五千里。

到元鼎二年(前115)，张骞又第二次出使，汉朝与西域的交通从此开通，汉使往返于西域各国更加频繁，汉使的报告更肯定了河源所在，并由汉武帝确定了河源的山名。《大宛列传》说：

> 而汉使穷河源，河源出于阗，其山多玉石，采来。天子案古图书，名河所出山曰昆仑云。

于阗即今新疆和田一带，流经于阗的河流就是发源于昆仑山北麓的喀拉喀什河和玉龙喀什河，合为和田河，下游为塔里木河，注入罗布泊，也就是当时的盐泽。也可能包括塔里木河上游另一条支流同样发源于昆仑山北麓的叶尔羌河。昆仑山的名字自从汉武帝确定后就一直沿用，至今没有改变。

班固的《汉书》成书于公元1世纪后期，其中《西域传》也有关于河源的记载：

> 西域……南北有大山，中央有河……其河有两原(源)：一出葱岭山，一出于阗。于阗在南山下，其河北流，与葱岭河合，东注蒲昌海。蒲昌海，一名盐泽者也。去玉门、阳关三百余里，广袤三百里，其水亭居，冬夏不增减，皆以为潜行地下，南出于积石，为中国河云。

与《史记》相比，《汉书》对今塔里木河水系的叙述更加清楚具体了。中央的大河即塔里木河，它的两源就是叶尔羌河(葱岭河)与和田河(于阗河)，南山就是昆仑山，蒲昌海即罗布泊。叶尔羌河虽然也发源于昆仑山，但因先西北流经葱岭(今帕米尔高原)的边缘，所以使当时人产生发源于葱岭的误解。

总之，至迟到1世纪后期，人们对今新疆的塔里木水系和今青海循化小积石山以下的黄河经流都已经有了比较准确的了解，却硬要将两条完全无关的河流用“潜行地下”联系在一起，形成了黄河“重源伏流”的观点。

从张骞通西域开始到公元1世纪后期这期间，中原人到过西域的已经不少，人们对西域地理知识还可能追溯到更早的西周时代，为什么对黄河源的了解会产生如此大的错误呢？这还得从当时的交通路线寻找原因。

由于青藏高原海拔高，地形复杂，气候恶劣，人烟稀少，交通困难，所以古代中原与西域的来往一般都取道河西走廊，进入今新疆后再分道前往中亚各地。张骞第一次出使时，是从陇西(今甘肃东南一带)出发，经过匈奴地区时被扣留的，而河西走廊当时就在匈奴控制之下。以后从匈奴逃脱至大宛(今乌兹别克斯坦费尔干纳盆地)。回国时，张骞为避开匈奴，想从南山(今祁连山)以南的羌人地区通过，但还是被匈奴抓住，一年多后才逃回汉朝。很明显，张骞往返的路线都经由河西走廊。以后河西走廊成为汉朝的疆域，人员来往自然也都走此道。所以人们对从河西走廊至今新疆、中亚的地理状况已经有相当深入的了解。

另一方面，聚居在河湟谷地的羌人曾经广泛分布在今西北地区，小积石山就在他们的聚居区，黄河的上游有积石山的事实通过羌人传播出来，成为《禹贡》作者的根据。但是人们也知道积石山下的黄河还远不是它的源头，而对积石山以上的黄河又缺乏了解，所以只能想象它应该在遥远的西方。有人将黄河源与西王母、昆仑的传说和西域的水系联系起来，这就产生了今天的塔里木水系是黄河上游的假设，并通过“潜行地下”圆满地解决了两者毫不相连的矛盾。这又成为比《禹贡》晚出的《山海经》的根据。

张骞与以后的汉使尽管亲历西域，直接考察了塔里木水系，却没有机会到达积石山上游的黄河，但他们沿途又从未见到使黄河与塔里木水系相连的任何河流，在既没有发现真正的河源，又缺乏足够的理由来推翻成说的情况下，张骞只能将事实与想象、亲身经历与文献记载结合，对汉武帝作了河源的报告。而一旦汉武帝对河源所在作出了判断，并且引经据典地命名了昆仑山，那些见识远在张骞之下的汉使自然奉为圭臬了。

西汉中期开始，羌人不断受到驱赶，昭帝始元六年(前81)设置金城郡，辖境包括今青海东部的湟河流域和贵德、尖扎段黄河，来自中原的移民在这里定居。到这时，黄河并不始于积石山更得到证实，积石山以上的情况却依然无从了解。但《禹贡》的地位已经由于儒家学说得到尊崇而大大提高，“导河积石”成了不可动摇的结论，“重源伏流”说十分得体地弥补了《禹贡》的漏洞。

应该承认，要探寻积石山以上的黄河确实存在相当大的困难。然而在县治已经设到小积石山旁的条件下，当地人不可能不知道黄河之源还远远没有到达，更不会相信在积石以上的黄河是从地下流出来的。但如果复原到当时的状况，设身处地思量，我们也就不难理解了：在设立郡县之前，土著人口极少，其中绝大多数又处于游牧或狩猎状态，尚未掌握识读和书写文字的能力，与来自中原的官员和移民之间最多只能有简单的交流。一方面他们未必知道本地以外黄河的经流情况，另一方面即使知道也无法或意识不到应该告诉那些外来人。最初由中原迁来的移民大多是贫苦农民、流民、罪犯，定居后首先要解决自己的生存问题，没有余力或兴趣远离定居地去了解黄河的来源。少数官员忙于郡县草创和移民安置，无暇作更大范围的地理调查。即使偶尔得到一些地理信息，也不可能传递到中原或首都。

实际上，学者中也有人对这种荒谬的说法提出过怀疑，如唐朝的杜佑就不相信“重源伏流”说，认为“蒲昌海为西域自行自止之水，不与积石河通”。但一旦这种说法已成为由皇帝裁定的结论和儒家学说的信条，就大大束缚了人们的思想和行动，他们不仅不再致力于探求真正的河源，而且会无视明明白白的事实，千方百计为成说辩护。这就毫不奇怪，为什么在对河源的实地考察已经进行过的清朝，学者们还会为《禹贡》中的“积石导河”注上重源伏流的各种证据。如徐松(1781—1848)是一位曾经在新疆进行过实地考察并对历史地理很有见地的学者，但他在《〈汉书·西域传〉补注》中也摆脱不了这一束缚，他写道：

罗布淖尔水潜于地下，东南行千五百余里，至今敦煌县西南六百余里之巴颜哈喇山麓，伏流始出……东南流为阿勒坦河，又东北流三百里，入鄂敦塔拉中，其泉数百泓，即《元史》所谓火敦脑儿，译言星宿海者也。

可见作者已经完全接受了河源在星宿海以上的事实，却又要维持重源伏流的谬论，就只好继续杜撰这根本不存在的千五百里的地下水了。甚至到清末，陶保廉在《辛卯侍行记》中还说：“河有重源，均出昆仑，稽古证今，一一吻合。”

三、亲历河源

从现存唐朝以前的记载中，我们还很难确定有谁真正到了河源。但唐朝人到达河源的记载却已经不是个别的了，主要有：

贞观九年(635)，唐朝的将领李靖、侯君集、李道宗等追击青藏高原东北部的吐谷浑，到达赤海，进入河源地区。《旧唐书·吐谷浑传》和《侯君集传》有这样的记载(大意)：

侯君集和李道宗从南路进军，翻越了汉哭山，在乌海给马饮水，经过了二千多里荒无人烟的地方，当时虽然是盛夏却仍然有霜，山上还有积雪，路上缺乏水和草，将士只能化冰饮用，马只得吃雪。又经过星宿川，来到柏海。在那里北望积石山，看到黄河发源的地方。

从他们的进军线路和沿途所经过地区的自然景观看，乌海就是今青海的苦海，柏海就是扎陵湖和鄂陵湖，星宿川就是星宿海。尽管他们不一定注意到了黄河的正源卡日曲，但已经看到扎陵湖以上的星宿海，离真正的黄河源已经近在咫尺了。

贞观十五年(641)，唐朝的文成公主入藏与吐蕃的赞普松赞干布成亲，护送并前往主婚的还是那位追击吐谷浑时到过河源的李道宗。据《旧唐书·吐蕃传》记载，松赞干布率领部下军队到达柏海，在河源一带迎亲。文成公主入藏和松赞干布迎亲的具体路线虽然不太清楚，但肯定经过了河源地区。

安史之乱以后，吐蕃占有唐朝的陇西和河西走廊，这固然使中原与河源地区更加隔绝，但在信息传递方面却产生了相反的结果：一方面唐朝为了对付吐蕃，加强了对吐蕃地区包括河源地区的了解；另一方面吐蕃军队不止一次攻入关中平原及唐朝的首都长安，大批唐朝的军民被吐蕃掳掠至青藏高原。这些都使有关河源的知识和见闻得到传播和收集。贞元十四年(798)，迄今所知历史上第一部包括黄河河源地区状况的专著《吐蕃黄河录》由贾耽完成了。

贾耽(730—805)，字敦诗，沧州南皮(今河北南皮县)人，是一位有重大贡献的地理学家、地图学家。曾任鸿胪卿，主持与各族往来和朝贡事务，熟悉边疆山川风土，勤于搜集有关资料。他参考西晋裴秀创立的“制图六体”，以一寸折地百里的比例尺绘制了一幅高三丈三尺、宽三丈的《海内华夷图》。这幅图的原物虽然早已失传，但宋朝人参考此图绘成的《华夷图》和《禹迹图》在12世纪30年代刻在石上，保存至今。从石刻《华夷图》上可以看到，黄河的画法与现代采用等距离法绘制的地图已经非常相似。

据《新唐书·贾耽传》记载，贾耽爱好读书，晚年更加勤奋，特别精通地理。凡是遇见从边疆或境外来的人以及出使归来的人，他都要详细询问各地风俗，因此他对全国和境外各地的人文和自然地理状况了如指掌。当时正值吐蕃强盛，占有陇西，而以往当地州县的地理状况，有关方面已经不掌握了。贾耽就将陇右(即陇西)、山南(今甘肃南部和四川西北)九州绘成地图，并详细记录了黄河流经地区的情况。另外又将这一带原来驻军、交通、道路、地形、河流、险要等编成《别录》六篇，河西吐蕃等族的情况编成四篇，上报皇帝，受到赏赐。据贾耽自己给皇帝的表文，他编这部十卷(篇)的《吐蕃黄河录》的原因之一，是因为“黄河为四渎之宗”，具有重要地位。他在书中对“诸山诸水，须言首尾源流”，可见肯定也较详细地记载了黄河的源流，而且绘有地图，内容应该相当丰富。可惜的是，这部著作没有能流传下来，也没有留下其他间接的资料。

唐朝后期的长庆元年(821)，刘元鼎奉命出使吐蕃，到达逻娑(今拉萨)，《新唐书·吐蕃传》记录了他的见闻(大意)：

> 刘元鼎渡过湟水，到了龙泉谷。……湟水是从蒙谷发源的，到了龙泉谷流入黄河。黄河的上游，从洪济梁向西南有二千里。河道越来越狭，春天可以步行过去，秋天和夏天才能行船。黄河的南面有三座山，中间高而四面低，叫紫山，通向大羊同国，就是古时候所称的昆仑山，吐蕃人称为闷摩黎山，向东离长安有五千里。黄河就发源于这山间，开始流速很慢，水很清，渐渐汇合了不少支流，水色变红。再往下，又有其他河流注入，水变混浊了。

紫山或闷摩黎山就是巴颜喀拉山，刘元鼎所经过的地区就是巴颜喀拉山南麓的黄河发源地，他对黄河上游水文状况的描述是迄今最早的记载。至于从洪济梁以上黄河自西南而来的流向，则是因为只记了开始的一段，而没有记黄河折过积石山(阿尼玛卿山)以后自西北而来的流向，失之简略。刘元鼎作为唐朝的使者，往返都经过河源，自然比侯君集、李道宗行军作战或仅仅护送文成公主至吐蕃边界要有更多观察了解的机会，他的见闻当具有更高的价值。

四、探寻河源

但从刘元鼎以后，中原与吐蕃的人员交往很少。宋朝以后，一方面吐蕃陷于长期分裂，没有与中原交往的条件；另一方面宋朝也无暇顾及西北边疆，仅北宋熙宁四年至大观二年(1071—1108)期间在河湟地区有过开拓，没有进入河源地区的可能。所以至今尚未发现任何有关的记载。

总之，直到元朝之前，尽管已经有了几种亲身经历黄河源头的记载，但都是因事途经者的见闻。这些人并非以考察河源为目的，当然不会有全面的了解。加上他们本人都没有留下直接记载，后人的间接记录难免有遗漏和误解。对河源的考察一直未能进行，这固然与河源地区险恶的自然条件有关，但这一地区始终处于中原王朝的疆域之外也是一个重要原因。

元宪宗四年(1254)，蒙古军队进入吐蕃，镇压不服从的贵族，完全控制了吐蕃地区，后又将该地划归掌管全国佛教事务的机构总制院(后改名宣政院)管辖。吐蕃地区成为元朝疆域的一部分，这就为河源考察铺平了道路。至元十七年(1280)，元世祖召见都实和他的堂弟阔阔出，对他们说(大意)：

黄河进入中国，从大禹治水以来，都知道是从积石山而来，但汉朝、唐朝都没有能查清它的源头。现在那里成了我的领土，我要一直查到黄河发源的地方，在那里建一座城，供吐蕃商人与内地做买卖，并在那里设立转运站，将贡品和物资通过水运到达首都。古人没有办过的事，我要办到，让后世受益无穷。只是找不到合适的人。都实，你是我的老部下，又通晓各族语言，派你去执行。

于是授都实招讨使，佩戴金虎符，又让阔阔出与他同行。当年四月，他们从河州（今甘肃临夏回族自治州东北）启程，四个月后到达河源，冬天返回，将城和转运站的设计位置画成地图上报。元世祖大喜，命都实为吐蕃等处都元帅，筹集工匠和物资，后因故停止。

延祐二年（1315），阔阔出与潘昂霄一起奉命宣抚京畿西道，将此事经过告诉了潘昂霄。当年八月，潘著成《河源记》一文，我国第一次对黄河源的考察成果得以流传后世。

同时，由于吐蕃归入元朝版图，吐蕃人（藏族的先民）对黄河的了解也开始为元朝人所知，地图学家朱思本从八里吉思家里得到了帝师（西藏宗教领袖）所藏的梵文图书，翻译成汉文后发现与《河源记》互有详略。这两方面记录由《元史》作者综合后载入《地理志》：

河源在土蕃朵甘思西鄙，有泉百余泓，沮洳散焕，弗可逼视，方可七八十里，履高山下瞰，灿若列星，以故名火敦脑儿。火敦，译言星宿也。思本曰：……水从地涌出如井。其井百余，东北流百余里，汇为大泽，曰火敦脑儿。群流奔辏，近五七里，汇二巨泽，名阿剌脑儿。自西而东，连属吞噬，行一日，迤逦东骛成川，号赤宾河。又二三日，水西南来，名亦里出，与赤宾河合。又三四日，水南来，名忽阑。又水东南来，名也里术，合流入赤宾，其流浸大，始名黄河，然水犹清，人可涉。又一二日，岐为八九股，名也孙斡论，译言九渡，通广五七里，可度马。又四五日，水浑浊，土人抱革囊，骑过之。聚落纠木干象舟，傅髦革以济，仅容两人。自是两山峡束，广可一里、二里或半里，其深叵测。

大意是：黄河源在土(吐)蕃朵甘思的西边，在方圆七八十里的范围内有一百余个泉眼。由于积水和淤泥，无法走近观察。从高山上往下看，在阳光下就像群星灿烂，所以称为火敦脑儿，“火敦”就是星宿的意思。(朱思本：从地下涌出的水像井一样，有百余口，向东北流出百余里，汇成一个大湖，叫火敦脑儿。)很多股水奔流而下，大约五七里后，汇集为两个大湖，名叫阿剌脑儿。由西而东，不断汇入水源，经过一天的路，形成了河流，名叫赤宾河。二三天后，亦里出河由西南方流入赤宾河。又过了三四天，忽阑河从南面注入。又有也里术河从东南方流入赤宾河，至此才形成一条大河，被称为黄河。但水还清，人可以步行渡过。一二天后，河道分为八九股，称为也孙斡论，意思为“九渡”，共宽五至七里，可骑马渡过。再过四五天，水变得混浊了，当地人抱着皮袋，骑在马上渡河。当地的居民还用木条扎成船的样子，在外面蒙上牦牛皮用以渡河，大小只能容两人。从这里开始，两岸山峡约束，河宽一二里至半里不等，水已深不可测。

以下还具体记载了黄河经过今青海、甘肃、宁夏的河道。《河源记》接着指出(大意)：

汉朝的张骞出使遥远的西域……以为已经到达了河源，其实哪里看到了什么河源呢？史书上说黄河有两个源头，一个出在于阗，一个出在葱岭，于阗的河流向北，汇合了葱岭河，汇入蒲类海

(应作蒲昌海，即罗布泊)后就不再流了，潜入地下直到临洮才流出地面。现存的洮水是从南方流来的，很明显不是从蒲类(蒲昌)海来的。询问了当地人，说于阗河和葱岭河流到下游后都消失在沙漠中了。又有人说黄河是与天上的河相通的，在源头找到过织女支纺机的石头，也是胡说八道。

这些记载充分证明，都实等人对河源的考察，加上吐蕃人对河源的了解，已经将黄河正源确定在星宿海西南百余里处。他们对黄河最上游的水文、地形、地貌和人文景观的考察和记录都已相当具体准确。更可贵的是，他们并不迷信史料，而是尊重事实，对前人不符合实际的记载大胆予以否定，比那些死抱住经典与陈说不放的人要高明得多。

元人陶宗仪在他所著的《南村辍耕录》中收录了《河源记》，并附有一张《黄河源图》。这张地图的画法与《河源记》所记述的内容完全一致，显然是出于都实等人之手，或者是别人根据《河源记》画成。这是目前传世的最早的黄河源地区地图。

明朝初年曾多次派遣使者去西藏，其中有一位叫宗泐的和尚在洪武十五年(1382)从西藏归来时经过河源，他在《望河源》诗后记道：

河源出自抹必力赤巴山，番人呼黄河为抹处，牦牛河为必力处，赤巴者，分界也。其山西南所出之水则流入牦牛河，东北所出之水是为河源。

抹必力赤巴山即巴颜喀拉山，牦牛河即通天河(长江上游)，说明当地藏人了解巴颜喀拉山是长江和黄河的分水岭，黄河发源于巴颜喀拉山的东北，也说明当时已将黄河称“抹处”(今译玛曲)。

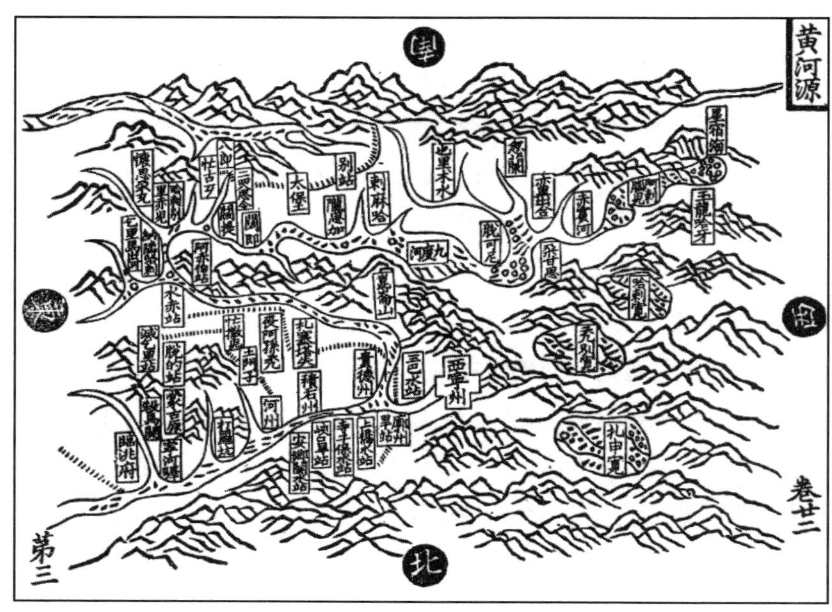

黄河源图(据《南村辍耕录》1923年武进陶氏影元刻本)

16世纪后半期开始，随着藏传佛教(喇嘛教)在蒙古人中流传，蒙古和西藏的关系已经非常密切。蒙古和硕特部首领固始汗率军进入西藏，协助达赖喇嘛统治西藏，又共同遣使者朝见清朝皇帝。在这些交往过程中，人们了解到在黄河上源有“古尔班索罗谟”，即三条支河。为了证实这一情况，康熙四十三年(1704)，康熙皇帝派拉锡和舒兰二人前往河源探寻，拉锡等在当年六月到达鄂陵湖和扎陵湖，又在星宿海西部作了考察。他们将结果绘成《星宿河源图》，舒兰又写成《河源记》。《星宿河源图》在渣凌诺尔(扎陵湖)以西绘了三条河，中间一条绘得最长，并注上：“黄河源三河名固尔班索尔马。”

在测绘全国地图的过程中，康熙五十六年(1917)又派喇嘛楚尔沁藏布兰木占巴和理藩院主事胜住等往河源地区测绘地图。在次年绘成的全国地图《皇舆全览图》中，绘有黄河源的三条支流，中间一条注为阿尔坦必拉，这显然是根据他们实测的结果。

乾隆二十六年(1761)，齐召南著《水道提纲》，就是以《皇舆全览图》为主要资料来源的。其中有关河源的论述是这样写的：

> 黄河源出星宿海西、巴颜喀拉山之东麓，二泉流数里，合而东南，名阿尔坦河。……又东流数十里，折东北流百里至鄂敦他拉，即古星宿海，《元史》所谓火敦脑儿也。自河源至此已三百里。……阿尔坦河东北会诸泉水，北有巴尔哈布山西南流出之一水，南有哈喇答尔罕山北流出之水，来会为一道(土人名三河曰古尔班索尔马)，东南流注于查灵海。

这证明从1704年开始，中国的河源考察已经取得了正确的结果：河源的三支河，北支是扎曲，西南支是卡日曲，西支是约古宗列曲。这些与现代考察的结果是一致的，只是《水道提纲》将约古宗列曲(阿尔坦河)定为黄河的正源。

乾隆四十六年(1781)黄河在江苏、河南决口。当时认为黄河之所以泛滥成灾，是由于没有找到真正的河源进行祭祀的缘故，于是乾隆帝在次年派阿弥达再次探寻河源。阿弥达调查的结果是：

> 星宿海西南有一河，名阿勒坦郭勒，蒙古语阿勒坦即黄金，郭勒即河也。此河实系黄河上源，其水色黄，回旋三百余里，穿入星宿海。

这条河就是卡日曲，这说明阿弥达的调查重新肯定了卡日曲是黄河正源。但由于乾隆皇帝坚持黄河重源伏流的教条，纪昀在编纂汇集河源考察资料的《河源纪略》时，依然将塔里木河和罗布泊说成是黄河的真正源头，从地下潜流后至卡日曲复出，并以卡日曲水色黄证明“大河灵渎，虽伏地千里，而仍不改其本性”。科学的考察结果硬被纳入唯心的谬误体系，反映了专制统治与教条主义结合造成的恶果。

五、测定正源

从阿弥达以后，中国长期没有再进行黄河源头的考察。19世纪中叶开始，西方国家的“探险队”无视中国主权，擅自进入河源地区。有的还不顾历史事实，无耻地宣称是他们第一个发现了黄河源，而实际上并没有取得任何新的成果。

新中国成立以后，在1952年派出黄河河源查勘队，对河源地区作了四个多月的考察，行程5000千米，获得了丰富的资料。这次考察的结果确认历史上所指的玛曲是黄河正源；对扎陵湖和鄂陵湖的位置提出了与以往不同的看法，加以对调；对黄河的长度也沿用了传统的数字。

1978年，青海省人民政府组织了对河源地区的综合考察，结果再次肯定黄河的正源应该是卡日曲，对扎陵湖和鄂陵湖也恢复了传统的命名。根据卡日曲的长度重新测定的黄河全长是5464千米。

1985年，水利部黄河水利委员会(简称黄委会)根据历史传统与各家意见确认玛曲为黄河正源，并在约古宗列盆地西南隅的玛曲曲果，东经95° 59′ 24″、北纬35° 01′ 18″处，竖立了河源标志。

2010年至2012年，我国开展了第一次全国水利普查，普查对象包括了境内所有河流湖泊、水利工程等，根据调查结果，黄河干流全长修订为5687千米。

近年来，对应该以哪一支作为黄河正源依然存在争论，有的学者主张仍应取玛曲，也有学者提出还有比卡日曲更长的源头。但这些更多的是对确定河源标准的不同意见，可以说对黄河源头的状况已经基本清楚了。

从《禹贡》的作者提出积石导河起，经过两千余年，中国人民最终认识了这条与中华民族息息相关的黄河的真正源头。如果李白生在今天，在写下“黄河之水天上来”这样豪放的佳句的同时，或许能为真正的河源赋上一首更传神的诗篇。

第五章　三十年河东　三十年河西

“三十年河东，三十年河西”是大家熟悉的一句成语，用以形容时过境迁、今昔巨变或世态炎凉。至于是否真有一个地方，三十年前在黄河的东面，三十年后又到了黄河的西面，恐怕大家并不一定在意。但在黄河的变迁史上，这却是千真万确的事实，而且这样的变化往往还要不了三十年的时间。

一、大庆关沧桑和洛水、汾水入河之谜

在今陕西大荔县朝邑镇东三十里有个蒲津关，又名临晋关，北宋大中祥符四年(1011)改名大庆关。从战国时魏国设置起，一直是控制关中和河东黄河两岸津渡的重要关隘。由于大庆关正处在黄河河道频繁东西摆动的一段，所以随着黄河河道的改变，时而在河东，时而在河西。例如明朝隆庆三年(1569)，黄河直逼朝邑县(治所在今朝邑镇)东门，大庆关所在地成了河东。第二年黄河突然东移到了蒲州府城(今山西永济市蒲州镇)西门，大庆关回到了河西。可是黄河忽然又转向朝邑县，在大庆关与县城间穿过，大庆关又变成了河东。两年之间，大庆关竟然两次变换了河东、河西的位置。到了万历二十六年(1598)黄河河道再次向西摆动，大庆关被隔在河东，于是在朝邑县东七里设置新大庆关。但在这以后，黄河水道仍在不断地东西移动，仅仅从20世纪30年代至60年代就改变了多次，以致旧大庆关和新大庆关(1929年

后为平民县治）都已被冲得踪影全无了。

出现如此剧烈变化的主要原因是黄河中游的特殊地理条件。黄河中游从内蒙古托克托县河口村（镇）开始，以下至禹门口约700千米，都穿行在晋陕峡谷之间，河床仅宽200—400米。然而一出禹门口，两岸突然开阔，有些地段完全是一马平川，毫无地形约束，河床扩展至几千米。到了老潼关和风陵渡之间，河道受到山岭阻隔，折向东流，形成一个狭窄的口子。一旦上游来水增加，无法从这个口子中及时宣泄，就会在禹门口以下这一段泛滥，河道任意东西摆动。

所以，自古以来受到河东河西影响的绝不止一个大庆关。

成书于公元1世纪的《汉书·沟洫志》中记载洛水（今北洛河）的终点，一处说是流入渭水，一处却说是流入河水（黄河）。有人不了解实际情况，对作者提出了批评。其实这倒不是作者的错误，而是他记录了不同年代的情况，因为洛水的确有时注入渭水，有时直接注入黄河。要解开这个谜，也得从黄河这一段河道的摆动上找原因。原来在黄河向西移时，北洛河就流入了渭河。这种变化近代还在发生。1927年，黄河还是从旧大庆关西流经赵渡镇与北洛河汇合的，但从1928年开始河道逐渐东移，到1932年某一天夜间突然改道直下潼关，北洛河就不再流入黄河而改入渭河了。

东岸山西的汾河流入黄河的地点同样经常改变。当黄河东移时，汾河就北移到山西河津县西南入黄河；而当黄河西摆时，汾河的入河口也随之移到万荣县西南的荣河镇一带。直到20世纪，这种变动还在发生。

在黄河上游也有两段经常变化的河道。一段是自宁夏青铜峡至石嘴山，黄河流过平坦的银川平原，河道经常东西摆动。另一段是出磴口后，黄河进入了河套平原，在由南向北折向东，又折而南的过程中，既有东西摆动，也有南北位移，因而曾经有过北河、南河的名称。

在6世纪以前，由于河水的决溢滞积，还形成过一个东西宽60千米的湖泊——屠申泽。

不过由于黄河上中游这样的地段毕竟不多，平原面积有限，即使泛滥，受到影响的范围也不会太大。加上这段黄河的水量和含沙量都还不是最大，比起下游河道大幅度变迁和造成的巨大后果来，显得有点微不足道。

二、变化莫测的下游河道

黄河在潼关折向东流后，继续穿行于山岭峡谷之间，河道依然受到约束。过河南孟津后，北岸虽已进入平原，但距岸一二十千米内有一道低矮的黄土岗，南岸仍然是邙山和广武山脉。因此尽管这一段河道有过南北摆动，但幅度不大，影响范围也有限。可是一出桃花峪(京广铁路西)，向东直到入海口都是一望无际的大平原，北岸在太行山脉以东直至燕山山脉，南岸直到大别山，中间只有山东的鲁中南丘陵山地，这就给黄河的决溢改道提供了相当广阔的空间。

根据现存历史文献记载，在1949年以前的3000年间，黄河下游决口泛滥至少有1500余次，较大的改道有二三十次，其中最重大的改道有6次。洪水波及的范围，北至海河，南至淮河，有时还越过淮河而南，影响苏北地区，纵横25万平方千米。如此频繁、如此大范围的灾害对生命财产所造成的损失是难以估量的，对中国的社会发展和历史进程所产生的影响更难一一说清。但是另一方面，黄河下游曾经是中国历史的重要舞台和人口最稠密的地区，人类的经济、文化、政治和军事活动也对黄河的变迁起着直接的作用。由于黄淮海平原到处都受过黄河水沙的洪流和淤淀，历史时期黄河下游冲积平原的地理面貌也已发生过巨大的变迁。

1. 筑堤前的泛滥漫流

关于黄河下游河道经流的具体记载最早见于《尚书·禹贡》《山海经·山经》和《汉书·地理志》，大致反映了战国或更早的春秋时期的形势，再以前的情况就无法通过文献资料来复原了。但是如果注意一下迄今为止的考古发掘成果，就不难发现一个引人注目的现象：不论是新石器时代或是商周以至春秋时代，在河北平原（包括今豫北、冀南、冀中、鲁西北）的中部都存在着一片极为宽阔的、空无

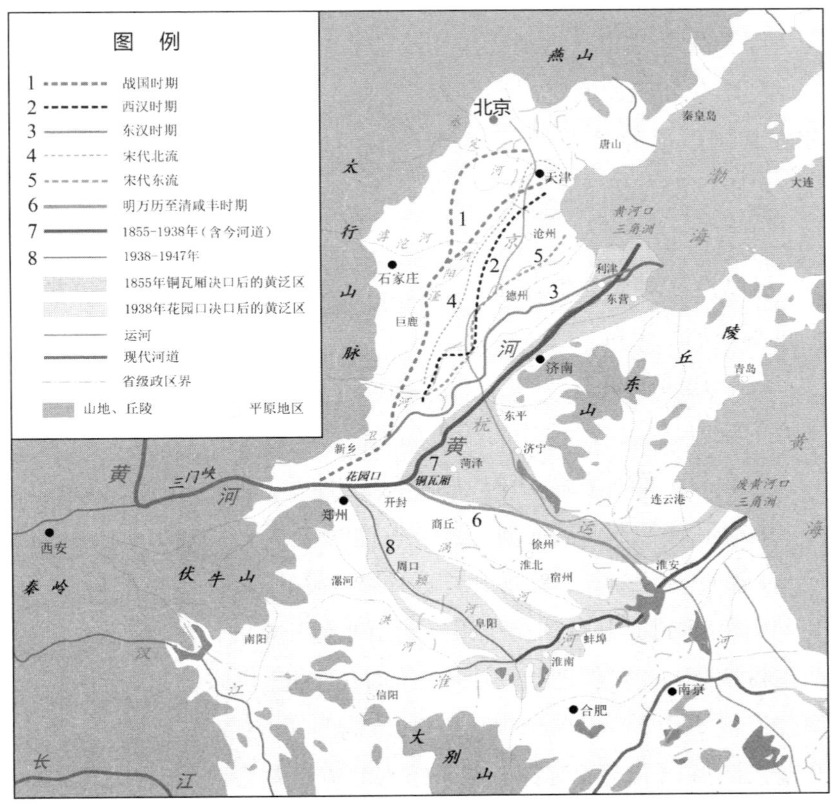

黄河下游河道历史变迁示意图

聚落的地区。在这一范围内，既无这些时期的文化遗址，也没有任何见于可信的历史记载的城邑或聚落。新石器时代的遗址，在太行山东麓大致以今京广铁路为限，在山东丘陵西北大致以今徒骇河为限，商周时代的遗址和见于历史记载的城邑聚落，在太行山东麓东至今河北雄县、广宗、曲周一线，在山东丘陵西北仍限于徒骇河一线。春秋时代，邯郸以南太行山以东平原西部和泰山以西平原东部的城邑已相距不过七八十千米；但在邯郸以北，平原东西部城邑的分布仍然没有超过商周时代的范围。这是由于黄河流经河北平原时，没有堤防约束，每遇汛期，免不了要漫溢泛滥，每隔一段时间又免不了要发生改道。这类泛滥和改道非常频繁，因此在其波及范围内，人类不可能长期定居，形成了这样一片空白区。这就说明，即使在战国以前的数千年间，黄河下游河道也已经改变了不知多少次，之所以没有留下记载，一方面固然是由于年代久远，文献无征，但更主要的是由于改道的波及范围还是无人区，周围也都还人烟稀少，所以没有对人类生存和生活造成什么影响，自然也就不会被人们重视而加以记载。

《禹贡》是《尚书》中的一篇，大致成书于战国后期，记载了黄河下游的流向。《山海经》中有一篇《山经》，成书时间比《禹贡》稍晚，它并没有关于黄河下游流经的具体叙述，但其中的《北山经·北次三经》中却记录了不少黄河的支流。将这些支流注入黄河的地点连接起来，就能一定程度上复原出当时黄河下游的河道所经。《禹贡》河和《山经》河都是从今河南荥阳广武山北麓开始的，东北流至今浚县西南古宿胥口，又东北经魏县东、曲周县东北、广宗县东，至深州市南分道：《禹贡》河折东经武邑县北、青高县西南，又东北至今天津市东南入渤海；《山经》河自今深州市南北流至蠡县南，折东北至霸州市南，东流至天津市区南部入渤海。这两部著作是战国时的，但记载的河道却反映了战国前的情况。这显然是由于这两条河道的存在离当时还不久，人们记忆犹新，而且这两条河道的局部依然由其他河流在使用。这两条河道并不是数千年间仅有的，只是其中比较经常流经的、主要的而已。有时黄河下游还同时并用多股河道，局部的多条河道并存就更多了。

《汉书・地理志》是《汉书》中的一卷，写成于公元1世纪后期。它所记载的黄河下游河道就是西汉时见存的，但也是自春秋战国以来早已形成了的。也就是说，除了《禹贡》河和《山经》河，战国以前黄河有时也使用这一条河道。这条河道在宿胥口以上与前两条相同，自宿胥口东北流至今濮阳县西南长寿津，自长寿津折而北流至今馆陶县东北，折东经高唐县南，折北至东光县西，又折东北至黄骅市东入渤海。但在筑堤以前，这也只是黄河主要河道中的一条。

2. 战国筑堤，首次改道

在黄河下游两岸较大规模地修筑堤防大致是在公元前4世纪40年代左右完成的，从此结束了长期以来多股分流、频繁改道的局面，固定在《汉书・地理志》的河道了。这可以看作为黄河下游第一次重大的改道，也是第一次人工改道。

河道经堤防固定以后，加快了泥沙的堆积，从公元前2世纪中叶即西汉前期开始，出现了频繁的漫溢决口。西汉期间，见于记载的决溢有11次，其中10次都发生在今河北东南和山东西北一带，最严重的一次是汉武帝元光三年(前132)，黄河在东郡濮阳瓠子口(今河南濮阳县西南)决口，洪水东南注入巨野泽，由泗水流入淮水(淮河)入海。这是见于记载的黄河夺淮入海的第一次。当时任丞相的田蚡的封邑鄃(今山东平原县西南)在河道北边，河水向南决口使他的封邑不再受到威胁，对他有利，所以他一直阻挠堵口。结果洪水泛滥于16个郡，历时

20余年，直到元封二年(前109)才将决口堵住。以后，在今河北大名县以下又发生了几次局部的改道。

3. 二次改道，长期稳定

王莽始建国三年(公元11)，黄河在魏郡元城(今河北大名县东)以下决口，向东泛滥至好几个郡。但因王莽的祖坟在元城，河水决向东流使元城更加安全，所以王莽不主张堵口，听任水灾延续了近60年，造成黄河第二次重大的改道。直到东汉明帝永平十二年(公元69)间，才在王景主持下，动用数十万民工进行治理，固定了一条新河道。这条新河大致从长寿津(今河南濮阳县西旺宾一带)分出故道，循古漯水河道经今范县南，在今山东阳谷县西与漯水分流，经今黄河与马颊河之间，至今利津县入渤海。

新河道比较顺直，长度比原来缩短，更主要的，中游的泥沙来源有了显著减少，所以在形成以后的近600年间一直比较稳定，见于记载的发生在下游的决口泛滥仅4次，灾情也不严重。

公元7世纪中叶以后，黄河下游的决溢次数又开始增加了，并且随着时间的推移越来越频繁，地点也越来越集中。7世纪中叶至10世纪初，共决溢12次。从10世纪初至11世纪40年代的140年间，决溢95次，主要集中在今河南浚县、滑县至濮阳、清丰(治所在今滑县旧滑城)河段。这一河段河道狭窄，滑州(治所在今滑县旧滑城)两岸土质疏松，河岸容易崩溃。到唐末五代时河床已经淤高，割据政权在混战中又常常人为扒开河堤，以水代兵，造成这一段河堤残破不全，一遇洪水就容易溃堤成灾。如后晋开运元年(944)，黄河在滑州决口，淹没了曹、单、濮、郓等州，洪水积蓄在梁山周围，将原来的巨野泽扩大为著名的梁山泊。

4. 三次改道，北流入海

北宋庆历八年(1048)六月，黄河在澶州商胡埽(今濮阳县东昌湖集)决口，北流经今滏阳河与南运河之间，下游合御河(今南运河)、界河(今海河)，至今天津市入海，形成宋代黄河的北派。这是宋代黄河北流由渤海湾入海的开始，也是黄河历史上第三次重大的改道。嘉祐五年(1060)，黄河又在大名府魏县第六埽(今南乐县西)决出一条分流，东北流经西汉的一段故道，以下循西汉的笃马河(今马颊河)入海，称为二股河，是宋代黄河的东派。在这以后至北宋灭亡的近70年间，黄河有时北流，有时东流，有时两派并行，还有时向东决入梁山泊，分南北清河入海，黄河下游的变迁极其紊乱。

5. 四次改道，夺泗入淮

南宋建炎二年(1128)冬，宋人为阻止金兵南下，在滑县以上的李固渡(今滑县西南沙店集南三里许)以西人为决河，新道东流经李固渡，又经滑县南、濮阳、东明之间，又经鄄县、巨野、嘉祥、金乡一带，注入泗水，再由泗水入淮河。从此，黄河离开了春秋战国以来流经今浚县、滑县与滑县南旧滑县城之间的故道，不再东北流向渤海，而是以东南流向泗水、淮水为主要趋向。这是黄河历史上的第四次重大改道。

原来黄河从浚、滑之间东北流后，西面有太行山，东南有山东丘陵的约束，只能在河北平原上摆动。现在在滑县以上就改了道，不再受到这样的控制。下游的河道就折向东或折向南，在豫东北至鲁西南地区摆动了。黄河干流的摆动趋势是越来越向东南，决口的地点也越来越向上(西)移动。决口开始在今山东巨野、寿张、郓城、曹县一带，河道决入梁山泊，分南北清河入海。以后决口逐渐西移至今河南卫辉市、原阳东部和延津一带，河道已流至开封府境内。到元朝初年，黄河已经改由虞城(今河南虞城县北)、砀山(今安徽砀山县)二县南，东经萧县(今县东北)至徐州入泗水了。而且除了干流外，黄河还分出几股岔道来，同时并存，迭为主次，但都注入泗水，又由泗水汇入淮河，以淮河下游河道为入海口。

发生这样的变化有自然方面的原因，这是由于河道进入豫东北和鲁西南后，都在平原漫流，河床变得又宽又浅，很容易变化。两岸虽然也筑有堤防，却都是沙土构成，洪水一冲就垮。但人为因素也起了很大的作用：这一地区属于金朝，但接近南宋，金朝害怕大规模堵塞决口、修筑堤防的劳役会引起百姓不满，让宋人有机可乘。而且金宋之间最初缔结和约曾规定双方以黄河为界，河道不断南移，金朝占有的疆域就越扩大，所以金方故意不固定河道，听任多股分流的局面长期存在。

6. 五次改道，夺颍入淮

1232年，蒙古军围攻金的归德(今河南商丘市梁园区南)，在归德凤池口(今商丘市睢阳区西北22里)决开河堤，河水夺濉河入泗水，这是黄河第一次走濉河。1234年，宋军进入开封，蒙古军南下，在城北20余里的寸金淀决黄河淹宋军，河水由此南流，夺涡河入淮河，这也是历史上黄河第一次走涡河。元至元二十三年(1286)，黄河在原武、阳武、中牟、延津、开封、祥符、杞县、睢州、陈留、通许、太康、尉氏、洧川、鄢陵、扶沟等15处决口，分为三股：一股经陈留、杞县、睢县等地，由徐州入泗河；一股在中牟境内折而南流，经尉氏、洧川、扶沟、鄢陵等地，由颍河而入淮河；一股在开封境内折而南流，经通许、太康等地，由涡河而入淮河。这是黄河在历史上的第五次重大改道。至此，黄河已经在太行山东麓至黄淮平原西缘的整个华北平原上绕了一圈。

至正四年(1344)，黄河在曹县白茅堤向北决口，淹没了豫东、鲁西南各地。到至正十一年,由贾鲁主持治河工程。他坚决主张堵塞北流,让黄河向东南走由泗河入淮河的故道。最后修复的这条河道被称为贾鲁河,大致是经今河南封丘南、开封北,又经东明、兰考之间,又经今鲁豫交界处,又经商丘北、虞城南、夏邑、砀山之间,再东经萧县北,于徐州入泗水,循泗水入淮河。

至正二十六年(1366)后,黄河的干流又向北移,流入今山东境内。明洪武元年(1368),黄河在曹州双河口(今山东菏泽市东北双河集)决口,东流至鱼台县境内。但从洪武八年至二十四年,黄河干流又向南摆,恢复了贾鲁河的故道,并不时向南决入颍河、涡河等水而汇入淮河。

洪武二十四年(1391),黄河在原武黑洋山(今河南原阳县西北)决口,折而东南流,经开封城北五里,折南经陈州(今河南周口市淮阳区)后循颍河入淮,被称为"大黄河";原来的贾鲁河因水量减少,被称为"小黄河"。此后直到16世纪中叶(明嘉靖中),黄河的河道仍然频繁地南北摆动,同时多股并存,迭为主流,变化非常紊乱。另外由于人为的因素,河道逐渐向单股流入淮河的趋势过渡。

明代永乐以后迁都北京,每年必须通过南北大运河由南方输送大批粮食和物资。明朝的皇陵(明太祖父母陵墓)在凤阳,祖陵(明太祖祖先陵墓)在泗州(今江苏泗洪县境,已沦入洪泽湖)。因此在治河时必须考虑两个前提:一是保证南北大运河的畅通,二是保护皇陵和祖陵的安全。当时徐州至淮阴的黄河就是运河的一段,所以如果徐州以上的黄河向南决口,夺涡河、颍河入淮,这一段运河就会缺乏水源;同时因黄河南流入淮,又使淮河水量骤增而下泄不畅,引起决溢,威胁二陵的安全。但如果黄河向北决口,就会夺汶水由大清河入海,大清河以北以汶水为水源的会通河(运河的一段)北段将有断流的危险。因此当时最理想的河道是由金乡、鱼台一带汇入运河,这样就既接济了缺水的山东运河南段，又保证了徐州以下河道的流量。正因为如此，永乐九年(1411)曾人工恢复了一条决黄河水入泗水的河道，以后也曾多次想引黄河水回到这条故道。由于治河的主要目的在接济运河，对黄河并没有采取什么有效的措施，所以在开封一带的决口仍然很多，终于酿成更大的决口。

弘治二年(1489)，黄河在原武至开封南北多处决口，黄河分成南北几段。全河流量的十分之七由决口北流，十分之三由决口南流。到第二年开始，黄河下游形成了比较固定的汴河、涡河、颍河三道，而以汴道为干流。经过弘治三年和七年两次大规模的治理，下游河道的险工段由开封一带移到了黄陵冈曹县段，特别是曹县境内。北决是当时河道变迁的主要倾向，黄河与运河的交汇口也不断北移。总之，南北交替决口，周期性的恶性循环，成为这一阶段河患的主要特点。

嘉靖二十五年(1546)以后，黄河下游分成多支的局面基本结束了。以后经过潘季驯的治理，河道大致固定在今天的地图上还能见到的淤黄河一线。尽管有时还有决口及改道，但不久就恢复故道。由于河道固定，泥沙开始堆积，干流的大部分河段逐渐成为高于两岸地平线的“悬河”。

清朝继承了明朝的首都，保持运河的畅通依然是清政府治河的主要目的。所以明清两代对河南、山东河段的治理着重于固定河道，不断修筑和加固堤防。尽管决口仍时有发生，但一般不久就被堵塞。明朝最严重的一次水灾是人为的决河。崇祯十五年(1642)开封城被李自成起义军包围，明朝方面企图引黄河水淹李自成军，在城北扒开河堤，结果开封城被淹，洪水由涡河入淮，造成极大的灾难。清初黄河回复到故道，开始时在阳武、封丘、祥符、陈留一带仍有多次决溢，但从17世纪中叶起，河南境内的黄河出现了一个相对稳定时期，持续了约一个世纪，这可能与康熙年间靳辅治河所采取的工程措施有关。

从乾隆中期开始，河南境内的河道又逐渐淤高。二十六年(1761)的一次特大洪水，造成武陟、荥泽、阳武、祥符、兰阳等地15处同时决口，大溜(主要一股水流)自中牟直冲贾鲁河。嘉庆二十四年(1819)又在武陟马营坝决口，造成以下河段普遍淤滩。如原武、阳武一带原来河堤和堤外滩地的高差有一丈八尺，决口后减少到八九尺，这当然会大大降低堤防的防洪能力。加上进入19世纪以后河堤又长期不修，两岸的决口就更加频繁。道光二十三年(1843)，黄河在中牟九堡决口，正溜从今贾鲁河入颍河，旁溜(次要一支水流)从涡河水道注入淮河，豫东南、皖北大面积受灾，是中国近代史上黄河最大的一次水灾。

山东河段的变化就更大了。自明嘉靖二十六年(1547)后的四五十年间，曹县以下的黄河、运河交汇口不断移动，又经常分成散流冲入运河。如嘉靖三十七年(1558)黄河在曹县新集(今河南商丘市北30里)决口，分成秦沟、浊河等六股，在沛县至徐州之间决入运河；另一股在砀山县东又分成五股，至徐州注入运河。北面的六股以后并成了秦沟一股，但另外又有一股从丰县决出，分成13支流入运河和昭阳湖地区。到万历五年(1577)，黄河在秦沟以上的崔家口(今安徽砀山县东北)决口后改走今地图上的废黄河至徐州入运河，以后河道基本固定，水患有所减轻。

徐州至淮阴段原来变化较小，决溢不多，但到明嘉靖以后成了下游决口集中的一段。如万历初年，桃源(今江苏泗阳县)上下就有崔镇等大小决口19处。所以到隆庆年间(1567—1572)，这一段已经成为河工的关键，万历初潘季驯治河时也以此为重点，结果使这段河道在今地图上废黄河一线固定了下来。

今天的江苏淮安市是当时黄河、淮河和运河的交汇口，又称清口。由于黄河泥沙的长期淤积，清口淤塞日益严重，到万历时已只剩云梯关一道入海了。而在海潮顶托下，河口形成积沙，不断向海中延伸。

从清初以后，下游河道决溢的重点有下移趋势，所以康熙十六年(1677)开始，靳辅就将治河的重点放在清口以下的河段。经过这次治理，大量泥沙排出海口，但河口泥沙依然不断堆积，河口向海中继续延伸，河道的坡降越来越小，这就加速了河口以上河身的淤积。

清嘉庆、道光以后，黄河下游河道已经淤废至相当严重的程度，就是一般洪水都会普遍漫滩，稍不注意就发生决口。在乾隆年间，洪泽湖可以积蓄淮河的清水，使水面高出黄河水面七八尺或一丈余，能起到冲刷黄河泥沙的作用。但在黄河河床被迅速淤高后，嘉庆元年(1796)经过测量，才知道黄河底已比洪泽湖底高一丈至一丈六尺。在这种情况下，一次新的大改道就不可避免了。

7. 六次改道，复归渤海

咸丰五年(1855)六月，黄河在兰阳铜瓦厢决口，洪水先向西北淹了封丘、祥符等县，又向东漫流于兰阳、仪封、考城、长垣县后，分成二股：一股出曹州东赵王河，至张秋穿运河；一股经长垣县流至东明县雷家庄后又分为二支，都向东北流至张秋镇，三支汇合后穿过张秋运河，经小盐河流入大清河，最后由利津牡蛎口入渤海。从曹州流出的那一股三四年后就淤塞了，后一股就成了黄河的正流。从此黄河结束由淮河入海700多年的历史，又回到由渤海湾入海。这就是黄河历史第六次重大的改道。

决口发生时，正值太平天国起义军据有长江流域，捻军活跃于江淮之间，清政府忙于镇压，顾不得黄河水灾。朝廷内部在将黄河挽回徐淮故道，还是任其从山东入海这一点上争论不休，这种局面就存在下去了。决口后的20年内，水流在今黄河稍北的北金堤以南，今曹县、砀山一线以北，运河以西的三角冲积扇内漫流，没有固定的河道，洪水暴涨时就在兰阳、郓城、东明等地到处决口。民间只能沿河修筑民埝以维护局部的安全，这为后来堤防的形成打下了一定的基础。到同治十二年(1873)，南流北流之争还未结束。山东巡抚丁宝桢因山东受害最大，仍要求恢复徐淮故道，直隶总督李鸿章认为决口已近20年，口门宽至10里，已无财力人力将黄河挽回故道。由于实际上已不可能复流，于是只能在民埝基础上筑堤。光绪元年(1875)开始在南岸筑堤，第二年菏泽贾庄工程完成后，河水就全部由大清河入海了，这就基本形成了今天黄河下游的河道。

新河道形成后，有过两次重大的决口改道：一次是在1933年发生了特大洪水后，上游的磴口、中游的永济都有决口，下游从温县至长垣200多千米内决口达52处，灾情严重。另一次完全是人为因素，1938年6月初，蒋介石为了利用洪水阻止日本帝国主义侵略军西进，下令扒开郑州附近的花园口大堤，黄河向东泛滥于贾鲁河、颍河和涡河之间，洪水沿淮河泻入洪泽湖、高宝湖，汇入长江。这次受灾面积达54万平方千米，死亡失踪89万人，历时九年半，后果极其惨重。

抗日战争胜利后，国民党政府提出“黄河归故”。中国共产党领导的解放区政府顾全大局，照顾黄泛区人民的利益，说服动员已在故道河床内居住的40万居民迁出，并自1946年4月起与国民党方面签订了一系列协议，在“先行复堤，迁移河床居民，然后再堵口合龙”的条件下，同意河归故道。1947年3月花园口堵口，黄河复归故道。

新中国成立以来，尽管同样经历了多次洪水和特大洪水，黄河再也没有发生决溢改道。

三、分流湖沼何处觅

今天的黄河，除了上游、中游还有一些局部河段的水上运输以外，绝大部分河段早已与水运和通航无缘了。特别是由于黄河下游两岸已经没有从干流分出单独入海或流入其他河流的分流水道，也没有从干流分出流经一段较长里程后又汇入干流的汊道，即使能通航，也无法与其他水系和地区沟通了。但根据历史文献记载，黄河下游在一个较长时期内存在过许多流路很长、水量充沛的分流和汊道，北入渤海，南至淮河，将黄淮海连成一片。这些分流大多是中原地区理想的天然航道，其中有几条是经过人们加工的运河，因此黄河下游也曾经有过发达的水上交通。这是黄河以及这些分流、汊道的水、沙长期作用的结果，也与其他人为因素有关。

1.鸿沟开凿与定陶兴衰

根据《汉书·地理志》记载，在公元前一二世纪的西汉时代，黄河下游自武陟、荥阳以下，南岸的分流有济水、浪汤渠、汳水、睢水、涡水、鲁渠水、濮渠水、漯水、笃马河等；北岸主要有屯氏河、屯氏别河、张甲河、鸣犊河等汊道，另外还有漳水、洹水和淇水等支流。这些分流、汊道和支流北入渤海湾，南注淮河，遍布于整个华北平原。北岸分流和汊道大多是由决口后洪水冲刷而成，起着分泄洪水和泥沙的作用。南岸分流有的是早期黄河下游的分流，大多是原来并不与黄河直接沟通的天然河道。大约在战国魏惠王时(前370—前362)，以大梁(今河南开封市)为中心开凿了鸿沟，将黄河和淮河之间的济、汝、淮、泗诸水连通了，从此黄河南岸才形成了以黄河为主要水源、鸿沟为主干的水系网。

南岸分流中最长的是济水，当时与黄河、淮河、长江合称四渎，被列为全国最重要的四条河流之一。济水自今荥阳分河水东流，至今山东定陶附近分为二支：一支东北流，穿过巨野泽，又东北流至今山东东营市垦利区南入海；另一支出菏泽后走菏水(大致即今万福河)，至今鱼台县附近注入泗水，由泗水连接淮河、长江。正因为如此，从战国以来济水一直是中原地区沟通中西部的主要航道，处于济水和泗水交汇处的定陶（今山东菏泽市定陶区西北）被称为“天下之中”。

由于这些分流都有航运和灌溉之利，对沿线各地的农业生产、物资交流、人员来往、经济开发和城市扩展都起着积极作用，所以沿线各地不仅经济发达、人烟稠密，在全国居于前列，而且形成不少重要的经济都会，除定陶外，还有濮渠水沿岸的濮阳（今河南濮阳县南），获水沿岸的睢阳（今河南商丘市），获水、泗水交汇处的彭城（今江苏徐州市），浪汤渠沿岸的大梁（今河南开封市），浪汤渠和颍水交汇处的陈（今河南周口市淮阳区），颍水、淮水交汇处的下蔡（今安徽凤台县）、寿春（今寿县）等。

这些分流和汊道形成的初期，对减轻黄河干流的洪水和泥沙负担方面起过积极作用。但由于黄河本身含沙量大，又经常决溢改道，从西汉末年开始，黄河下游的分流和汊道逐渐淤浅和减少。王莽时河水南决后，鸿沟水系遭到严重破坏。东汉初黄河改走新道后，原来由大河分出的屯氏河、屯氏别河、张甲河、鸣渎河等都先后干涸。

公元3世纪初，曹操统一北方后，为了征吴的需要，在颍、涡、睢诸水间开凿了不少人工渠道，如睢阳渠、贾侯渠、讨虏渠、广漕渠、淮阳渠、百尺渠等，因此在这一部分鸿沟水系中，灌溉和航运状况依然良好。但济水、汴水部分却因经常受到黄河决口的溢淤，逐渐淤塞不通。到东晋太和四年（369）桓温北伐时，由于济水、菏水的运道已经不通，只得新开了从金乡至巨野泽的三百里运河。从战国时开始就依靠水运枢纽的地位而繁荣起来的“天下之中”定陶也每况愈下，到唐朝贞观元年（627）终于连一个县的建置都不能维持了，被废入济阴县。

到了唐朝久视元年（700），为了分洪的需要，在今山东境内修浚了马颊河，又称新河。由于分洪作用较大，历史上称为唐大河北支。五代后周显德元年（954），在今山东东阿境内决出了一条赤河，但到11世纪中叶就淤塞了。这是黄河北岸的分流。

2. 汴河淤塞

南岸最主要的分流是隋炀帝大业元年(605)所开的通济渠(后称汴河)。这是隋炀帝所开南北大运河中主要的一段,他从洛阳前往扬州就是通过这一条水道。通济渠自荥阳汴口分黄河水,东南流至今江苏盱眙县北入淮河。通济渠的水源主要来自黄河,唐宋时在汴口设置了水门(水闸),按季节调节水量。但由于黄河的流量极不均衡,含沙量又非常高,汴河日渐淤塞,每当黄河来水稍大或降水量增加,便会泛滥决口。唐末长期未加疏浚,到五代时下游宿州(今安徽宿州市)以下已经断航,后周时两次疏浚后才勉强恢复。宋初曾规定每隔三五年就得疏浚一次,以后甚至规定每年一次。但实际上并未执行,所以汴河河床迅速被泥沙淤高。到北宋后期,根据沈括记载,汴河从开封东水门到襄邑(今河南睢县)一段的河底已经高出堤外一丈二尺,站在汴河堤上看下面的民居,就像处在深谷中一样。汴河河床中的积沙几乎与开封城中相国寺的屋檐平了,完全成了一条与黄河相同的悬河。从汴河分出的浪汤渠(魏晋以前称为蔡水)到八九世纪之交时也已淤塞不通,五代时经过清理一度恢复了通航,但为时很短。原来从浪汤渠分出的睢水和涣水以后都不与它相通了,因而成了无源之水,降水一少就完全断流。

南岸分流如此快地淤塞,主要原因当然在于黄河的泥沙量逐渐增加,而且经常在今河南滑县、浚县、濮阳一带决口,这一地区分流淤积得更快。就是新开的分流,用不了多少年也就报废了。所以在疏浚旧河和开挖新河时,不再用黄河及其分流为水源,以避免随水而来的大量泥沙。如宋初重浚蔡河时,不用汴河水,而改引许昌西北的洧水(今双洎河)、潩水(今清潩河)为源。就连原来以黄河为水源的分流,也在设法避开,另找含沙量少的水源。如宋元丰二年(1079)曾在黄河滩地开了一条50余里长的人工渠道引洛河水入汴河，因来水清而一度使汴河获得了“清汴”的名称。另一个原因则是人为因素。唐宋二代的汴河是南北交通要道，也是国家主要漕运航道，必须确保畅通。在黄河来水并不充裕的情况下，为了保证汴河畅通，就只能严格限制从汴河中分出的其他河流的水量，有的分水口被堵死，使这些河流淤浅甚至完全断流，睢水、济水、浪汤渠(蔡水)、涣水等河流水源的缺乏或断绝都与此有关。

到金代黄河河道南移后，新道在汴口以下已经不再有分流存在。汴河长期不加疏浚，终于完全淤废，黄河下游就不再有任何分流了。金代开始，黄河下游曾分成几股，但因为变化极其紊乱，河道很不稳定，基本不能用于航运。元代和明代前期，为了避免黄河向北决口冲溃会通河(南北大运河山东段)，经常在南岸保持几条通向颍河、涡河、睢河的泄洪水道，但也时塞时通，并不是稳定的分流。到了明代后期，在治黄中以“束水攻沙”为原则，两岸高筑堤防，堵塞一切缺口，黄河下游再也不容许任何分流存在了。

3. 大泽陈迹

今天当我们飞越华北平原时，俯视大地，除了还能见到几条水量不多的河流以外，已经看不到什么湖泊了。在我们乘火车从徐州驶向郑州的途中，更难见到一片水的景色。因此大概不会想到，黄河下游地区曾经也是湖沼弥望的地方。如果你有机会在建于洪泽湖堤上的公路旅行，面对这烟波浩茫的巨浸，也许不会相信，它的形成不过六七百年的历史，而扩大到今天这样的规模还只有三百余年。这一切虽然也与千百年来的人类活动有关，但主要的创造者却是黄河。

根据历史文献的记载，汉代以前(公元前3世纪末以前)在今华北平原上黄河下游沿岸有很多湖沼，如黄泽(今河南内黄县西)、鸡泽(今河北邯郸市永年区东)、大陆泽(今河北邢台市任泽区以北一带)、泜泽(今宁晋县东南)等。在今黄淮平原上古黄河与鸿沟水系各河流之间的背河洼地、废弃的古河床,以及山东丘陵西部和平原交接处的凹陷地带也形成了很多湖沼,如荥泽(今河南荥阳市东)、圃田泽(今郑州、中牟之间)、萑苻泽(今中牟县东)、逢泽(今开封市南)、孟诸泽(今商丘市睢阳区东北)、菏泽(今山东菏泽市定陶区东)、雷夏泽(今菏泽、鄄城交界处)、大野泽(今巨野县北)、阿泽(今阳谷县东)等。

据成书于6世纪的《水经注》中所记载的黄河下游湖泊做粗略统计,大小湖沼陂塘约有130多个,大的周围数百里,小的也有方圆数里。但在以后的一千多年间,黄河在华北平原上不断决溢改道,泛滥的黄河水带来了大量的泥沙,洪水的冲蚀又使平原的地貌发生了巨大的变化,这些湖沼经历了不同的命运。

4.消失的湖泊

一些湖泊由深变浅,由大变小,最后完全消失。在今河南荥阳市境内的荥泽是见于记载的最早完成这一过程的。古人说荥泽是济水的产物,当时黄河与济水相通,荥泽自然也接受黄河来水,黄河输入济水的泥沙首先就在这里淤积,所以在《汉书·地理志》中已经不见荥泽的名字了。东汉以后由于济水、汴渠都筑了堤防,流入荥泽的水大大减少,逐渐成为浅平的洼地,今天已经毫无遗迹可寻。

离荥泽不远的圃田泽则经历了相当长的时期。圃田泽见于《诗经》的记载,是古代中原著名的浅水湖沼。战国魏惠王十年(前360)引黄河水入圃田泽,又引圃田泽水东流为鸿沟,使它成为调节黄河下游和鸿沟水系之间水量的水库。《水经注》记载的圃田泽跨中牟、阳武二县,东西40余里,南北20余里,湖中有茂盛的水生植物,还有不少沙洲,将湖分隔成20多个浅狭的湖沼,各有名称,均有水道沟通,总称为圃田。到唐朝时周围东西50里，南北26里，面积并无明显变化。宋代已分为大小不等的水塘，有房家、黄家、孟家三陂及三十六陂，但仍一度作为汴河的水库，起着一定的调节作用。元代这一带经常受到黄河水的泛滥，不仅原来的水塘水量增加，而且在低洼地上形成新的陂塘，数量增加到150多个，大的周围有20里，小的也有2—3里，秋汛时一望无际。以后水量减少，较高的滩地被垦为田地，但到清乾隆年间还分为东西二泽，周围尚有不少小水塘，此后垦田扩大，才逐渐成为平陆。

宋代以后，由于黄河长期向南决口泛滥，金以后干流南移，一些湖沼受到黄河的泛滥冲刷和泥沙淤积，既而断绝了水源，以至成为平地。如见于《左传》的孟诸泽，唐朝前期还有周围50里的记载，以后就消失了。《水经注》所记的雷夏泽是东西20余里，南北15里，宋以后被黄河经常性的泛滥淤平。

5. 巨野和大陆的迁移

另一类湖泊是从上游向下游移动，最典型的例子是在河南的巨野泽和河北的大陆泽。

巨野泽又名大野泽，在今山东巨野县北，古代是济水和濮水汇注的地方。汉武帝时黄河在瓠子决口，流入巨野，使湖面扩大，逐渐将一些县治和居民点都没入湖中了。唐代元和年间(806—820)，巨野泽的范围南北有300里，东西还有百余里。以后由于济水断流，湖的上游一侧岸线开始收缩。10世纪初以后，湖的西南部上游因被黄河洪水带来的泥沙淤积逐渐抬高，湖区向下游(北部)低洼处移动。五代后晋开运元年(944)黄河在滑州决口后，洪水绕着梁山注入汶水。梁山原来在巨野泽的北岸，由于巨野泽的南部已经淤高，洪水就北移到梁山一带积蓄，汇为梁山泊。宋天禧三年(1019)和熙宁十年(1077)黄河又两次决口，洪水都注入了梁山泊，使湖面又大为扩展，成了著名的“八百里梁山泊”。梁山成为湖中的岛屿，这就为《水浒传》中宋江等一百零八位好汉啸聚提供了绝妙的环境。

湖面扩大的同时，洪水带来的大量泥沙抬高了湖底，等到黄河南移，主要的来水断绝，梁山泊就也难逃消亡的命运。以后水面逐渐缩小，周围露出大片滩地，被居民开垦。元代黄河决口后又流入梁山泊，湖面重新扩大，已经开垦的土地又没入湖中。明朝中期以后黄河长期由淮河入海。为了阻止向北的决口，北岸都筑了堤防，使梁山泊再次失去黄河水源，渐渐被周围居民开垦为农田。清朝康熙初年，昔日浩渺的大湖“村落比密，塍畴交错”，完全成了陆地，甚至已经“一溪一泉不可得”了。今天我们如果再想寻访“水泊梁山”的遗迹，一定会大失所望。

梁山泊淤高后，原来注入的汶水下游改为折北流入大清河。到咸丰五年(1855)黄河夺大清河入海，河床淤高，汶水下游被堵塞而形成东平湖。从大野泽到东平湖，由西南到东北(上游到下游)移动了六七十千米。

大陆泽是河北平原西部太行山冲积扇和黄河故道之间的一片洼地，据《山海经》和《禹贡》的记载，先秦时黄河流经此处，在西汉则是漳水以南和泜水以北诸水汇集的地方，其范围大致在今河北任县、平乡、隆尧、巨鹿之间。6世纪以后，漳水改道从泽西流过，从太行山上流下的河流被漳水挟带向北流去，不再流入大陆泽。到唐朝后期，由于来水更少，面积仅剩下“东西二十里，南北三十里”，湖中遍生“葭芦、茭莲、鱼蟹之类”，成为日渐干涸的浅沼。北宋大观二年(1108)，黄河北流于邢州(今河北邢台市)决口，大陆泽受到洪水的灌注，泥沙淤积，湖底抬高，积水向下游相对低洼处排泄。

在大陆泽下游今宁晋县东南原来有泜泽和皋泽两个小湖，此后成为大陆泽湖水下泄积聚的地方。到了明代,滹沱河向南改道,洪水流入,下游却排水不畅,这两个湖扩大成为宁晋泊。明、清时的洪水季节,宁晋泊和大陆泽就连成一片,合称为大陆泽。但在枯水季节还分为两部分,宁晋泊称北泊,大陆泽称南泊。

但大陆泽的最终消失却还是人为作用。清代治理这一带水患的基本方法,是将南泊的水排入北泊,北泊的水从滏阳河、滹沱河、子牙河流入东淀,因此北泊逐渐大于南泊。雍正年间,正定、顺德、广平三府广开稻田,将原来流入大陆泽的水引作灌溉,水源更加减少。所以到道光年间,大陆泽已只限于任县境内的一小片,宁晋泊也因受到滹沱河水挟带泥沙的淤积而湖底升高,积水不断排入东淀,终于使大陆泽成为平原上的遗址了。

6. 从无到有的南四湖和洪泽湖

第三类湖泊则是由于黄河的变迁而产生、扩大的,如鲁南和苏北的南四湖、洪泽湖、高宝湖等。

古代的泗水是沿着山东地垒的西缘和黄河冲积扇的东缘之间低洼地带南流入淮河的。自西汉开始,泗水不时被黄河决水所夺,下游河道也时有壅塞,所以到隋代时曾在今山东兖州南形成过一个大湖,这就是大运河在济宁以南的南阳、独山、昭阳、微山四湖的雏形。金、元以后,黄河长期夺泗水入淮河,泗水河床被日益抬高,出现了一系列背河的洼地,西面受到黄河洪水的漫决,东面承受鲁中丘陵的山水,于是在济宁和徐州之间逐渐形成了南四湖。从明代中叶开始,泗水逐渐离开故道,而原来的河道演变成为今天大运河山东境内的南段和江苏境内的北段。这样,南四湖就与大运河联系在一起了。

明代重开会通河以后,昭阳湖在运河东岸,是运河四大水柜(水库)之一,这是因为当时鲁中丘陵的山水具有夏秋暴涨、春冬干涸的特点,所以要将运河以东地势较高的湖作为“水柜”，蓄积泉水，而将运河以西地势较低的湖当作“水壑”，宣泄余水。嘉靖初开始，黄河不断决入江苏沛县和山东鱼台一带，并漫过运河灌入昭阳湖，使湖底淤高，湖面扩大。至嘉靖四十五年(1566)开南阳新河后，运河改经昭阳湖东，地势比昭阳湖高，湖水不能再流进。此时，昭阳湖失去了运河水柜的作用，转而成为处于运河以西的“水壑”。同时西面的黄河决水又不断流入，使昭阳湖的面积继续扩大。

明代隆庆、万历年间，黄河向东决口，洪水漫过运河而东，在运河以东和山东丘陵之间的背河洼地中形成一连串小湖泊，称为郗山、赤山、微山、吕孟、张庄等湖。万历三十二年(1604)泇河修成后，运河再度移到微山以东，这些小湖泊就被隔在运河新道之西，成为运河宣泄洪水的场所。西面的黄河也不断有决水注入，两面的来水汇集在这里，将一连串的小湖连成一片，总称为微山湖。由于没有通畅的宣泄水道，积水迅速增加，湖面也迅速扩大。清代微山湖周围有百余里，与北面的昭阳湖没有明显界限。黄河改道在山东入海后，昭阳、微山等湖因地势低洼，又有地表水补充，仍然保持着原来的规模。1938年黄河在花园口改道后，微山湖的面积有所缩小。1947年黄河回到山东后，湖面又恢复原状，可见黄河通过地下水对微山湖予以补给。

三国时魏国的邓艾曾在淮河南岸今淮阴和盱眙之间修筑一些小陂塘，用以灌溉屯田，其中有的到隋代还在使用，如白水陂、破釜塘等。但直到宋代，淮河与南岸诸湖还没有连成一片。金元以后，黄河南移，淮河下游成为黄河入海水道，河床抬高，黄河与淮河交汇的清口淤塞，下流不畅，积水就将原来的零星湖沼洼地连成一片，形成洪泽湖。最初洪泽湖面积还不大，所以元朝经常在此屯田。明初在洪泽湖东岸筑高家堰防御淮水东侵，湖面向东扩展受到约束，就日益向西、向北发展，不仅淹没了湖与淮河间的陆地，而且越过淮河淹向北岸。万历年间，潘季驯为了抬高洪泽湖水位，以便蓄积清水冲刷黄河，修筑高家堰，改为石砌堤堰，将淮河上中游的水流全部汇聚在这里，湖面迅速扩大，清康熙十九年(1680)，湖水向西扩展，使泗州城完全沦没。向北扩展的结果则使溧河、安河、成子三大洼地中的一些小湖和洪泽湖形成一体。在康熙前期，洪泽湖周围有300余里，湖面高于黄河水面。

明清时由于黄河水长期倒灌入湖，泥沙淤积使湖底抬高，湖面也大大高于东岸的里下河平原，没有出水口危险很大，所以在高家堰上开了口门，将湖水排入苏北里下河地区。湖东北部处在清口的西南，倒灌入湖的黄河水挟带的泥沙首先在此淤积，逐渐成为平地。背面三洼因地势较高又渐渐干涸，到清末都成陆地，湖面后退了30余里。

洪泽湖的形成还产生了连锁反应。洪泽湖的基准面抬高以后，淮河干流上游的坡降减弱了，各条支流注入淮河的水流在汛期往往不能及时由干流下排，出现倒灌，溢入两岸低洼地，时间一长，逐渐形成湖泊。今天淮河两岸支流的下游有不少湖泊，如南岸的城东湖、城西湖、瓦埠湖，北岸的茨河、北肥河、浍河、沱河等河下游的花园湖、天井湖、沱湖、香涧湖等，就是这样形成的，大多还只有几十年、最多只有一百余年，因而历史上都未见记载。

第六章　俟河之清　人寿几何

古代黄河究竟是清还是浊，应该是不难回答的。因为目前可以见到最早关于黄河清浊的证据，就是《左传》哀公八年（前487）引用的两句佚诗："俟河之清，人寿几何？"（要等到黄河变清，一个人得活多久？）也就是说最迟在公元前5世纪，黄河已经不清好久了。人们根据长期积累的经验已经肯定，在可以预见的未来，黄河是不可能变清的，所以才会发出如此毫无信心的慨叹。

公元前4世纪的战国时，人们已经用"浊河"来称黄河，而"黄河"这个名称的第一次出现，是在公元前3世纪末汉高祖刘邦封功臣的誓文中："使黄河如带，泰山若厉，国以永存，爰及苗裔。"（即使黄河细得仿佛衣带，泰山平得像磨刀石，你们这些侯国也会永远存在，传至你们的世世代代。）至于"黄河"成为这条大河的正式名称，那是从7世纪初的唐朝才开始。

因为黄河在中华文明历史上不可替代的地位，"河清"成为君主圣明、天下太平的象征，"海晏河清"就等于太平盛世的代名词。翻开历代正史，不时能见到某地"河清"或某日"河清"的记载，其实一部分不过是在冬春枯水季节某些流速极慢的河段出现的局部现象，所谓"清"也只是相对不太浊而已。另一部分则完全是统治者自欺欺人而制造出来的所谓"祥瑞"（吉利的征兆），根本不是事实。公元309年和562年，十六国中汉（前赵）的君主刘渊和北朝北齐武成帝就分别以"河瑞"和"河清"作为自己的年号。

如果说一开始人们还只是凭直觉体会黄河水的浊和黄，那么到公元前1世纪对黄河水的含沙量已经有了定量分析。西汉末年一位叫张戎的官员指出："河水重浊，号为一石水而六斗泥。"这是目前所知世界上最早的对河流泥沙量的测定数据。宋朝人认为"河流混浊，泥沙相半"。明朝人进一步注意到不同阶段的变化：河水在平时"沙居其六"，伏汛时"沙居其八"。当然，由于这些分析过于粗略，还没有证据证明是建立在常年科学观测的基础上，很难用之于具体的数量分析。不过如果我们仔细研究一下，还是能够发现，尽管黄河自古以来就以多泥沙著称于世，但它的含沙量并不是一成不变的。至于黄河自古以来就"浊"和"黄"的原因以及在历史时期含沙量的变化，还得从黄河经流地区的自然条件和影响黄河及其流域的人文条件中去寻找答案。

一、世界最大的黄土高原：黄河泥沙及其来源

中国的黄土高原是世界上面积最大、覆盖最厚的黄土高原。它的范围西起青海日月山，东至山西太行山，北起晋陕长城，南至秦岭，总面积约40万平方千米。除了在一部分石质山地上黄土堆积比较薄以外，高原的其余部分都覆盖着深厚的黄土层，一般在50—80米之间。其中陕北的白于山以南、子午岭至吕梁山以西的厚度在100—200米之间，而甘肃通渭华家岭至定西马衔山一线以北至兰州附近厚度竟达200—300米。

这样的覆盖厚度在世界上是绝无仅有的。例如在欧洲中部，黄土厚度一般在5米以下，厚度最大的莱茵河谷也不过20—30米。俄罗斯境内黄土的厚度大多是10—20米。北美黄土覆盖最厚的是美国密西西比河西岸部分地区，也仅30余米，而其他地区只有数米至20米。南美洲黄土最厚的潘帕斯地区是10余米，都远远低于中国黄土高原的一

般厚度。

黄土的组成物质主要是细粉砂，粒径在0.01—0.05毫米之间，占总量的50%左右。其次是粒径为0.05—0.1毫米的粗粉砂和粒径小于0.005毫米的黏土，粒径大于0.1毫米的细砂和粒径为0.005—0.01毫米的粉黏土含量都很少。黄土质地疏松，多孔隙，透水性和湿陷性都很强，抗水蚀和风蚀能力却很差。黄土具有垂直节理，常形成直立的陡壁或黄土墙、黄土柱等。

黄土高原的黄土堆积至迟在早更新世起就已经开始了，距今已有240万年，以后黄土高原沉积的面积逐渐扩大，终于将今天黄土高原范围内在第四纪前形成的基岩大部分掩盖了，仅少数高耸的岩石山地得以显露在外。

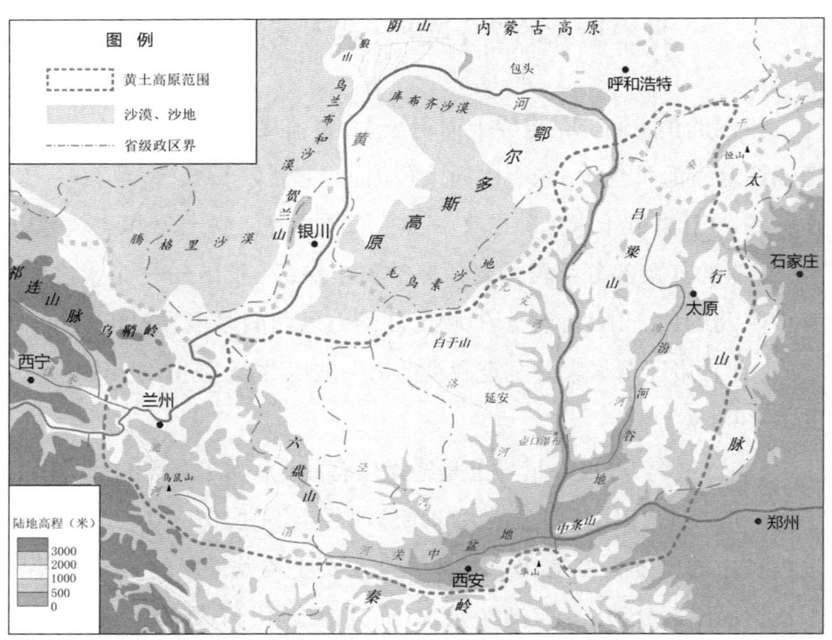

黄土高原地理分布示意图

黄河从青海境内就进入了黄土高原，到宁夏银川市南；从山西河曲又进入黄土高原，直到河南新安县才流出。但在此以下黄河流经的华北大平原也是黄土的产物。千万年来，正是黄河和许多发源或流经黄土高原的河流所挟带的黄土，造就了中国这块最大的平原。从银川到河曲这一段黄河虽然离开了黄土高原，却要流过乌兰布和沙漠和库布齐沙漠，附近还有腾格里沙漠和毛乌素沙地，北面和西北面的蒙古高原和大戈壁就是黄土的来源。

二、下游悬河：惊人的泥沙堆积

黄河和黄土高原结下了不解之缘，成为世界上含沙量最高的河流。根据1919—1960年资料统计，黄河多年平均输沙量达到16亿吨，平均含沙量约每立方米37.8千克，高时可达590千克，最高时甚至超过900千克。而含沙量第二位的美国科罗拉多河是每立方米27.5千克。在世界其他大河中，只有印度和孟加拉国的恒河的年输沙量达到14.5亿吨，与黄河接近，但恒河的水量是黄河的10倍，因而平均每立方米的含沙量只有3.95千克。在国内的河流中，只有同样发源于黄土高原的海河的含沙量与黄河相近，其他河流就要低得多。如长江平均含沙量是每立方米0.849千克，淮河是每立方米0.397千克，珠江是每立方米0.32千克。就是北方多泥沙的辽河和滦河也分别只有每立方米3.6千克和3.96千克。

如果把黄河每年输送的这16亿吨泥沙堆成一条高宽各1米的土堤，其长度可有地球至月球距离的3倍。由于黄河的水量不大，不可能将这些泥沙全部带入大海，所以其中四分之一堆积在山东利津以上的下游河道内，二分之一堆积在利津以下的河口三角洲和滨海地带，只有四分之一能输入海洋。

由于中游的河道狭窄、坡降大、流速快，泥沙不易淤积，而下游河道宽、坡降小、流速慢，所以这4亿吨泥沙都堆积在下游河道里。天长日久，河床不断抬高，逐渐成为高于两岸地面的悬河。历史上黄河改道不计其数，只要是使用了较长时间的下游河道，最终无一不成为悬河。根据20世纪以来的测量，下游河道平均每年淤高3—5厘米，20世纪末已增加到平均每年10厘米左右。现在下游河堤内的滩地一般都要比堤外高3—5米，有些地方还要高得多，如河南柳园口附近的滩地高出开封市地面7米，河南封丘县曹岗附近滩面高出堤外地面10米。悬河中流淌着的河水全靠两岸堤防约束。随着河床逐渐淤高，河堤也得不断加高。每当洪水来临，水面更是大大高出两岸，堤防稍有损坏，后果就不堪设想。

三、中游来沙，暴雨助虐

根据黄河沿岸各水文站多年实测的记录，黄河泥沙主要来自中游黄土高原地区，特别是河口镇至龙门的晋陕峡谷地区和龙门至潼关的泾渭北洛河流域。在流经河南陕县的巨量泥沙中，来自河口镇以上的只有9%左右。河口镇断面平均含沙量近6千克每立方米，多年平均输沙量1.42亿吨。但河口镇以下的黄河两岸黄土堆积深厚，质地疏松，地面侵蚀剧烈，加上干支流坡降都相当大，水流湍激，泥沙冲刷严重却不会沉积。所以自河口镇至龙门河段的来沙，要占全河输沙量的55%，河水中的含沙量也增加到每立方米28千克。龙门口至潼关河段的来沙占全河的34%，黄河水到陕县的含沙量达到每立方米34千克。而三门峡以下伊洛河、沁河的来沙只占2%左右。

这样大的输沙量主要集中在中游，但在一年之中也是很不平均的，这又与中游地区的降水分布不均有关。黄河下游发生洪水时，泥沙来自上游的向来不超过10%，90%以上是来自中游。中游地区在夏秋之际经常出现暴雨，由于地面蓄水能力差，便立即在河床中形成洪峰，产生每秒1万立方米以上的洪水。暴雨形成的洪水带来大量泥沙，使一年内的泥沙集中在汛期。据统计，龙门站1966年7月18日测得含沙量高达每立方米933千克，三门峡站1977年7月与8月的6、7日为每立方米922千克。黄河在中游地区的一些支流也有这样的特点，如在陕西境内的支流窟野河在1958年7月10日，竟测到了每立方米1700千克的含沙量。这样的支流汇入黄河，当然会使输沙量越来越大。

由于黄河中游地区降水量的年际分配很不均衡，所以输沙量的年际变化同样是相当大的。据实测记录，1933年的输沙量高达39.1亿吨，其中8月8日至15日一次洪水过程，陕县站输沙量就有21.2亿吨，占全年总量的54.4%，大大超过了平时全年的输沙量，而1928年只有4.88亿吨。中游支流也是如此，如窟野河温家川站年平均输沙量是1.383亿吨，但1954年7月12日一天的输沙量就达1.12亿吨。泾河张家山站年平均输沙量是2.709亿吨，但1933年8月7日至12日的输沙量竟有8.4亿吨。

历史上见于记载的黄河大水，虽然决口和泛滥的地点都在下游，但洪水的来源却大多是中游，或者是中游和下游的暴雨同时出现。

黄河史上最早的一条有具体日期、地点和高度的洪水记录见于《水经·伊水注》："(伊)阙左壁有石铭云：黄初四年六月二十四日辛巳，大出水，举高四丈五尺，齐此已下。"这一天是公元223年8月8日，四丈五尺合今制10.9米。另外，从同时代的曹植的一首诗《赠白马王彪》中发现，曹植在这年农历七月初离开洛阳，当时的情景还是"伊洛广且深，欲济川无梁。泛舟越洪涛，怨彼东路长"，可见这次洪水持续时间至少有10天。

五代后唐同光三年(925),渭河上中游凤翔等地大雨75日,中游地区自7月3日至9月18日连续大雨,其中沁河流域的泽(治今山西晋城市)、潞(治今山西长治市)二州自7月1日至19日大雨不止,结果河南陕县河水上涨二丈二尺,溢入城内。河阳(今孟州市)河水上涨一丈五尺,下游滑州决口。

明崇祯五年(1632),晋西南地区出现连续大雨,陕州淫雨40日,又大雨二昼夜,民户倒了一大半,黄河水涨至上河头街(原陕县太阳渡),淹了河神庙。上河头街的海拔高程是307米,建在上面的河神庙被淹没,说明洪峰的最高水位至少有307米。这次洪水虽非历史之最,也是罕见的。

清康熙元年(1662)夏天,甘、陕、晋三省黄河各条支流连续大雨暴雨。陕西在农历六月以后连续大雨60日,泾、渭、洛(北洛)各水都出现洪水。山西境内的汾河和涑水流域也连续大雨。到农历八月中秋前后,黄河中下游也出现"昼夜不绝"的17天大雨,雨带逐渐向东移动。当黄河干流的特大洪水到达河南境内时,沿河地区和鲁西正好大雨,因此自农历五月至七月间,在曹县石得炉、中牟黄练集、武陟大村、睢宁孟家湾、宿迁、清河和高家堰等处先后决口。八月又在兰阳高家堂和曹县牛市屯发生新的决口,灾情极其严重。这是一次中下游同时暴雨形成的洪水,持续时间又相当长,历史上非常罕见。

乾隆二十六年(1761)夏天,是历史上罕见的发生在三门峡至花园口地区的特大暴雨和洪水,降雨范围很广,这一带13个县的县志中都留下了暴雨记载。雨带为南北向分布,三门峡至花园口间是中心。降雨连续约10天,其中暴雨约5天,结果花园口以下漫口有25处。

嘉庆二十四年(1819)是19世纪第一个大洪水年。据陕州万锦滩(陕州北门外)测报,从农历六月二十二日到七月八日共涨水7次,到七月十八日又累计涨水八丈八尺一寸。二十三日下游又大雨,就在祥符、兰阳、陈留、中牟等处漫口了。

道光二十一年至二十三年(1841—1843)连续三年黄河下游发生大洪水和特大洪水,但水量主要也是来自中游。1843年的洪水是近一二百年来最大的一次。那年沁河口以上连续涨水达九丈六尺,陕州的万锦滩在44小时内涨水有二丈一尺之多。洪水漫过了三门峡中三门的顶,溢出堤岸并淹了北岸山西垣曲城的南城墙,又淹了平时离水面有二丈多的万锦滩。当地留下了这样的民谣:“道光二十三,黄河涨上天。冲了太阳渡,捎了万锦滩。”下游在中牟九堡决口,口门冲宽至360丈,中泓水深约二丈九尺,由颍河、涡河等河注入淮河。20世纪50年代曾对这次洪水的痕迹进行实地调查,三门峡上游史家滩附近洪水位高程为302.46米,陕州北关村洪水位高程为309.3米,平陆太阳渡洪水位高程为306.5米。根据这些数据估计,这一年经过陕县的最高洪峰流量为36000立方米每秒。这是黄河历史上调查得到的最高洪峰流量的最大数据。

咸丰五年(1855)六月十八日前,沁河口以上累计涨水仅二丈八尺,来势并不是很大,但恰好下游下了一昼夜的大雨,上游各支流的来水同时汇集,兰阳铜瓦厢三堡以下堤岸坍塌,六月二十日决口,主流改道。以后上游干流和伊、洛、沁各河又连续涨水,下游也持续大雨,洪水溃堤,造成大面积的灾害。

1933年是20世纪黄河最大的洪水年。当年从7月中旬开始,上中游就集中发生暴雨,河套一带三天内降雨量205毫米,陕西境内一昼夜降雨量300毫米。7月26日太原大雨,泾、渭、洛、汾各河同时涨水。这次洪水主要来自泾、渭和北干流,据陕县站测录,最大流量为22000立方米每秒。由于来势迅猛,河床来不及宣泄,下游决口50多处,受灾面积达11000余平方千米。

四、干支流的下切和侧蚀

黄河中游每年要流失那么多的泥沙，黄土高原的面貌必定会发生巨大的变化。下游河道和洪水流经的地区又要淤积那么多的泥沙，不仅下游的干流河道成为悬河，还使华北平原上曾经泛滥到的地区面目全非。

在山西吉县和陕西宜君间的黄河干流上有一处瀑布，这就是黄河上唯一的壶口瀑布。根据郦道元在《水经注》中的记载，瀑布在孟门山下。虽然被称为孟门山，但只是屹立在河干的几块巨石，其中最大的一块现在还有13米高。在郦道元去世后287年，唐朝的李吉甫撰写了《元和郡县志》，他所著录的壶口瀑布离开孟门山已有一千步(合1475米)。而今天的壶口瀑布已经远离孟门山5千米了。从郦道元编《水经注》到今天还不足1500年，平均每年后退3米多。

瀑布后退是一种普遍现象，这是由于形成瀑布的水流不断冲蚀着河床的下切作用，造成泥沙流失和岩石的破碎崩落。但瀑布后退的速度却因河床地质构造和水流含沙量的不同而异，像壶口瀑布这样快的后退速度是相当罕见的。从壶口上游流下来的高含沙量的水冲蚀着结构并不坚实的河床，比起那些含沙量极少的清水流过由花岗石基岩构成的河床，当然会产生完全不同的后果。对壶口瀑布的含泥沙之多，笔者有过亲身感受。我站立在瀑布下游时曾感到随风吹来的水雾拂在脸上、身上，等离开瀑布想擦去眼镜片上的水雾时，发现竟已经凝结成一点点黄色的泥斑，而衬衣上也出现了密密的小黄点。

著名的潼关(老潼关)本来是在港口之南的塬上，到7世纪末才迁到今港口。这说明在黄河水的冲蚀下河谷下切，原来的滩地出露，并且已经相当稳定，有了筑城的地方，所以潼关才由塬上迁了下来。当时的潼关城就在黄河边，但现在黄河的常年水位又在城下约20米了，这就是从7世纪末以来黄河河床在继续下切的证据。

《三国志·董卓传》注中引用的《献帝纪》记载了这样一件事：兴平二年(195)，汉献帝与随行人员逃到陕县(今河南三门峡市旧陕县城东上村岭)，准备渡河北上。汉献帝步行到了岸边，但岸太高，没有办法下去。正好侍候皇后的人带着十匹绢，于是就将十匹绢结成一根绳子，系在一个力气大的将士身上，背着汉献帝下到船上。

根据当时绢的一般长度推算，水面距河岸有十余丈，折合今制30余米。在三门峡水库未建时，这里的河岸离水面已有55米，可见从195年至20世纪50年代，河床已经下切了10多米。

在发生下切的地方，同时还存在侧蚀现象，即河水向两岸冲蚀。例如，西汉时在汾水入黄河口的南岸有一个长四五里、宽二里、高十余丈的土冈，称为汾阴脽。汉武帝在上面立后土祠，亲自去祭祀，以后历代帝王纷纷效法。但由于黄河和汾水两面的侧蚀作用，汾阴脽不断受到冲蚀，到宋元以后就完全被河水吞没了。其实在西汉时，河水的侧蚀已经发生。汉武帝时曾在后土祠旁获得"宝鼎"，应该是河水冲掉堆积的黄土，使这口在古代埋入地下的鼎重见天日。此外，在今山西河曲县境内数十里的明长城，当时都是濒河而建的，至今已有不少段被黄河侧蚀所毁。又如战国时魏国的西长城建于今陕西韩城市境内，一段在东少梁塬上，一段在城南村北，东端都在黄河旁的高岸上。在黄河的侧蚀作用下，河岸不断崩塌，长城也随之毁灭，残迹十分明显，城南魏长城东端坠入河中部分长达1.5千米。

严重的下切和侧蚀同样发生在黄河的支流上。公元前3世纪末，秦国开凿郑国渠，以泾河为水源，渠首在今陕西泾阳县西北张家山下。当时渠首的位置肯定是在水面以下，但今天已经高于泾河水面14米了。公元前2世纪末开凿的龙首渠是以洛河为水源的，渠首在今陕西澄城县洑头村。由于要穿过商颜山(今铁镰山),当时曾开了引水隧洞。民国年间开凿的洛惠渠也是引洛河灌溉,穿越此山的位置恰好与龙首渠相同。但五号隧洞已在汉代隧洞之下20米,正好说明了洛河河谷下切的程度。7世纪初,隋朝在长安城东开了一条龙首渠,以浐河为水源,渠首在今西安市东南马登空村。当年的渠口而今还显露在村中的半崖间,但现在的浐河河面已经比它低12米了。秦的首都咸阳城位于今陕西咸阳市东渭河的北岸。据近年来对遗址的考古发掘,咸阳故城靠渭河一侧已有约4千米宽的一段因渭河的侧蚀而崩塌于河中。

五、沟壑的发育和塬的缩小

黄河干支流的下切和侧蚀的另一方面影响,就是由于沟壑的增加和发育使黄土高原不断破碎、缩小。古代黄土高原上到处是高敞平坦的台地——塬。塬的面积往往相当大,例如周朝的发祥地周塬的范围就相当今陕西扶风、凤翔、岐山、武功四区县的大部分和陈仓区、眉县、乾县、永寿的小部分。由于黄土高原本身的高低起伏和黄土疏松,侵蚀是不可避免的,所以沟壑早已形成。但大面积塬的存在证明那时的沟壑还不多,沟壑的侵蚀作用也还不严重。随着地表植被的破坏,降水和流水对表土侵蚀日益加剧,沟壑就逐渐增加,并不断延伸。在这过程中,既会产生更多更小的支沟,向塬的内部发展,也会发育新的沟壑。所有的沟壑都通往附近的河流。随着河流的下切,沟壑的侵蚀基准面也不断下降,从而加速沟壑的下切,同时也增强了沟壑的侧蚀能力。沟壑增加、延伸以及加深加宽,导致塬面支离破碎,大塬被分割成小塬,小塬又被分割为更小的塬,以至消失。周塬就经历了这样一个过程,先一分为二,以后又分为无数小塬,所以现在虽然依然有周塬之名,地域范围却已有天壤之别了。

又如董志塬，据唐代《元和郡县志》的记载，当时称彭塬，南北长81里，东西宽60里，分别相当今42千米半和近32千米。现在董志塬南北的长度大致如旧，东西宽度却大大缩短，最宽处仅18千米，最窄处才500米。西峰镇基本上居董志塬的中心位置，目前已处于东西五个沟头之间，最远的沟头相距不到2千米，最近的才500米左右。如果这两个相距500米的沟头再向上延伸，相互连接起来，现在的董志塬就会不复存在，或至少又要一分为二了。又如陕西神木市东北的杨家城，是唐宋麟州城的故址，明代筑长城时绕城西侧趋向东北，利用了麟州城原来的西城墙。现在6条沟破城而入，其中最长的一条沟已延伸了3千米。

黄土高原上本来也有一些湖沼，如在今陕西泾阳、三原一带有焦获泽，在渭河下游有杨纡泽，在今陇县西部有弦蒲泽，在汾水中游有昭余祁，但都只见于早期的记载，汉代以后就不再有人提及了。这些湖沼的消失主要应是自然环境变化的结果。

六、从统万城兴废看沙地的扩展

黄土高原上的沙地和沙漠，从有文字记载以来显然已经大大增加和扩大了。在早期的历史文献中只提到了在今陕西大荔县境内的沙苑、奢延水(今无定河上游红柳河)源头的赤沙阜及其支流黑水流经的沙陵等不多的几处。但今天如果我们打开地图，或者到黄土高原旅行，就会发现大范围的沙地或沙漠。

统万城的建筑和废弃过程是一个很典型的例子。公元413年，十六国之一夏国的君主赫连勃勃来到今陕西靖边县北的契吴山下，为这一带的优美风景所陶醉，发出了这样的赞叹：“美哉！临广泽而带清流。吾行地多矣，自马领以北，大河以南，未之有也！”马领在今甘

随着地表植被的破坏，降水和流水对表土侵蚀日益加剧，一道道沟壑在黄土高原上纵横交错，原本高敞平坦的台地——塬被分割得支离破碎。看着这深深的沟壑，便可以想象有多少泥沙进入黄河，跟随滔滔河水奔腾到了下游。

肃庆阳和环县之间，大河指今内蒙古河套的黄河。赫连勃勃当即决定在这里建统万城，定为国都。统万城建成后，赫连勃勃的秘书监胡义周作颂赞美，其中有这样的词句："乃远惟周文，启经始之基；近详山川，究形胜之地。遂营起都城，开建京邑。背名山而面洪流，左河泽而右重塞。高隅隐日，崇墉际云，石郭天池，周绵千里……华林灵沼，崇台秘室，通房连阁，驰道苑园，可以荫映万邦，光覆四海，莫不郁然

并建……营离宫于露寝之南，起别殿于永安之北，高构千寻，崇基万仞……虽如来须弥之宝塔，帝释忉利之神宫，尚未足以喻其丽、方其饰也。”这些文字当然少不了奉承和夸大，但从史料分析和遗址考察可以肯定，当时统万城的规模很大，建筑质量也相当高。建城百年以后，郦道元在他的《水经注》中还描述该城“雉堞虽久，崇墉若新”，即高高的城墙还如新的一般。经过1500多年的沧桑，如今故城西北隅那座敌楼的残高还有24米以上。

夏国被灭后，统万城成为夏州的治所，历经隋唐，这里都是北方的重镇，常驻军政机构。但到唐朝后期，附近已成为沙漠，夏州城也已受到流沙的严重威胁。《新唐书·五行志》有这样一条记载：长庆二年(822)十月，“夏州大风，飞沙为堆，高及城堞”。看来滚滚而来的流沙已经逼近夏州城了。而稍晚的咸通年间(860—874)，许棠所作的《夏州道中》一诗更透露出了不祥的信息：“茫茫沙漠广，渐远赫连城。”说明夏州城周围已被沙漠包围了，这预示着夏州城的余年不会太长了。一百多年后，宋朝统治者下令废毁夏州城，一方面固然是由于西夏的强大，更主要的原因恐怕还是这个“深在沙漠”的据点农牧都无法经营，连基本供应也难以维持下去。

从此，这个曾经煊赫一时的名城深藏在沙漠之中，销声匿迹了。直到清朝道光二十五年(1845)，陕西横山县知县何炳勋根据榆林知府徐松的指示亲自作实地调查，才发现这个被当地百姓称为白城子的遗址就是当年的统万城。1956年，有关专家学者又进行实地考察，肯定了这一结论。而今这座古城遗址处在一望无际的茫茫沙海之中，周围荒无人烟，直到20世纪末，20里外才有一个叫巴图湾的居民点，赫连勃勃所欣赏的清流和广泽早已杳无踪影了。

七、平原飞沙何处来

千百年来黄河水带来的大量泥沙，使下游平原地区变得面目全非。春秋战国时，在黄河下游还有很多“丘”，见于记载的也不少。所谓的“丘”，应该是指多少高于周围地面的台地或高地。对这些著名的丘的位置，自西汉以来大多有记录，所以可以确定具体地点。但当我们来到旧址时，却再也找不到与周围不同的地形，它们早已被黄河水荡为平地了。

战国时发生过一次著名的战役——马陵之战，齐国的田忌根据孙膑的计谋大败庞涓率领的魏军。最后决战的地点马陵，处于深谷之中，道路狭窄，两旁有封闭地形，地势险要，可以埋伏大军。齐军先砍下一棵大树，剥去树皮，在上面写上“庞涓死于此树之下”几个字。上万射手埋伏在道路两旁。孙膑预计庞涓将在傍晚到达，必定会点火看树上的字，就将火光作为发起攻击的信号。庞涓果然中计，齐军万弩齐发，魏军大败，庞涓自杀身亡。齐军的获胜当然是由于正确的战略战术，但凭借有利的地形无疑也是一项重要条件。马陵在哪里，目前有两种说法，一说在今河南范县西南，一说在今河北大名东南。不过无论在哪一个地方，都只是一马平川，这样的深谷只能留给人们自己去想象了。

事实上，比这些地方大得多的一些城市也先后被滚滚而来的黄水吞没，长眠于泥沙之下，有的直到近代才重见天日，大多数至今依然深埋于地下。北宋大观二年(1108)，黄河在内黄(今河南内黄县)决口北流，洪水一下子淹没了巨鹿(今河北巨鹿县)县城。水退后旧城就被埋入地下，只得另择高处重建新城。1919年，当地人打井，在地下发现了宋代的瓷器和房基。以后的发掘证明巨鹿旧城已被埋在地下6米处。

今河南开封曾经是北宋和金后期的首都。开封城在金代以前还远离黄河，金代以后，随着河道的逐渐南移，就经常受到黄河决溢的威胁。从元初至清末，开封城先后七次被淹。灾情最严重的一次要数明崇祯十五年(1642)，当时的河南巡抚高名衡试图以黄河水淹李自成围城的军队，扒开大堤，结果适得其反，淹了整个开封城。当时全城只有钟楼、鼓楼、周王府的紫金殿和相国寺的屋顶还露出水面。洪水退后，午朝门的一对石狮子完全被沙掩埋。原来筑在夷山上的铁塔，从塔基莲花盆以下都被沙埋了。元代所建的延庆观，原来的门已在今地下2

米处。近年来，在开封城内地下三四米处挖出了明代的房顶，而规模宏大的宋东京城已在地下8米处发现。对开封城这一特殊现象，前人已有所体会，清人胡介祉为此写了一首《镜泉歌》：

汴州城外黄流泻，汴州城内泥湍踝。
自从河水灌城来，百尺楼台见檐瓦。
屋上架屋高更高，地中掘地下复下。
本非真土那得泉？纵及九仞胡为者！

从开封城底下宋城的深度可以证明，从元代以来这七百多年间这一带的泥沙淤积已经厚达8米。城市的地势一般还不会是周边最低，城市如此，其他地方的淤积程度也就可想而知了。所以在黄河洪水曾经淹及的范围，都被盖上了厚厚的一层沙土。而且由于黄河多次改道，在下游地区留下了很多故道、废堤和一道道沙堤、沙岗。这一切，在长期风力作用下，都成了风沙的来源。

三十多年前，我曾到过河南安阳市，主人陪我们去内黄县的二帝陵。在三四个小时中，汽车两旁都是沙地和沙丘。尽管经过多年的绿化，一些地方已经长出稀疏的树木，但仍使人感到好像进入了大西北的戈壁。在二帝陵，只见从元朝以来的无数石碑大多掩埋在黄沙之中，周围的流沙至少有几米厚。要想恢复这一建筑的原貌，看来将是一项颇大的工程。

河南是黄河决口留下的沙害最严重的地区。从武陟经获嘉、新乡、汲县、滑县、浚县、濮阳、内黄、清丰，再到河北大名、馆陶，是西汉黄河主要流经的地方，从濮阳以下还是东汉至北宋黄河所经之地。据实地考察，今天还残留在地面的河堤，左堤长约270余千米(包括缺口)，堤基宽10至50米不等，高出堤外地面1.5至6米不等。右堤长283千米(包括缺口),堤基宽数十米,高出地面5至10米不等。两堤之间几乎已被泥沙堆平,周围也有大片沙岗和沙地,无法进行耕种。浚县、滑县、濮阳一带是西汉至北宋黄河决口最频繁的地方,所以至今还留着不少残堤和沙岗。濮阳县城西南有一大片低洼地,当地人称为黑龙潭,正是古代黄河决口时留下的跌塘,在潭下深2米处有树梢,潭内全是沙土。

河南的东部和中部又是元明以来黄河决口改道最频繁的地区,其中的新乡、安阳、开封、商丘四个市受到的影响最为严重。一方面是沙丘、沙地、沙岗和受过洪水泛淤的土地很多,另一方面是当地人为了防灾保家而修筑的堤、坝、垸、垛也特别多,形成了各种地貌形态交错、复杂而荒凉的地理景观。中牟、开封市各区,兰考等县区的沙区面积最大,每当冬春干燥多风,沙丘随风移动,流沙破坏农田,成为当地一大灾害。以前兰考还有"大雁不落"的谚语,足见荒凉的程度。新乡市的封丘、延津、原阳三县是受沙害的典型。封丘县城从金代至清初曾六次被河水冲毁,县境内的土地大多被泥沙埋没,很多长期无法耕种。延津县北部还残留着从战国至北宋的黄河故道,至今仍高于地面。河道中的沙土随风吹散,形成不少沙丘,高的有20米。到清代,县治以北已全成为沙地。今县境内本来还有一个胙城县,曾是南北交通的必经之地,从河南开封去北京一般都在此县渡黄河北上。因为金代以后黄河多次在这里决口改道,到明朝中期县境到处是沙丘,明朝末年,连县城的西门也被飞沙填没了。清初顺治年间,县城被飞沙包围,城内仅存居民百家,全县土地大多荒芜。康熙年间,自沙门镇(今延津县西北)至胙城县治间积沙绵延数十里,交通已十分困难。雍正五年(1727)该县不得不撤销。以后,旧城周围成了无人区,旧城也被风沙湮没了。一个位于平原地区的县在和平时期因沙害而撤销,在中国历史上大概是很少见的。原阳县的西部(原原武县)也多次遭受水灾,洪水带来的大量泥沙造成县城地势低于城外，使积水难以排出，累积起来的泥沙甚至将城外一些小山都淤平了。

八、森林的消失

今天的黄土高原上很少有森林了，据20世纪末的调查，当时有森林面积约2806万亩，只占总面积的3%，主要分布在海拔较高的石质山地，如太行山、恒山、吕梁山、六盘山、陇山、兴隆山、崆峒山等。其中原始森林很少，而且以中幼龄林和近熟林为主。整个黄河中游的森林覆盖率也是相当低的。

那么是不是黄土高原自古以来就是如此呢？目前状况是什么时候才形成的呢？对这些问题，有关的专家学者还没有形成一致的意见。一种意见认为，黄土高原的地理条件决定了它从来就不会有茂密的森林，森林只能生成在未受黄土覆盖或黄土覆盖不厚的石山上。古代的情况和现在基本相同，只是程度上稍有差别而已。另一种意见认为，黄土高原本来是既有广袤的草原，也有茂密的森林，农作物也能到处生长，现在的状况是人为破坏的结果。根据已有的研究成果还不足以确定哪一种意见完全正确，但以大量可靠的历史文献为依据，至少可以明确两点：黄土高原和黄河中游在历史时期曾经有比现在多得多的森林，人为破坏是这些森林减少以至消失的主要原因。

西安半坡是一处新石器时代的文化遗址，在那里发掘出来的动物骸骨中有斑鹿、野兔、狸、貉、獾、羚羊等。这些动物都是出没在森林中和草原上的，在当时的条件下人们又不可能从遥远的地方获得这些猎物，所以可以证明在半坡一带应该有茂密的森林或茂盛的草原。这也可以从传说中找到证据，《孟子·滕文公》中说尧的时代“草木畅茂，禽兽繁殖，五谷不登，禽兽逼人，兽蹄鸟迹之道交于中国”，尧的部落的活动大致应在黄河的中游或中下游之交，说明这一带的情况与半坡相似。

战国时，在赵国的西北曾经有过被称为“林胡”的部族，分布在今内蒙古伊克盟的东部。“胡”是当时对北方非华夏部族的通称，“林胡”的名称显然是指林中的胡人，那么“林胡”的分布区应该是林区。尽管这里今天是鄂尔多斯高原的一部分，却早已毫无森林，但在当地发掘到的汉墓中的确发现了长、宽均有32厘米的木材制成的葬具，可见到汉代这一带的木材还是不少、不小的。

关中盆地是周人的发祥地，《诗经》中有很多诗篇描述了关中的地理景观，以及周人的生产和生活。从这些诗句中可以看出，关中有各种树木，有各种出没于森林中的动物，而且林地比较普遍。直到战国末年，秦昭王的相国范雎问荀子初到秦国的观感时，荀子还回答：“山林川谷美，天材之利多，是形胜也。”渭河及其各支流的上游也是多森林的，所以当年的居民都住“板屋”，以木材代替砖瓦。这种生活习惯至迟在春秋时就已流行。西汉时，“天水、陇西(今渭河上游，陇山以西至洮河、祖厉河上游)，山多林木，民以板为室屋”。直到清朝后期，在今甘肃定西和会宁一带还有这种生活习惯。渭河以南至秦岭北坡也是多木的地方，见于《诗经》记载的有松、竹、桑、杞、栲、榆等种类，秦和西汉时都曾辟为皇家禁苑，供皇帝狩猎、游玩、休养，自然应该是林木茂盛，风景秀丽。由于当时黄河流域的年平均气温比现在要高，植物种类比现在更多。如司马相如的《上林赋》描述西汉上林苑中不仅有“深林巨木”，还有卢橘、甘橙、枇杷、山梨、杨梅、樱桃、葡萄等各种果树。班固总结关中的地理条件时说：“鄠、杜竹林，南山(秦岭)檀柘，号称陆海，为九州膏腴。”古人认为海洋是各种特产集中的场所，所谓“陆海”，就是陆上的海洋，意思就是像海一样富饶。从这一比喻完全可以看出当时关中这一带森林的繁茂程度和出产之丰富。

黄河晋陕峡谷东侧的吕梁山及其支峰管涔山、芦芽山，汾河以东的太岳山、以南的中条山，黄土高原东缘的太行山都曾经有良好的植被覆盖，在有关这些山区的史料中可以找到不少森林的记载。公元4世纪的十六国时，太行山山洪暴发，将大批大树连根拔起，顺着今滹沱河和唐河冲到了堂阳(今河北新河县西南)，据说有上百万根，后赵君主石勒就利用这些木材在襄国(今邢台市)和邺(今临漳县西南)建造宫殿。这一数量或许会有夸大，但事情本身应该是可信的，说明太行山区森林资源相当丰富。

黄土高原和黄河中游的森林是为何，又是怎样减少以至消失的呢？从自然条件的变化很难找到原因。在有文字记载以来的历史时期并没有发生过足以毁灭这些森林的巨大灾害，根据竺可桢等人对中国5000年来气候变化所作的研究，气温变化的最大幅度也不会造成对森林的破坏。看来人为因素，即人类有意无意的破坏才是主要原因。

首先是农业区的扩大。要进行农业生产就得开垦土地，开垦的第一步就得清除植被，所以耕地扩大的过程也就是森林毁灭的过程。早在战国时期，黄河中游的各国已经开始大规模开垦荒地，以满足不断增加的人口需要。秦汉时不仅本地人口大幅度增长，还从其他地区移入了大量人口，所以开垦的规模越来越大。唐宋以后，随着人口进一步增加，开垦的范围逐渐由平原、河谷向山地扩展。到了明代中期以后，平原、河谷及低山丘陵的人口已经相当稠密，大批无地农民涌向山区，毁林开垦，或者伐木、烧炭、造纸、开矿、养殖，但无论从事哪一种产业，都是以破坏森林为前提的。清代中期开始，由平原向山区的移民达到高潮，黄河中游地区能够开垦或伐木取材的山区几乎无一幸免，千万年积蓄下来的森林资源大多荡然无存了。

其次是人们日常生活对木材的消耗。随着人口的不断繁殖，直到20世纪前半期，黄河流域人民的日常生活都离不开大量消耗木材。房屋的建筑和维修、每天所需燃料、死后安葬的棺木，这是绝大多数人的基本需要。当黄河流域的人口总数达到数千万时，这些消耗就远远超过了已有森林的正常生长积蓄量，必然使森林面积越来越小。在这种情况下，又不得不竭泽而渔，滥砍滥伐，造成森林资源更大的破坏，形成恶性循环。

历代帝王、贵族、官僚、富户建造宫殿、陵墓、园圃、寺庙、住宅时，往往要使用超过正常需要量很多倍的木材，无疑大大加剧了对森林的破坏。秦和西汉建都关中，不仅从秦岭砍伐大量木材直接用于建筑，而且还要消耗无数燃料用于烧制砖瓦，如汉武帝时在秦岭下设的瓦窑就有几千处。

西汉的皇帝登位后的第一件大事就是为前一位皇帝的陵墓完成剩余工程，并开始为自己修建陵墓。当时规定，国家每年财政收入的三分之一用于为皇帝修建陵墓。皇帝的在位时间越长，为他修建陵墓的工期越长，投入的人力物力就越多，消耗的木材也更多。汉武帝在位54年，在汉朝没有先例，起初的设计肯定没有“超前意识”，以致陵墓的地下部分已经无法安放源源不断增加的陪葬品，只能在地面增加新的建筑物。

1974年，西汉燕王刘旦的墓在北京大葆台被发现，墓中保留了当时完整的“黄肠题凑”的葬制。在棺椁(内棺和外棺)周围共堆了30层、15880根木条，多数长90厘米，高宽各10厘米，个别高宽各20厘米，合计用木材约150立方米。由于这类木材的要求很高，每株柏树只能取用其中呈黄色的部分，实际耗费的木材更加可观。这还没有计算那庞大的棺椁和墓室、墓道中使用的木材。而这位刘旦是犯了“谋反”罪而自杀的，要是受到皇帝宠爱的亲王死了，墓葬的规格肯定会更高，耗费的木材自然更多。

东汉永元二年(公元90)中山王刘焉死后，在常山、巨鹿、涿郡征调黄肠杂木，这三郡竟无法提供足够的木材，以后在六州十六郡的范围内征调才满足墓葬的需求。东汉的常山、巨鹿、涿郡加上中山国本土大致相当今河北省西部和山西省一小部分，包括太行山区，"六州十八郡"虽不知具体所指，估计已包括今天的大部分华北地区，说明当时森林的砍伐已经到了相当严重的程度。

东汉灵帝为了整修宫殿，从今山西中南部和甘肃陇西山区采集大量木材，因没有及时使用，在堆积中腐烂。曹操建造邺都(今河北临漳县西南)的木材取自太行山区。北魏建都盛乐(今内蒙古和林格尔县西北)和平城(今山西大同市)，从阴山采伐木材。迁都洛阳后，城内宫殿、宅邸所有木材都从吕梁山区采伐。由于需要量大，成为地方上一项沉重负担，以致一位官员不愿出任当地郡的长官。别人见他这样俸禄优厚的官都不当，不明白什么原因。他回答："现在京城中达官贵人建的住宅都到那里去搞木材。要我私人代办，我吃不消；要征发老百姓，又违反法令。还不如不干。"

隋、唐二代又建都于关中，但经过多年战乱，汉代以来的宫室早已残破，所以隋大兴城、唐长安城都是重新建设的。壮丽辉煌的长安城是中国建筑史、文化史、艺术史上的杰作，但耗用的木材数量也是惊人的。武则天时从宝鸡引汧水至咸阳，就是为了运岐山、陇山的木材供两京(长安、洛阳)建筑之用。唐朝还在秦岭、太行和河南熊耳山区设立了专门负责采伐木材的机构。到开元年间，长安附近已经找不到大木材，只能往今山西西北和内蒙古南部去采办。

北宋的都城开封地处平原，周围无木可伐，于是就在渭河上游设置"采木务"，禁止私人伐木，专门供应开封。官僚贵族也利用权势，贩运木材牟利。宋代还大建道观，用的都是今陕西、甘肃和山西境内的松木和柏木。在这样大规模的砍伐下，西北地区的森林基本毁尽。到北宋中期，今陕北一带已经很难找到成材的大树。鄜州(今陕西富县)

修城时，竟找不到城门用材，只能拿百姓家中的一扇门板代用，而且再也没有第二扇可以替换。

天灾人祸的破坏也是相当严重的。如果日常的消耗还有一定限度的话，因为自然灾害和战争动乱而毁灭的森林就很难以平时的尺度来衡量。前面提到4世纪曾发生太行山上上百万根木材被洪水冲下的事，说明在水土流失加剧的情况下，山洪可能对森林产生毁灭性的影响。类似的灾害当然不止这样一次。黄河中游是战争频繁的地区，尤其是在明清以前，每次战争都会造成对公私建筑的破坏，战后重建又得耗用木材。战争中双方往往会以火代兵，采取焚烧城市、建筑或森林等手段。为了构筑工事，也往往毁坏大片森林。如北宋在与辽、西夏接界地带修建数以千计的城、关、堡、砦，驻扎了大量军队，建筑材料和军队的燃料都就地解决，所以不仅树林砍尽，就连灌木杂草也都采尽割光。在今河北和山西北部，在宋辽的对峙中，辽国为了军队推进的便利，清除太行山北段的林木。宋朝出于防御的需要，也从太行山采伐木材在平原上大建城池。

还应该看到，尽管黄土高原并非不能生长森林，但自然条件是相当不利的。如黄土的保水性差，黄土高原的降水偏少，又很不均衡，幼树的成活非常困难。原始森林和天然植被一旦被破坏，就很难再恢复了。

九、八百年安流谁创造

黄河固然历来多灾，但如果我们把从战国筑堤以后的决溢改道次数排列出来，却又会发现一个十分惊人的现象：从东汉明帝十二年（公元69）王景治河以后，黄河竟然有过相当长一段安流的时间。自东汉到隋朝五百数十年间，见于历史记载的河溢（河水溢出河堤，与冲破河堤的决口不同)只有4次:东汉、西晋各1次,三国魏2次。冲毁城垣只有晋末1次。在唐朝近300年间,黄河决、溢有16次,改道和河水冲毁城池各1次。与前一阶段相比是增加了,但灾情并不严重。如景福二年(893)这次改道只是在河口段首尾数十里的小改道而已,与西汉时的灾情不可同日而语。

是不是历史文献中有遗漏呢?显然不可能。从东汉至唐末,流传至今的各种史料非常丰富,不少史料都能得到考古发掘和实物的证实。如果说自三国至南北朝期间还能以因战争动乱导致记载不全做理由的话,对唐朝就绝对无法用这一原因来解释,谁都知道唐朝留下的资料比西汉要多很多倍。而且从西汉的司马迁作《史记》时就创立了以《河渠书》专门记载黄河变迁及灾害的体例,班固作《汉书》时继承了这一传统,只是名称改为《沟洫志》,可是从记录东汉历史的《后汉书》开始到记载唐朝史的《旧唐书》《新唐书》却再也没有这样的专志了,而从以后的《宋史》起又恢复了。这只能证明当时黄河的确基本上保持了安流,所以没有必要以专志来记录了。

既然黄河曾经有过如此长时期的安流,那就绝不是出于偶然。找出其中的真正原因,对于总结历史经验,规划今后对黄河的治理,无疑具有极其重大的意义。

以往的学者基本都归功于王景治导得法。但是关于王景治河的唯一记录是《后汉书·王景传》,其中所载治理的具体方法是33个字:"商度地势,凿山阜,破砥绩,直截沟涧,防遏冲要,疏决壅积,十里立一水门,令更相洄注。"对这些方法的解释尽管不尽相同,但显然没有超出整治河床、修筑加固堤防、兴建水门(水闸)这几方面。并且《王景传》明确记载着工程实施的范围是"自荥阳(今河南荥阳市东)东至千乘(故城在今山东高青县旧高苑镇北)",时间是从夏天动工,当年结束,出动的劳动力是数十万。这样一次限于下游的治标性质的工程,投入的人力、物力、时间也并不算多，居然能使黄河维持八百年安流，简直是不可思议的。如果下游的工程防治真能起到那么大的作用，元、明、清时的治河措施实在不比王景的差，投入的人力物力不知道要多几倍，为什么常常连80年安流都办不到，而且决溢改道越来越严重了呢？

也有的人从社会的治乱上寻找原因，认为五代、北宋的黄河水灾是由于五代时战祸的影响，金、元、明的频繁决溢是宋金之间和金元之间战争的破坏。但稍加分析也难自圆其说，五代、宋金之际固然是乱世，但魏晋南北朝处于分裂战争状态的时间更长；唐朝真正稳定的时间不过一百多年，明、清统一并保持社会安定的时间比这更长。为什么反映在黄河变迁的结果会截然不同呢？

1962年，谭其骧先生提出，使黄河在东汉以后出现长期安流的根本原因是中游土地利用形式的改变，大大减轻了水土流失的结果。他的主要论据是：

黄河的洪水主要来自中游，河水中的泥沙主要也来自中游，其中又以晋陕峡谷流域和泾、渭、北洛河上游地区关系最大。这一地区植被保持的良好程度决定了水土流失的严重程度，所以这一地区的土地利用方式，即从事农耕还是畜牧，是决定黄河下游安危的关键。

战国前该地区还是畜牧区，射猎占有相当重要的地位，农业处于次要地位。因此原始植被尚未受到破坏，水土流失轻微。

秦及西汉时期，这一地区接收了大量外来移民，至西汉末年当地人口已达240万。这些人口基本从事农业生产，为了获得耕地，必定要大量清除原始植被，破坏表土。在当时的生产条件下又不可能采取保持水土的措施，只能导致水土流失日益严重。

东汉期间，以畜牧为主的匈奴、羌人大批迁入该区，而以农为主的汉族人口急剧减少。反映在土地利用上，必然是耕地面积相应缩小，牧地相应扩大。这一改变就使下游的洪水量和泥沙量也相应大为减少，这是东汉时黄河安流的真正原因。

此后，由于民族矛盾尖锐，汉族人口继续内移，少数民族人口不断增加，黄河中游的西部演变为纯牧区，长期较少变动。东部虽仍有农业，但因汉族人口减少，农业成分不高。所以尽管魏晋十六国时代政治混乱，战争频繁，但黄河却最平静。

北魏以后，虽然这一地区的汉族人口有了较大增加，农业成分也有了明显的提高，但以牧业为主的少数民族向农业转化速度很慢，因此总的说来还是以牧为主或半农半牧。水土流失虽已超过了魏晋南北朝，但隋朝存在时间很短，这一局面很快就结束了。

唐朝在安史之乱以前，在本区设置郡县的范围虽比隋朝有所扩大，如在今窟野河流域设置了麟州及所辖3县，但实际人口却比隋朝时少，即使是盛唐时也没有超过，因此耕地面积不会比隋朝时大。另一方面，朝廷设于本区的牧业机构大大增加，仅陇右群牧使就辖有四十八监，“东西约六百里，南北约四百里”间适宜的牧地都归其所有。陇东也有八坊，开元时有马数十万匹。此外，夏州也设有群牧使，盐州、岚州设有十三监。当时军队、王侯将相外戚也大量蓄养牛驼羊马，牧场遍布各地。与东汉后相比，农业人口已有增加，耕地面积又有扩大，人类活动对下游河道已经发生影响，开元年间黄河出现了两次决口。但因总的人口规模并没有超过隋朝，又存在大片牧地，水土流失仍比较轻微，下游河患远不如西汉那样严重。

安史之乱后，本区的实际人口并无减少，逃避苛政暴政的农民利用开垦荒地可在五年之中免税的规定，期满后就弃耕旧地，另垦新地，以致农业规模并未扩大，开垦范围却不断增加。这种滥垦只能在原来的牧场和弃地，包括坡地、丘陵地或山地上进行，加上只图眼前的收成，不顾长期后果，对水土的破坏往往比正常的耕种更加厉害。陇右的官办牧业机构不再恢复，原来的牧地听任百姓开垦，留下的机构规模已大大缩小。因此，除了河套和鄂尔多斯地区以外，本区几乎已由农牧兼营变为单纯的农业区了。

五代以后，唐朝后期已经存在的尽可能扩大耕地的趋势继续发展，随着政治中心和边防重心的东移，官营牧场已迁至黄河下游和河朔地区。在人口继续增加，封建剥削又不可能减轻的情况下，农民为了维持生存，只能采取广种薄收的办法。在黄土高原和黄土丘陵地带的粗放农业经营，很快引起了严重的水土流失，肥力减退，单位面积产量下降，沟壑迅速发育，塬地被分割缩小，又使耕地面积日益缩小。为了生存下去，农民不得不继续开垦，终于使草原、林地、牧场和陂泽洼地、丘陵坡地完全变成了耕地，又逐渐成为沟壑陡坡和土阜，到处是光秃秃的千沟万壑。当地农民陷入了“越垦越穷，越穷越垦”的恶性循环之中，而河水中的泥沙量却越来越大，下游的河床也越填越高，洪水越来越集中，黄河决溢改道的祸害也越来越严重。

黄河下游八百年安流的创造者，既不是王景，也不是什么治水专家或治天下的圣人，却是中游变农为牧或农业人口减少、耕地面积缩小的结果，虽然可能出乎人们的意料之外，却给了我们深刻的教训。无视大自然的规律，必然招致大自然的报复，对黄河不正是如此吗？

第七章　大禹的事业——历代治黄

世界上很多民族都有早期洪水的传说，也都有自己治理洪水的英雄。汉族的前身华夏诸族所流传的洪水故事就产生在黄河，最杰出的治水英雄就是大禹。

其实，先民与洪水的斗争早已在进行了，在禹之前就有了共工治水的事迹。共工相传是炎帝的后裔，他的氏族居住地共，可能在今河南辉县一带。这里濒临黄河，土地肥沃，水源充足，适宜生活和生产，但因处于黄河的开阔地段，经常发生洪水泛滥。共工的氏族承担了治水的任务，据说他们采取了“壅防百川，堕高堙庳”的办法，也就是从高处把泥土石块运来，填在低处，又筑起堤坝抵挡洪水。尽管他们采用的只是非常原始的办法，但还是取得了成效，受到各氏族的赞扬。有一次在部落首领的会议上，尧要大家推举一个人帮助他执政，兜就提出共工治水有功，可以担当。以后共工这一族成了治水的世家，“共工”也成了水官的代名词。

鲧的居住地在崇，可能在今河南嵩山一带。他接受了治水的任务后，还是沿用了共工的老办法，主要是“障”，也就是堵。据说他筑起三仞(每仞八尺)高的城，大概是要把居住区和田地用堤岸围起来，以隔绝洪水。可是看来那里的洪水比共工所遇到的要大得多，所以鲧治了多年还是没有成功。鲧因治水失败而被杀，洪水依然在肆虐，尧的继承人舜又任用鲧的儿子禹继续治水。

一、大禹治水

大禹有感于自己的父亲因为治水失败而受到处罚，下决心要征服洪水。据说他的妻子刚生儿子益，他顾不上亲抚爱子就出了门。在外治水的13年间，禹多次经过自己家门，却从来没有进去过。他亲自拿着工具参加劳动，不怕艰苦，处处做百姓的榜样。由于整天光着脚在野外劳动，他连腿上的汗毛都被磨光了。韩非子曾感叹："就是干苦役的奴隶也没有那样辛苦啊！"

大禹治水的方法与共工和鲧的不同之处，在于他采用了疏导的办法，"高高下下，疏川导滞"，即把积聚的洪水引入经过疏通的河道或低地，然后再引向大海。在疏通河道、增加河流的宣泄能力的同时，禹也充分利用湖泊和低地分洪，将一部分洪水拦蓄起来，以减轻对居住区和河道的威胁。经过禹的治理，洪水全部归入河槽，原来洪水泛滥的地方又适宜从事农耕和蚕桑了。人们纷纷从高地迁回平原，恢复了正常的生活和生产。在治水的过程中，据说禹还发明了最初的测量工具，并且开始运用数字。由于禹的巨大功绩，他被确定为舜的继承人，成为中原部落联盟的最高领袖。

大禹治水的故事既反映了先民与洪水所作的长期艰苦的斗争，也体现了他们征服洪水、向往幸福生活的理想。禹的事迹，实际上是当时人的集体活动的个人化和神化。因此大禹被塑造成一位无所不能的英雄，在大河上下到处都能发现他的遗迹。传说中，上游贺兰山下的青铜峡、中游晋陕峡谷中的龙门和支流伊水上的伊阙(在今河南洛阳南)都是大禹开凿的，千古闻名的三门峡的砥柱石和神门、人门、鬼门这三门自然也是由大禹劈开的，而且当年大禹骑马跃过三门时曾经马失前蹄，在石头上留下了深深的印记。

成书于战国后期的我国第一篇地理著作《禹贡》也托名于大禹，把当时学者对未来统一后的国家行政区划的蓝图说成是大禹时代已经存在过的行政区域。由于《禹贡》是以后成为儒家经典的《尚书》中的一篇，在封建社会长期被奉为真理，以至其中只代表公元前三四世纪时人们的地理知识水平的内容，也受到封建统治者和儒家信徒的竭力维护，这大概是《禹贡》的作者们始料不及的吧！

《禹贡》中所记载的黄河经流被称为“禹河”，长期以来被认为就是大禹时代的黄河河道。当然现在我们已经肯定，它的下游部分只是战国以前就存在的无数河道中的一条。但从它特别得到重视并被学者所著录来看，应该是一条黄河经常流经的主要河道，而且已经存在了很长的时间，尽管不一定真的是从大禹时代就开始的。

二、战国筑堤，河道固定

大禹治水故事长期流传的另一个原因，是黄河水患的长期存在并愈演愈烈，因此大禹成为人们治水的希望，大禹的精神也成为鼓舞人们与洪水斗争的力量。现实需要大禹，在几千年的治河史上涌现出无数有名和无名的大禹式人物，继承他的事业。

战国时在黄河下游两岸修筑堤防，是治黄史上的第一项重大工程，尽管这是由大批无名英雄主持设计、建筑维护的，而且留下的记载非常简略。

《国语·周语》中记录了周厉王时的大臣邵公的一段话：“要堵住百姓的嘴，比要堵住河里的洪水还难。洪水堵得太多了就会冲破堤防，造成的伤亡更大，堵百姓的嘴也一样。”（“防民之口，甚于防川。川壅而溃，伤人必众，民亦如之。”）这说明在公元前9世纪中叶，堤防已经出现了。不过仅仅根据这几句话我们还无法肯定，在黄河下游的两岸是否也有了堤防。

公元前651年(齐桓公三十五年),当齐桓公与诸侯在葵丘会盟时,就把“无曲防”作为盟约的一项内容。由此可见,至迟到公元前7世纪中叶,黄河下游沿岸筑堤已经相当普遍了。正因为如此,才有必要专门提出禁止以邻为壑、以水代兵的问题。

但将两岸的堤防连接起来,构成一个完整的系统,大概是在战国时期。齐国由于地势低,易受到洪水危害,首先在黄河东岸筑起堤防。河水在东面受阻,就向西泛滥到魏国和赵国,这两国因为地处山麓,本来对筑堤并不在意,现在见洪水来了,就也筑起堤防。齐国的堤离河25里,魏、赵两国筑堤时也离河25里。这样,黄河的河道就有50里的摆动余地,不至于经常冲激堤防。

由于堤防在防御洪水、保障本国安全方面有重要作用,各国都十分重视堤防的修筑技术和日常维护,总结出了宝贵的经验。如《管子》的《度地篇》中就提出了筑堤的最好时间是“当春三月”,因为这时气候干燥,气温适中,对施工有利,修成的堤防比较坚实。而其他季节都不合适:夏天天气太热,又是农忙;秋天雨水太多,山洪暴发;冬天太冷,泥土冻结,白天也太短。又规定在河道旁筑堤时要顺着水势,堤底要宽,堤顶要窄。还规定对已筑成的堤防要派人看守,利用冬季加以整修。战国魏惠王时还出过一位筑堤专家白圭,据说他的技术非常高明,他注意到了堤防上的蚁穴,并有一套堵塞的方法。

三、瓠子堵口

西汉开始,黄河的水灾日益严重,从汉文帝十二年(前168)至王莽始建国三年(公元11),见于史书记载的就有10次,其中造成改道的有5次。河水决口改道后,堵口归流就是一件大事,重大的堵口就有两次。

汉武帝元光三年(前132),黄河在瓠子(今河南濮阳县西南)决口,向东南至今山东鄄城县南冲出了一条新河,流入巨野泽,然后夺泗水入淮。决口发生后,汉武帝即派汲黯和郑当时主持堵口工程,但随堵随决,没有成功。当时外戚武安侯田蚡任丞相,他的封邑鄃在黄河北岸,河水向南决口使北岸避免了水灾的威胁,他的封邑获得丰收。所以他劝武帝:“江河的决口都是天意,是没有办法用人力来强行堵塞的,就是塞住了也未必让老天爷满意。”他还串通一些“望气”占卜的人也对武帝说这样的话。武帝信了他们的鬼话,就听任河水泛滥改道,不再堵口。

就这样拖了20多年,黄河依旧没有回归故道,泛滥区灾情严重。主张不堵口的田蚡早已在元光四年(前131)去世,汉武帝对他的险恶用心已有所觉察。到了元封二年(前109)正好天旱,黄河水浅,武帝下决心下令堵口。汲仁和郭昌率领数万兵士投入堵口工程,武帝亲临现场,命令随行的官员职位级别自将军以下的都一起搬运柴草,参加施工。司马迁作为武帝的随从也背负柴草,以后在《史记》的《河渠书》中记录了他的亲身经历。当时采用的方法,是先用大竹子或大石头在决口面插下河底,由稀到密,使水势减缓,然后再在中间填塞草料,最后压上石块和泥土。所用的竹子主要采自淇园(在今河南淇县西北一带)。经过一番努力,决口终于堵住,黄河恢复了故道,分两股东北入海。汉武帝在堵口堤上筑了一座宣房宫作为纪念,还亲自作了两首《宣房之歌》,其中一首写道:

河汤汤兮激潺湲,北渡回兮迅流难。搴长茭兮湛美玉,河伯许兮薪不属。薪不属兮卫人罪,烧萧条兮噫乎何以御水!颓林竹兮揵石菑,宣房塞兮万福来。

大意是：黄河的洪水波浪滔滔，北面的故道已经淤塞难以迅猛奔流。用竹缆牵引沉下了美玉，河伯已经答应我们堵口柴草却又不够。柴草不够那卫地人可倒了霉，没有柴草又怎么堵得住水？砍下竹林里的竹子，密密地插在水里，一层层石料铺在中间，决口终于堵住。宣房宫就建在上面，从此不再有灾难，福祉无穷。

80年后的建始四年(前29)，在河堤使者王延世的主持下在东郡堵口，声势虽没有瓠子口那次大，在技术上却有新的尝试。采取的办法是从决口的两端同时向中间堵，到最后一部分时，预先制成一个大的竹笼，其中填满石块，用两艘船夹着竹笼驶至缺口，将船凿沉，与竹笼一起沉下，然后迅速充填泥土加以巩固。这与近代采用的立堵法已很相似。

四、贾让的“治河三策”

西汉中期以后，一方面是黄河的灾害越来越频繁，西汉后期的50年内平均每隔7年就要决溢一次。另一方面是人们在实践中增强了对黄河决溢特点的认识，开始尝试各种治河的办法，所以不断有人提出治河的主张。主要的建议有四种：

一是分流，可以利用黄河下游原有的分流和支河，疏浚整治，甚至可以新开河道，以便分散洪水，削减主河道的洪峰，减轻对主河道两岸堤防的威胁，避免决溢。

一是改道，具体的意见各人不同，但用意都是想利用更好的地形，另选一条比较顺直的河道。

一是滞洪，建议在黄河经常泛滥处空出一块地方，一旦洪水发生就主动引水泄入，以避免下游其他河段再有决溢。

一是以水排沙，认为河水既带来了泥沙，但水流也能排除泥沙，主张禁止上游和中游引水灌溉，保证水量，使河水保持较大的流速，依靠河水本身的冲刷力排沙刷槽，以避免河床淤积，消除河患。

这些方案各有利弊，要实行起来也并非容易，所以都没有能得到试验。

西汉末的哀帝初年(约前6—前5)曾经要求各地方官向朝廷推荐有治河本领的人，只有待诏贾让上书响应，提出了三种供选择的治河方案，后世称为“治河三策”。

贾让提出的上策是人工改道，在遮害亭(今河南滑县西南)掘开河堤，让河水北流(实际上偏东北)入大海。他认为由于西面有太行山及其余脉在地形上的限制，东面有已有的金堤阻挡，河水不会泛滥太远，一个月之内就会形成新的河道。至于新河流经的冀州，当然要有大批百姓搬迁。但与其每年要在沿河十个郡都花大笔钱来修筑堤防，万一决口损失更大，还不如将几年的修堤费用集中起来，用于安置移民。他认为如果实行这一办法，就能“河定民安，千载无患”。

贾让的中策是“多穿漕渠于冀州地，使民得以溉田，分杀水怒”。开渠的目的一是灌溉，二是分洪。具体的计划是从遮害亭一带向北新筑一条渠堤作为渠道的东岸，利用西面的山地作为渠道的西岸。然后用石料加固黄河自淇口至遮害亭的堤防，在这段堤上建造若干水门。同时在新筑的渠道东堤上也开若干水门，这样在黄河干道和新渠之间就组成了许多分水渠，旱时打开渠道东面的水门引水灌溉，遇有洪水时就打开渠道西面的水门分泄洪水。这一带原来因地下水位高，土壤盐碱化，收成很少，经过灌溉后可用于种稻。另外还可以利用渠道发展水运。当时沿河负责守护整个堤防的官吏士兵每郡都有数千人，采购草石料的费用每年也要几千万钱，用这些人力物力就足够建成渠道和水门了。他认为中策虽不如上策那样解决根本问题，但也能“富国安民，兴利除害”，并可维持数百年。

至于继续以修缮堤防为主，致力于加高培厚现存堤防，即使投入再多的人力物力，还是免不了经常出问题。贾让认为这是下策，是不足取的。

贾让的治河三策是我国现存最早的一篇比较全面的治河论文，既有对当时黄河下游河患形势的分析，也有解决问题的不同对策；不仅考虑到了防洪，而且兼顾了灌溉、放淤、改土和通航。他的建议虽然未能付诸实践，其中显然也有不切实际或不尽合理的部分，但在两千多年前就能如此全面地规划黄河下游的治理，充分反映了当时技术水平的进步，是难能可贵的。三策中的合理成分至今仍有现实意义。

五、王景治河

西汉末年，黄河先后在魏郡(今河南东北一带)以东多处决口，到王莽始建国三年(公元11)又在魏郡元城(今河北大名县东)以南决口。王莽为了保障他在元城的祖坟安全，主张不堵决口，听任河水东决。结果黄河和济水分流处的堤防严重崩塌，黄河、济水和汴水各支流交相泛滥，兖州、豫州(约相当今河南东南、山东西南和安徽淮河以北)数十县受灾。

东汉初的建武十年(公元34)，阳武县令上书建议改修堤防，以安定百姓，光武帝已调集了兵士，准备动工。但浚仪县令又提出，现在刚打完仗，又要大兴劳役，老百姓受不了，会引起不满。光武帝就打消了这一念头。以后汴水不断向东泛滥，灾区越来越大，原来的水门堤防都已没在水中了，兖、豫二州的百姓十分怨忿，指责官府不考虑百姓的疾苦。明帝即位后，几次想动工了，但对要不要堵口却意见纷纷，有人认为黄河改道南流入汴对北方的冀州、幽州有好处，还说左边的堤坚固了右边的堤就遭殃，左右两边的堤都坚固了下游就倒霉，对河水应该听其自然，百姓可以迁到高处去，这样公家省了堵口的钱，百姓也避免了被淹的祸害。明帝听了以后不知所从，一直议而不决。直到永平十二年(公元69)召见王景后，才最后作出治河的决定。

王景，字仲通，是乐浪郡詌邯县(约在今朝鲜平安南道东部)人，祖先居琅琊不其(今山东青岛崂山区西北)，西汉初迁至朝鲜半岛。王景从小学习《易经》，博览群书，又爱好天文和数学，懂得工程技术，办事冷静而周到。当时征求能治水的人才，王景受到推荐，明帝命他与将作谒者(主管工程建设的长官)王吴一起修浚仪渠。王吴采用了王景的办法，获得成功。明帝在永平十二年召见王景，询问治水的形势和对策，王景一一作答，明帝十分满意。根据王景治理浚仪渠的功绩，又赐给王景《山海经》《河渠书》和《禹迹图》等图书以及钱帛等物品。当年夏天，明帝就征发数十万士兵，派王景和王吴负责修渠筑堤，到第二年夏天工程完成，明帝亲自巡行，并下诏恢复西汉的旧制，在沿河的郡国设置专门负责日常维护的官员。王景得到提拔和赏赐，名扬天下。

由于史料中的记载过于简单，对王景治河所采取的具体方法至今还无法作出令人信服的解释。对其中最关键的"十里立一水门，令更相洄注，无复溃漏之患"，一种比较合理的解释是：在济水(此处即汴水)与黄河相交处除了原有的引水口(荥口)外，另外开一个引水口(济口)。这样济水与黄河之间就有了两个引水口和两条引水道，都设置了水门，两个水门间相差十里。之所以要开两个水门，是为了适应黄河流势的变化，以便根据需要与可能控制调节，以保证正常引水。

经过王景治理的黄河新道的具体经流也没有记载，根据间接的史料推测，大致是从长寿津(今河南濮阳县南)开始与西汉大河分流，东经范县南、山东阳谷县西、莘县东、茌平区南、东阿县北，又东北流经今黄河与马颊河之间，至今利津县境内入海。新河在今山东境内是在泰山北麓的低地中通过的，与旧河相比缩短了距离，河道又比较顺直，在相当长一段时间内得到稳定。

当然，正如前面已经说到的，从这以后黄河下游的八百年安流，主要原因是中游地区水土流失的减少从而使河水中的含沙量大大降低。但在开始阶段，王景治河的工程防治还是发挥了重大作用的。

六、高超合龙

北宋庆历八年(1048)黄河在澶州商胡埽(今河南濮阳县昌湖集)决口改道后，政府曾经三次尝试将河水归回故道，都以失败告终。可以说，北宋的治河在总体上是不成功的，但在具体的治河工程技术方面还是有不少进步。如当时由于决口频繁，所以在堵口方面做过很多尝试，取得了丰富经验，如沈立所著《河防通议》中就专门记载了“闭口”的方法：首先在口门两端坝头立表杆，架设浮桥，既可便于河工通行，又能减缓流势。接着在口门的上端打下星桩(多个组合)，抛树石，进一步减缓流速。下一步就从两岸分别推进三道草埽、两道土柜，并向中心抛席袋土包。至此进入合龙阶段，迅速抛下大量土袋土包，并鸣锣击鼓以壮声势。待闭河后，在合龙口前压拦头埽(一种以草绳、竹子或芦席等编成，中间填充泥土或石料的堵口器材)，在埽上修压口堤。如果发现草埽埽眼渗水，再用胶土填塞，堵口至此即告完成。

在科学家沈括的名著《梦溪笔谈》中还记录了一次根据一位普通河工的建议合龙成功的实例：

> 庆历中，河决北都商胡，久之未塞。三司度支使郭申锡亲往董作。凡塞河决垂合，中间一埽谓之“合龙门”，功全在此。是时屡塞不合。时合龙门埽长六十步，有水工高超者献议，以谓埽身太长，人力不能压，埽不至水底，故河流不断，而绳缆多绝。今当

以六十步为三节，每节埽长二十步，中间以索连属之，先下第一节，待其至底，方压第二、第三。旧工争之，以为不可，云："二十步埽不能断漏，徒用三节，所费当倍，而决不塞。"超谓之曰："第一埽水信未断，然势必杀半。压第二埽止用半力，水纵未断，不过小漏耳。第三节乃平地施工，足以尽人力。处置三节既定，则上两节自为浊泥所淤，不烦人功。"申锡主前议，不听超说。是时贾魏公帅北门，独以超之言为然，阴遣数千人于下流收漉流埽。既定而埽果流，而河决愈甚，申锡坐谪。卒作超计，商胡方定。

在这场争论中，主持工程的郭申锡迷信"旧工"的老经验，即坚持用一段六十步长的埽一次合龙。由于埽身过长，不易用人力压入水底，施工困难。而高超的建议是把埽分为三节，一节二十步；先在迎水面放下第一节，沉到水底后，水虽然不断流，但水势已经减了一半。接着再下第二节，即使还过一点水，只是小漏，影响不大，下第三节埽时因已能在平地施工，更加容易，下到底后，口门就迅速堵合断流。旧法的再次失败和商胡堵口的成功，完全证明了高超来自实践的方法切实可行。

可以肯定，在两千多年的治河实践中，像这样善于总结经验、勇于创新的河工绝不止高超一人。只是缺乏像沈括这样有眼力、有远见的科学家把他们的事迹记录下来。高超是古代劳动人民和工程技术人员的杰出代表，他的事迹也是广大河工智慧的结晶。

七、贾鲁河的来历

翻开今天的河南省地图，在中牟、尉氏、扶沟、西华县之间可以见到一条贾鲁河，在周口市西北注入颍河。这条河是在明初才形成的黄河故道，而贾鲁是元朝人，为什么要以他的名字来命名这条河呢？这还得从贾鲁治河说起。

贾鲁(1297—1355)，元朝河东高平(今山西高平市)人，字友恒。顺帝时被召参与编纂《宋史》，后任监察御史、工部郎中等官。

至正四年(1344)五月，黄河在白茅口(今山东曹县境内)决口，六月又在金堤决口，洪水泛滥达七年之久，影响到今豫东、鲁西南、皖北、苏北二十来个州县。洪水还北侵安山，威胁到会通河(南北大运河的一段)。决口发生后，贾鲁以都水监(水利工程长官)的身份奉命到现场考察。他往返千里，仔细调查，了解了治河关键所在，提出两个方案：一是修北堤，以制止洪水横溢；一是疏塞并举，引黄河东流，恢复故道。至正九年，脱脱复任丞相后，决心治河。元顺帝接受脱脱的建议，召集群臣商议，贾鲁重新献策，脱脱同意取后一方案，即堵口恢复故道。于是不顾工部尚书成遵等人的反对，报请皇帝于至元十一年四月下诏，任命贾鲁为工部尚书、总治河防使，征发15万民工、2万士兵开始治河。

贾鲁治河的方针是疏、浚、塞并举，即筑塞北流，挽河向东南归入故道。为了使黄河能在向北的决口堵塞后顺利回到故道，作为第一步，他首先整治旧河道，疏浚减水河。从白茅口南的黄陵冈起开了10里新河道，至南白茅；又开了10里新河，于刘庄接入故道；从刘庄至专固一段的102里280步则利用旧河道加以疏浚；从专固至黄固，又开新河道8里；最后一段是从黄固至哈只口的51里80步，疏浚利用了旧河道。同时他预先考虑到堵口后堤防的安全，设计了分洪泄流的减水河，自凹里开了3里40步的新河，又疏浚了82里54步的旧河道；再从张赞店开13里60步新河至杨青村，接入故道。这方面的工程，总共新开和疏浚河道280里余。

在堵口安排上，贾鲁采取先堵小口、再堵大口的原则，先后堵塞了专固的缺口、从哈只口至徐州300里间的缺口107处，凹里减水河南岸的豁口4处。与此同时，对北岸的250多里堤防做了全面加固或重修。至此，一切准备工程都已完成，就剩下堵口合龙一役了。

白茅口又名黄陵口，能不能将这口门一下子堵住，成了能否将黄河挽回故道和这次治河能否取胜的关键。正因为如此，贾鲁事先做了相当周密的部署。他先修了三道刺水大堤，总长26里200步，用来分流减弱口门附近的水势。然后在黄陵口的南北两岸筑起截河大堤，一部分河水开始流入故道。但由于刺水堤和截河堤长度不够，拦入故道的水量还太少，即将堵塞的口门还有“南北广四百余步，中流深三丈余”，估计流入决河的水量仍有十分之八。这时已到农历八月二十九日，黄河秋汛已到。贾鲁认为，如果再有迟缓，河水将全部涌入决河，故道会重新淤塞，前功尽弃，因此大胆设计了一个在水中作“石船大堤”的方案。

九月七日，贾鲁在河上逆流排下27艘大船，每船前后都用大桅杆或长桩加上大麻绳、竹缆连接，组成一个方阵。又用麻绳、竹缆将船四周加固，防止散开。然后用大铁锚将船队泊定，并在两岸打下一批大桩，用七八百尺长的竹缆分别将各船拉住。船舱中稍铺些散草，再装满碎石，用合子板封闭；在合子板上排上二三层埽，用大麻绳缚紧。又在每船的头桅上缚上三道横木，用竹子编成高约一丈的篱笆，中间夹上草石，称为水帘桅。一切准备定当后，每船派出两名水手，手持利斧分别等在船的头尾。只听岸上鼓声擂响，水手们一齐将船凿漏，不一会儿船队沉下，堵住缺口。船沉下后，立即加高船上的埽段，当出水部分稍高时，又在上面压上更大的埽段。前面一组船下水后，后面一组如法炮制，直到形成一条船堤，并在船堤后加修了三道草埽。最后在口门处下二丈高的大埽四五道，彻底堵塞决口，至十一月十一日终于合龙，决河断水，故道复通。

贾鲁治河所耗费的人力物力是相当可观的，当时元朝的统治已处在风雨飘摇的境地，当地又连年受灾，民不聊生，在这样的情况下，治河之费确实招致了百姓的怨恨。但他事先做了周密的调查研究，对工程有全面的规划；在汛期已到时临危不惧，当机立断，又大胆采用前所未有的堵口办法，终于一举堵塞了泛滥七年的决口。既在当时解除了水患，也为黄河的治理积累了经验，不失为一项重大贡献。贾鲁的治河策略和主要过程由欧阳玄写成《至正河防记》一书，流传至今。贾鲁本人以后随脱脱镇压红巾军，在濠州（今安徽凤阳县）死于军中。

经贾鲁治理的河道，始于原武（今河南原阳县西南）黑洋山，经阳武（今原阳县）、封丘荆隆口、中滦镇、开封陈桥镇、仪封黄陵冈（今兰考县东北、曹县西南鲁豫交界的一片岗地）、曹县新集、高丘丁家道口、虞城马牧集、夏邑、司家道口、韩家道口、安徽萧县赵家圈、石将军庙、两河口，于徐州小浮桥入运河（即泗水），被称为贾鲁河。到了明朝洪武二十四年（1391），黄河在原武黑洋山决口，折向东南流，经开封城北五里，折南经陈州（今河南周口市淮阳区）循颍河入淮。原贾鲁河的水流微弱，被称为“小黄河”，而新河成了干流，被称为“大黄河”。以后黄河又不断改道，“大黄河”又成了“小黄河”，到了清朝就有了现在的贾鲁河。

八、潘季驯“束水攻沙”

明朝的河患日益严重，先后主持治河并取得一定成效的有徐有贞、白昂、刘大夏、刘天和、朱衡、万恭等。但成就最大、对后世最有影响的治河专家还要数潘季驯。

潘季驯（1521—1595），浙江乌程（今湖州市）人，字时良，号印川。嘉靖进士，曾以御史巡按广东。从嘉靖四十四年至万历二十年（1565—1592），他曾四次主持治河。嘉靖四十四年十一月，潘季驯首次以都察院右都御史总理河道，与尚书朱衡一起负责治河，但一年后因母亲去世丁忧(父母去世后必须辞官回家治丧守孝)回原籍。第二次自隆庆四年(1570)八月起，被任命为总理河道提督军务，因运粮的漕船在新河道中发生沉船事故，于五年十二月受到弹劾后被免职。万历六年(1578)，在首辅张居正的支持下，他第三次主持治河，被任为总理河漕提督军务，对黄河进行了一次较大规模的治理，至万历八年(1580)秋完成。万历十六年(1588)四月至二十年(1592)，他第四次也是最后一次出任治河要职。在后两次中，他被朝廷授权“便宜行事”，对治河掌有全权，取得了显著成就。

潘季驯四次治河中，多次深入工地，与普通河工一起观察地势水情，从事堤防工程，在自河南至海口的黄河下游沿线做了大量的调查研究。在总结前人经验的基础上，他提出了对黄河、淮河和运河应该进行综合治理的原则：“通漕(运河)于河(黄河)，则治河即以治漕。会河于淮，则治淮即以治河。合河、淮而同入于海，则治河、淮即以治海。”但他最突出的贡献还是提出了“束水攻沙”的理论并总结出了一整套具体措施。

直到16世纪后半期的明朝隆庆年间之前，治理黄河的方针还都是以治水为目的，无非是疏、浚、塞几种手段，都着眼于洪水的堵截或疏导。但人们逐渐认识到，黄河的根本问题是泥沙，不解决泥沙的淤积，再好的工程防治也难以持久。隆庆末年总理河道的万恭在他的《治水筌蹄》一书中说：“水专则急，分则缓。河急则通，缓则淤。”在这一认识的基础上，潘季驯更明确地提出了“以河治河，以水攻沙”的治河方针。这是由于“黄流最浊，以斗计之，沙居其六，若至伏秋，则水居其二矣。以二升之水载八升之沙，非极迅溜，必致停滞”。“水分则势缓，势缓则沙停(淤积)，沙停则河饱(河床淤高)，尺寸之水皆由沙面，止见其高(即使很小的来水，但都在沙面上漫流，只会增加河床的淤积)。水合则势猛，势猛则沙刷，沙刷则河深，寻丈之水皆由河底，止见其卑(即使八尺一丈的来水也都在冲刷河底，只会使河床冲低)。筑堤束水，以水攻沙，水不奔溢于两旁，则必直刷乎河底。一定之理，必然之势，此合之所以愈于分也(这就是集中水量胜过分散水量的道理)。”

为了达到束水攻沙的目的，他主张将两岸的分水口全部堵住，改分流为单一河槽。要做到这一点，牢固稳定的堤防就必不可少。潘季驯十分重视堤防，把它比作军事上的边防："防寇则曰边防，防河则曰堤防。边防者，防寇之内入也；堤防者，防水之外出也。欲水之无出，而不戒于堤，是犹欲寇之无入，而忘备于边者矣。”他把堤防工程分为四种：一是缕堤，要筑在尽可能逼近河槽的地方，以便在洪水期间缩小河床的断面，加快主槽流速，提高水流挟带和冲刷泥沙的能力。因为缕堤就在河边，约束水道，在湍急的水流冲激下会受到损伤，而且在洪水季节也难免漫溢，因此在离河一里余或二三里处再筑一道遥堤，以备万一。缕堤束水攻沙，遥堤防止洪水，潘季驯认为采用这样的双重堤防，就能解决攻沙与防洪之间的矛盾。为了确保这一体制的安全，在缕堤和遥堤之间，每隔若干距离再筑一道纵向的格堤，万一缕堤决口，洪水遇到格堤阻挡，不至于冲击其他堤段。水在本格拦蓄，洪水退后就能流回主槽，还有淤滩固堤的作用。在特别险要的河段和弯道迎头水流一面，还在缕堤外面筑上一道月堤，起到双重加固的作用。他对筑堤的质量要求很高，强调一定要用“真土”，不能混杂浮沙。一定要达到规定的高度和厚度，不惜工本。对筑成的土堤还要钻探取样，检查质量。

考虑到可能发生的特大洪水，潘季驯在积极合流束水的同时，也作了必要时分洪的准备，在江苏宿迁以下河道上建了崔镇、徐升、季泰、三义四座减水坝。

潘季驯感到仅仅依靠黄河本身的水量还不足以冲刷泥沙，特别是在下游水势平缓以后，所以提出在与淮河相交的清口以下利用淮河的清水来冲刷黄河的浊流。但在黄河洪峰产生后，淮河的水量就显得不足，引起黄水倒灌。为此他修了归仁堤和从清浦至柳浦湾的堤防，防止黄水南下洪泽湖和淮河，又在洪泽湖东岸筑高家堰，将淮河水全部拦蓄在洪泽湖中，抬高了湖内水位。再从清口注入黄河，以起到增加水量、加快流速、稀释泥沙的作用。

潘季驯的治河理论和具体措施在他第三、四两次治河中得到了完全的实施，在他第三次治河后，经过整治的河道在十余年间没有发生大的决溢，行水较畅。在他第四次治河筑三省长堤后，黄河两岸的堤防已全部连接巩固，河道基本稳定。这些成绩都是同时代其他人所从未取得的。潘季驯的理论对后世也有深远的影响，三百多年来一直为治河者所遵奉。清朝治河就以“束水攻沙”为主要方针，康熙时的治河专家陈潢高度评价这一理论，认为是“自然之理”，“故日后之论河者，必当奉之为金科也”。近代水利专家李仪祉也赞扬他是“深明乎治导原理”。在西方近代科学技术传入中国以后，一些外国水利专家经过实地考察提出的治河意见，从本质上都没有超出潘季驯方案的范围。毫无疑问，潘季驯和他的治河理论在治黄史和中国水利史上写下了光辉的一页，具有非常重大的意义。

但是，潘季驯的理论和实践存在很大的局限，他的治理只限于河南以下的黄河下游，没有注意下游泥沙的主要来源中游地区，更没有任何治理措施。由于中游的来沙源源不断，束水攻沙又不能将全部泥沙都排入海中，必定有一部分泥沙在下游河道中淤积起来。随着河床的不断淤高，河堤也必须越筑越高，形成高于两岸的悬河。因此，仅仅用这种治标的办法不可能根本解决黄河水患，更不会就此长治久安，以后的事实已经证明了这一点。

九、靳辅和陈潢的贡献

清朝康熙初，黄河几乎年年决溢为灾。康熙十五年(1676)，黄河、淮河同时发生洪水，黄河水倒灌进洪泽湖，高家堰抵挡不住，决口34处，运河堤也崩溃，决开300余丈。淮水全部决入里下河地区，不再自清口流入黄河。清江浦以下的黄河河道淤积日益严重，与黄河相通的运河河道也受淤积破坏，漕运不通。当时，康熙帝最迫切要解决的是“三藩、河务、漕运”这三件大事，而漕运与河务是密不可分的，对康熙帝来说，河患是仅次于三藩之乱的严重威胁，所以他下决心治河，在康熙十六年调安徽巡抚靳辅任河道总督。

靳辅(1633—1692)，字紫垣，辽阳(今辽宁辽阳市)人。他的幕僚陈潢(1637—1688)，字天一，号省斋，浙江嘉兴人，出身平民，青年时就留意经世致用。陈潢曾对黄河做过实地调查，直到今宁夏一带。靳辅在治河过程中，十分重视陈潢的意见，陈潢也尽心尽力，两人合作，相得益彰。

靳辅到任后，就与陈潢一起深入实际，了解黄、淮河道堤防的现状和发生水患的原因。经过两个月的调查，靳辅认识到运河河道的畅通与黄河下游河道的整治关系密切，认为以往只重漕运、不重治河的观点是错误的。他提出的主张是“将河道运道为一体，彻首尾而合治之”，即把运河和黄河作为一个整体，进行彻底的整治。

由于黄河、淮河决口很多，洪水溢出，从淮阴到河口的河道中水量减少，泥沙淤积非常严重，原来一二里至四五里宽的河身只剩下一二十丈，二三丈至五六丈深的河道只剩下几尺。所以他们把清江浦以下至河口这三百里河道的疏浚筑堤作为治河的第一步。具体方法是开“川字河”，即在旧河道的两旁相距三丈的地方，左右各挖一条八丈宽的新河，三河平行。开新河挖出的土就用于修筑两岸堤防。当黄、淮各决口相继堵塞，河水归入正道后，就将川字河中间的两道沙堆顺流冲去，三条河道合为一道，并迅速刷宽冲深，开通了入海的河道。为了达到利用淮河以清刷黄，在淮河出洪泽湖处开了五条引河，再合流由清口汇入黄河，并流入海。

当时，黄河两岸多处决口，高家堰有34处决口。靳辅、陈潢在疏通了下游河道以后，就转入堵口工程。他们根据具体条件，先易后难，采用挑引河、筑拦水坝、在中流筑越堤等不同办法，陆续将小口门全部堵塞，最后完成在杨庄堵口的大工程，使黄河归入正流。

他们信服潘季驯“束水攻沙”的原则，对堤防的修筑非常重视，希望通过堤防的约束，集中水流，冲刷淤积。因此他们不但大力修整黄河、运河、淮河两岸的千里大堤，加固了高家堰，而且创筑了从云梯关到河口的束水堤，使这一段河水不至漫流而造成河口壅积。

此外，他们还在安徽砀山至江苏睢宁的狭窄河段增建了不少减水坝、减水闸，以备分洪。在守险工(防守险要河段)和修险河方面，也创造了不少行之有效的办法，有的至今还有现实意义。

靳辅、陈潢的治河经历了十年多时间，到康熙二十七年(1688)靳辅去职时，黄、淮故道已先后修复，运河的漕运也畅通无阻，黄河、淮河、运河都出现了清初以来少有的稳定局面。

但是正如潘季驯的治河一样，靳辅、陈潢的治理也只限于下游河道的工程防治，并不能减少中游地区的来沙。而随着中国人口的迅速增加，黄河中游的开垦范围越来越广，水土流失也越来越严重。尽管靳辅和陈潢的治理暂时缓解了下游的河患，但维持的时间毕竟有限，到乾隆以后，黄河形势更是日渐恶化。

十、近代水利学家的代表——李仪祉

清末以来，不少进步的知识分子致力于学习和传播西方近代科学技术，致力于在中国运用先进技术，李仪祉就是水利学界的代表。

李仪祉(1882—1938)，陕西蒲城人，原名协，字宜之，后改今名。清末民初曾两次留学德国，专攻水利工程学。回国后，最初在南京河海工程专门学校任教，以后一直从事水利事业，先后在华北、黄河、淮河及陕西省的水利机构任职，一度出任黄河水利委员会委员长。

他一生有大量的著作和译文，积极介绍各国近代治水技术和经验。他认为："泰西(西方)各国治水成法，可供吾国人仿效者多，因其地理之关系，各有所特长。论中下游之治导，则普鲁士诸河可为法也。论山溪之制驭，则奥与瑞可为师也。论海洋影响所及河口一段之整治，则法及北美诸河流可资仿效也。论防止土壤冲刷，则美国及日本今正在努力也。"

他把西方近代技术和中国传统的治河经验结合起来，对黄河的治理进行深入的研究，并在此基础上提出了上、中、下游全面治理的方案。他主张在上中游地区植树造林，减少泥沙的下泄量；同时在各支流上建拦洪水库，以调节水量，并且在宁夏、绥远(今内蒙古南部)、山西、陕西各省黄河流域及各省内支流广开渠道，以进一步削减下游洪水。对下游的防洪，他提出两点具体方案：一是开辟减河，以削减异常洪水；一是整治河槽。他主张采用德国水利学家恩格思的办法，即固定中常水位河槽，按照各河段中常水位的流量，规定河槽的断面，按这一标准来修正主河道，规划各种工程设施，以达到冲深河槽、淤高滩地的目标。但由于当时黄河的水文资料很不完整，还不可能为确定中常水位提供可靠的依据，因此李仪祉认为要经过相当长的时间才能实施这一方案。直到清朝为止，我国的传统治河理论和方法都只注意下游河道的整治，自李仪祉开始提出上、中、下游全面治理的主张，这是一项重大进步，也是我国治河事业趋向近代化的起点。但李仪祉当时已经深感中国的水利事业“一受制于外强之参预，二受累于内政之不统一，三限于财政之竭蹶，提倡者虽不乏人，而实施者无几”。治河史上新时代的到来，只有在新中国成立以后才成为现实。

第八章　黄河万古流

黄河形成的历史至少可以追溯到100万年前，黄河最终成形至迟也在1万年前。相比之下，中华文明、中华民族的历史，特别是有文字记载的历史，时间要短得多。哺养中华文明、中华民族，花了黄河母亲数千年时间，但在她的一生中，不过是个短暂瞬间。岁月的沧桑、经历的磨难，不过是给她添了几根白发、几道皱纹，岂会使她变得衰老？

但是从与中华文明、中华民族和中国历史息息相关的角度看黄河，我们又不得不承认，她作为四渎之宗的独尊地位早已不复存在。我们在缅怀她昔日的光彩时，也不能不关注她的未来。

一、黄河能长期安流吗？

在历史上，黄河有过长期安流吗？

先师谭其骧先生在1962年曾发表《何以黄河在东汉以后会出现一个长期安流的局面——从历史上论证黄河中游的土地合理利用是消弭下游水害的决定性因素》这篇重要论文。他的研究结论是：从东汉明帝十二年(公元69)起，“黄河出现了一个与西汉时期迥不相同的局面，即长期安流的局面。从这一年起一直到隋代，五百几十年中，见于记载的河溢只有四次”。“到了唐代比较多起来了，将近三百年中，河水冲毁城池一次，决溢十六次，改道一次。论次数不比西汉少，但从决溢的情况看来，其严重程度显然远不及西汉”。“总之，在这第三期八百多年中，前五百多年黄河安稳得很，后三百年不很安稳，但比第二期(西汉)要安稳得多”。可见谭先生界定的“安流”标准是相对于此前西汉时期和唐以后的“不很安稳”而言的，并非是绝对的安流。就是在“安稳得很”的五百年间，见于记载的“河溢”(洪水泛滥，冲破堤防)也还有四次。

第一次是东汉桓帝永兴元年(153)发生“河溢”，从《后汉书·桓帝纪》所载“百姓饥穷，流冗道路，至有数十万户，冀州尤甚”可见，这次黄河泛滥造成的后果还是相当严重的。这次“河溢”离明帝十二年过去84年，也就是说这段安流的时间维持了83年。

第二次发生在三国魏文帝黄初四年(223)，“(六月)大雨，伊、洛溢流，杀人民，坏庐宅”(《三国志·魏书·文帝纪》)。《晋书·傅祗传》提到“黄初大水之后，河、济泛溢”，也是黄河、济水、伊水、洛水大范围的洪水泛滥，离上一次70年，黄河这段安流的时间是69年。

第三次旋踵而至，发生在魏明帝太和四年(230)。这是大范围持续大雨的结果，据《宋书·五行志》记载：“大雨霖三十余日，伊、洛、河、汉皆溢，岁以凶饥。”伊水、洛水、汉水与黄河同时泛滥，造成大饥荒。这次离上一次的时间只有短短的7年，这段安流的时间只维持了6年。

第四次也只隔了40年。晋武帝泰始六年(270)，“六月，大雨霖，甲辰，河、洛、沁水同时并溢，流四千九百余家，杀二百余人，没秋稼千三百六十余顷”(《宋书·五行志》)。黄河与洛水、沁水同时泛滥，冲毁民居4900余户，直接淹死200余人，淹没农田1360余顷。这段安流的时间只维持了39年。

可见历史上要真正维持黄河较长时段的安流是相当困难的。

但从1949年开始，70年间黄河没有发生过一次决口，新中国实现了高水平的黄河长期安流。那么我们能不能保证黄河的永久安流呢？

当然我们不能掉以轻心，因为无论是自然还是社会，都还存在着不少不可知、不可控，至少是不可全知、难以全控的因素。

例如，清道光二十三年(1843)的洪水，经专家根据文献资料和实地勘查估算的结果，通过黄河陕县(今三门峡市陕州区)的最高洪峰流量是36000立方米每秒，这是黄河洪水有记录以来的最大数据。而以后，包括最近70年来，精确实测到的最高洪峰流量，吴堡站为24000立方米每秒(1976)，龙门站为21000立方米每秒(1967)，三门峡站为22000立方米每秒(1933)。未来会不会出现36000立方米每秒甚至更大的洪峰呢？考虑到有史以来气候的长周期变化和目前全球变暖的趋势，我认为不能排除这种可能。

《汉书·沟洫志》记载在王莽时(公元初)，王横曾说："往者天尝连雨，东北风，海水溢西南出，浸数百里。"尽管对于这种现象是否是一次大规模海侵还有不同意见，但海平面上升却是全世界都面临的现实威胁。现在由于黄河挟带入海的泥沙大幅度减少，黄河出海口和三角洲已经出现海水侵蚀、陆地退缩，而黄河下游地处平原，本身海拔不高，即使海平面只是出现缓慢的升高，也会累积成严重的后果。

黄河流域有好几个地震多发地带，历史上曾发生过多次7级以上的破坏性地震，有的震中就在黄河干流附近。如明嘉靖三十四年十二月十二日(1556年1月23日)陕西华州8级地震，遭受不同程度破坏的西安府、临潼、同州、朝邑、潼关卫、蓝田、泾阳、蒲城、咸阳、岐山、耀州、韩城、鄠邑、泾州、延安府、绥德州、凤翔府、宁远、固原州、榆林卫、蒲州、荣河、夏县、河津、襄陵、曲沃、平陆、芮城、临县、孝义、沁源、翼城、阳曲、潞安府、阌乡、灵宝、永宁、卢氏、修武、汜水、磁州、扶沟等九十五府、州、县，几乎都在黄河流域，汇总上报的死亡人数有83万，实际死亡人口估计超过100万，是人类历史上见于记载的死亡人数最多的一次地震。迄今为止，人类还没有掌握地震的规律，更无法准确预报，大地震或特大地震及其他地质灾害对黄河和黄河流域的威胁一直存在。

更何况我们对黄河未来安流的标准，不仅是不决口、不泛滥、不成灾，还要求不断流、不缺水、水质达标，整个流域的生态环境得到全面保护。

但另一方面，我们完全有理由保持充分的信心，因为随着中国实现两个一百年的宏伟目标，全面建成小康社会和富强、民主、文明、和谐、美丽的社会主义现代化强国，我们的精神和物质的财富和力量将达到前所未有的高度，加上科学技术的飞速进步，完全足以应对黄河可能遭遇到的天灾人祸。

黄河下游两岸1350千米的大堤已经做过多次全面加高培厚，下游右岸的防洪大堤平均提高到8—10米，左岸大堤平均提高到9—11米。黄河下游的防洪标准已经提高到能防御郑州花园口站流量22000立方米每秒的洪峰。在河南和山东境内开辟了北金堤和东平湖水库两个滞洪区。经过改建的北金堤滞洪区的分洪能力为10000立方米每秒，滞洪区面积2316平方千米。东平湖水库的有效库容为20亿立方米，分洪能力为11000立方米每秒。此外，还在北岸齐河县和南岸垦利区展宽了堤距，总面积达223平方千米，增加有效滞洪容量5.9亿立方米，对防止凌汛时出现冰坝危及堤防，保卫济南市和胜利油田的安全将起到重要作用。

在黄河上中游黄土高原地区广泛开展了水土保持建设，采取生物措施与工程措施相互配合、治坡与治沟并举的办法，治理水土流失取得明显成效。截至2011年年末，黄土区水土保持一级区水土保持措施面积共44101平方千米，包括梯田31255平方千米、坝地1759平方千米及其他基本农田11087平方千米；水土保持林包括乔木林35577平方千米，灌木林39432平方千米。同时，根据调查，黄河流域黄土高原共有水土保持治沟骨干工程(库容为50万—500万立方米的淤地坝)

5655座，总库容57亿立方米，已淤库容23.47亿立方米。其中，青海省170座，甘肃省551座，宁夏回族自治区325座，内蒙古自治区820座，陕西省2538座，山西省1116座，河南省135座。一些地区生产条件和生态环境有所改善，输入黄河的泥沙逐步减少，近年已基本得到控制。

在黄河干流上于1957年开工兴建黄河第一坝——三门峡大坝，此后，相继建成了刘家峡、龙羊峡、盐锅峡、八盘峡、青铜峡、三盛公、天桥、小浪底和万家寨等水利枢纽和水电站。全流域已建成大、中、小型水库3100余座，总库容580亿立方米，发电装机容量900多万千瓦，年平均发电量336亿千瓦时。修建引水工程4500余处，提水工程2.9万处；黄河下游还兴建了向黄淮海平原地区供水的引黄涵闸94处。这些水利水电工程，在防洪、防凌、减少河道淤积、灌溉、城市及工业供水、发电等方面，都发挥了巨大的综合效益，促进了沿黄地区经济和社会的发展。

可以设想，如果黄河中游再遇到清道光二十三年(1843)那样的特大洪水，中长期的气象预报会提前作出准确预报，并随时更新。控制中心通过大数据运算和模拟推演，会提前制订多种供选择的应对方案，而且平时就对从源头到入海口、从各级支流到干流实行无盲点、全天候的即时监控。调度中心会提前按需要做好人员、物资、器材和运输工具的储备，制订好最佳人流、物流方案。对需要检修、疏通、加固、调节、拆除、关闭、优化的工程和设施预先完成。经过长期全面整治和生态修复，原来水沙主要输出区已经为人造林、草地、生态田园所覆盖，水土流失轻微，能涵养水分，拦蓄一定量的降水。因此从降水开始，各种机制就开始运作。经过小流域的层层拦蓄，同样大的降水，流入支流的水量已大大减少。支流和干流的设施也同时开始运作，或拦蓄，或分洪，或提前泄水腾出库容。即使相关流域的降水量超过那一年，在陕州段出现的洪峰也肯定会低于36000立方米每秒。万一任何一项指标接近临界，或出现险情，控制中心与调度中心会同步发出警报和相应的指令，人流、物流会在第一时间以最快速度运行到位，消除灾害于未成。即使形成局部灾害，强大的国力也足以抵御和救助。

二、悬河会落地吗?

影响黄河安流的另一个因素是下游的地上悬河。即使现在开始不再有新的泥沙淤积，下游大多数河段的河床还是高于两岸堤防外的土地数米乃至十余米，个别河段甚至高达20米。由于黄河的水面已经高于两岸的土地，下游这700多千米的河水全靠两岸的堤防约束支撑，因此才被称为悬河。形成悬河的根本原因就是黄河水从中游携带来的泥沙在下游河床中淤积起来，越积越厚，以至比两岸的土地都高，才把黄河悬了起来。要使悬河落地，就得清除这些泥沙，使河床恢复原状，降低到两岸土地的平面以下。

那么下游河床里积了多少泥沙呢？根据多年的观测，1970年前黄河下游每年携带的泥沙量约为16亿吨，其中约有四分之一淤积在利津以上河道内，二分之一淤积在利津以下的河口三角洲及滨海地区，其余四分之一被输往深海。现在黄河下游的河道是1855年铜瓦厢决口改道后形成的，除了其间有9年因花园口决口改道外，到1970年已使用了106年。在利津以上河道每年淤积以4亿吨计，已累积泥沙424亿吨；利津以下河道每年淤积以8亿吨计，已累积泥沙848亿吨；其余424亿吨已输往深海。1970年后注入黄河中游的泥沙逐渐减少，到2018年，如平均每年以1亿吨计，累积泥沙38亿吨。仍按以上比例计，利津以上河道累积了9.5亿吨，利津以下河道累积了19亿吨，流入深海9.5亿吨。即使不考虑今后可能还有新的泥沙流入，要使悬河落地，至少要处理掉利津以上河道累积的433.5亿吨泥沙。利津以下至河口累积的泥沙更多，从长远来看，河口淤积延伸，将造成侵蚀基准面相对抬高，由此而产生的溯源淤积，将影响下游较长河道，所以这867亿吨泥沙也得加以处理。

其实，专家一直在研究和试验解决的办法。例如，淤沙固堤就是一种行之有效的措施：结合引黄灌溉，将含有泥沙的黄河水提取或吸引至堤内洼地，沉积下来的泥沙填高洼地，加固了大堤，沉淀后的清水用于灌溉，数亿吨泥沙从河床移到了堤外。又如，实施现代的“束水攻沙”：选择适当时机，在小浪底水库开闸放水，利用泄水产生巨大的冲刷力，将河床淤积的泥沙冲进流水，挟带入海。这些办法的综合实施可以让悬河软落地，逐渐减少河道内的积沙，但需要很长的时间，短期内隐患不可能完全消除。

如果要实施硬落地，在较短的时间内彻底解决问题，那就得将上千亿吨的泥沙搬走。问题是：如何搬，搬到哪里去？

我曾看到过一位专家提出的硬落地方案，不是搬泥沙，而是搬黄河。他主张在下游选择合适的地方，为黄河开一条或两条能够顺直入海、能全程调控的新河道，同时解决灌溉和水运的需求，将现在的河道逐步改造成具有自流灌溉功能的农田。未来要实施这样的方案不会存在技术上的障碍，但需要综合考虑各方面的因素，在确保环境安全的前提下作出最优选择。

无论是软落地还是硬落地，有一点是可以肯定的：由于两岸堤防固若金汤，河道里的泥沙只减不增，悬河虽一时不能落地，隐患还是可以防范的。

三、黄河能变清吗？

“黄河清，圣人出。”千百年来，多少人盼望黄河有变清的一天，多少人期待着这一奇迹的出现，并且把希望寄托于某一位圣人明君，但无不以失望而告终。而且黄河能否变清，已经被政治化、神秘化了。那么，经过这些年的全面治理，黄河能不能变清呢？

其实，黄河水是否清，是否能变清，本身并不是一个复杂问题，更没有那么神秘。

首先，黄河从来就不是整条河的水都不清、都是黄色的。黄河上游河水并不浊，并不黄，有的河段清澈见底，有的河段碧波荡漾，始终是清的。黄河的泥沙主要来自中游特别是晋陕峡谷段和窟野河、泾河、北洛河、渭河等支流，所以从晋陕峡谷往下越来越浊，越来越黄。

其次，即使是在中下游，某些河段在特殊情况下也会变清。史书上作为祥瑞记载的“河清”，虽然多数是出于夸张或伪造，但局部河段冬春季节水量少、流速慢、泥沙沉淀的情况下，呈现“河清”的景观，其实并非罕见。

所以，今天我们展望黄河的未来能否变清，要看用什么标准。

一方面，随着上中游水土保持工作的日益深化完善，生态环境得到修复，合理的土地利用方式和生活方式得到普及，水土流失必定日渐减少。严格的环境保护措施也会防止基本建设和工业生产过程中水土流失和环境破坏。流入黄河及其支流的泥沙量会显著减少，无论是上游、中游还是下游，黄河水肯定会越来越清。

另一方面，黄河毕竟是流过黄土高原的，而黄土高原和黄土的特殊性质决定了黄河的干支流中不可能完全消除泥沙。因为黄土的颗粒过于微小，结构过于疏松，在水流或风力的作用下还是会流失并进入黄河水的。这就是为什么在人类还没有出现之前(当然也就不存在任何人类对自然环境的破坏或影响)，黄河就已经从黄土高原输送了那么多的泥沙，堆积成了华北大平原；也就是为什么早在中游地区人口非常稀少、土地利用率极低的西周时代，黄河水已经不那么清的主要原因。从这一角度讲，黄河永远不会达到完全清的标准，黄河永远姓黄。

实际上这第一方面我们已经做到了。20世纪50年代至60年代，每年流入黄河的泥沙量约15亿吨。从60年代至70年代末期，对水土流失的治理措施注重治沟和治坡相结合，到70年代，每年流入黄河的泥沙量减少到约13亿吨。70年代末期至90年代注重小流域综合治理模式，以农业生态系统功能提升和植被建设为重点，流入黄河的泥沙量持续下降，每年减少到约8亿吨。2000年至今采取退耕还林、退耕还草治理，植被覆盖率从1999年的31.6%增加到2017年的约65%，有效控制了黄土高原的水土流失，每年流入黄河的泥沙已经减少到2亿吨左右，未来还有进一步减少的余地。

但是由黄河水携带入海的泥沙并非完全有害无益。面积约6000平方千米的黄河三角洲，就是在1855年黄河铜瓦厢决口改道在现在的入海口入海后，由黄河历年携带入海的泥沙堆积形成的。20世纪50年代，黄河每年携带入海的泥沙约16亿吨，在渤海凹陷处沉积形成冲积平原。从60年代至90年代，每年新增淤地约12.3平方千米，不仅是当地丰富的后备土地资源，还保障了黄河三角洲的稳定和安全。但从1998年至2016年，由于泥沙来源大幅度减少，河口面积已缩减约41平方千米，刁口河故道区域累计蚀退超过10千米，侵蚀导致退化面积超过200平方千米。黄河三角洲是胜利油田的主要生产基地，如果土地被蚀退的情况得不到控制，必定会造成日益严重的影响。

综合考虑各方面的因素，为了整条黄河和整个黄河流域的根本利益，为了国家的长治久安，并不是黄河的泥沙越少越好，更不是要一点泥沙都没有才算是“河清”了。何况世界上没有哪一条大河不挟带泥沙，差别只是多少而已。

而且，衡量黄河是否清，是一个科学指标，不是凭肉眼或者是个人的感觉。科学的指标是在某个具体河段的某一时段，每立方米水中的含沙量；在具体时段中（如1年）进入黄河及其支流的泥沙总量；在具体的时段、河段中沉积在河道中的泥沙量；由黄河携带入海的泥沙量。如果再细分，泥沙还有不同的指标：不同的类型、单个颗粒的大小和重量等。同样1立方米水，同样重的含沙量，粗沙大多沉积在底部，水不显得很浑；细沙往往悬浮于水中，肉眼看去就显得很浑。同样量的水，流速慢的只能携带轻而细的沙粒，流速快时才能携带较粗重的沙粒。这些年不时听到有专家学者惊呼长江已经或将要成为第二条黄河了，这些人大概都不是水文、水利、自然地理方面的专家，或者是为了引起领导重视、唤醒世人惊觉而故作危言。因为他们判断长江已经或将会变黄变浑是凭肉眼，实际上最黄最浑的长江水中的含沙量也不过是黄河水的几十分之一，而整条长江的输沙量只是当初黄河的一个零头。而且，由于流经区域不同的地质地貌，长江流域没有黄土高原那样的泥沙源头，长江永远不会变成第二条黄河。

如果黄河中游的水土流失能得到有效的治理和控制，黄河携带的泥沙又能顺利排出海口，那么黄河的安流能够得到保障，我们就不必刻意追求水土的零流失、黄河水的绝对清。而且，为了维护黄河三角洲的生态平衡，并在可能条件下增加新的土地，未来还应该将流入黄河的泥沙量控制在一个合适的数量。必要时要利用小浪底水库泄水冲沙的功能，定期将下游长期淤积在河床的泥沙冲至入海口，同时也能逐渐降低这条陆上悬河的高度，增加它的安全度。

在“河清”的目标基本实现时，黄河的水带一点黄，保持黄河的底色，不是什么坏事。如果大自然只有一种颜色，人类的生活就太单调了。黄河与长江，与尼罗河、亚马孙河、密西西比河有些区别，保持各自的特色，世界才更丰富多彩。试想，如果壶口瀑布失去了黄色，还会那么有魅力吗？

四、黄河流域能保持繁荣吗?

在黄河的长期安流得到保障的前提下,对这个问题的回答当然是毫无疑问的。

实际上,从绝对指标来看,目前是黄河有史以来最繁荣的时代。到2018年底,黄河流域省份总人口达4.2亿,占全国30.3%,地区生产总值23.9万亿元,占全国26.5%。这组数据一方面固然说明黄河流域省份的人均生产总值略低于平均值,但另一方面恰恰证明它的总量已经史无前例地庞大。以往有哪个时代,黄河流域能供养那么多人口,生产出那么多产品,创造出那么多财富?

至于说到黄河流域相对的繁荣地位,也即在整个中国所处的地位,那么的确已经不在前列。但这既取决于黄河流域自身的现状和发展速度,也取决于其他地区的现状和发展速度。根据前面对历史时期黄河流域在中国所处地位的论述,大家不难理解,唐代以前黄河流域对于其他地区压倒性的优势,是建立在其他地区没有开发或者尚未充分开发的基础上的。而黄河流域最终被长江流域所超越的根本原因,是长江流域的进步,而不是黄河流域的衰落。从这一意义上说,这种超越是好事而不是坏事,整个中国的进步就是通过这样的超越——相互超越,反复超越——实现的。反之,如果黄河流域在中国始终保持着像秦汉时期那样凌驾于其他地区的地位,其他地区、其他流域怎么能有今天这样的先进水平,中国怎么能有今天这样强盛的国力呢?

随着各地区小康社会的建成和现代化目标的逐步实现,地区间的差距将大为缩小,任何一个地区全面的、压倒性的、长期的领先地位将不复存在。因此,黄河流域将完全有能力与长江流域、珠江流域及其他地区并驾齐驱,黄河流域的核心区域或城市群完全可以与京津冀、长三角、珠三角各领风骚，或者在某些方面居领先地位，共同发展，共同繁荣，但绝不可能重演历史，回到享受独尊的时代。

五、中华民族复兴，黄河文明永葆青春

人类历史上的任何一种文明，都是建立在一定的生产方式和物质基础上的，黄河文明也不例外。人类历史上的任何一种文明，都有一个产生—发展—衰落—消亡的过程，黄河文明自然也不能例外。但是这一规律并没有规定过程中每一阶段的具体时间和整个过程总的时间，在一个总的过程间，并非每一阶段都是不可逆的，发展—衰落之后并非只能是消亡，也可以转为再发展，即复兴。以往存在过的人类文明，有的早已消亡，有的依然在发展，有的已经历过盛极而衰、衰而复兴的过程。这是因为只要一种文明赖以生存和发展的地理环境依然存在，只要人类对它的利用没有超过极限，这种文明就仍然具有相对无限的生命力和创造力。

用这样的观念来看黄河文明，我们可以相信，黄河文明存在的物质基础——黄河流域的自然条件并没有太大的变化，尽管五千多年来的气候、地貌、水文、植被、资源等方面有过对人类活动不利的变迁，但对其有利因素的利用离极限还差很远。问题在于，这块土地上的人的生产方式和产生的物质基础是否还能适应。

从新石器时代的仰韶文化和龙山文化算起，黄河文明是在黄河流域特定的地理环境中产生和发展的农业文明。在秦汉以后的专制体制下，这种农业文明就是建立在小农经济、以农业为本的基础上的。当这些特殊的地理和社会条件发生改变，小农经济的优越性和农业的独大地位不复存在，农业在整个社会经济中所占的比例逐渐下降，原来的黄河文明由盛转衰就是必然的结果，是完全正常的。这种衰落乃

至消亡标志着旧事物的结束，也预示着新事物的产生，是值得欢迎的伟大进步。因此，如果“复兴”的意义是指要恢复旧的黄河文明，这种“复兴”实际上是复旧，那就注定是不可能的。

当一种文明的物质基础和物质财富发展变化时，其精神部分和精神财富必然也产生相应的变化。在农业文明的物质基础上产生的精神财富，如风俗习惯、逻辑思维、文学艺术、学理学术、知识体系、价值观念、政治制度、宗族制度、法律制度、宗教信仰、伦理道德、意识形态、科学研究等都必然需要有相应的调整或改变。黄河文明不可能例外。

但这并不意味着对传统的黄河文明作简单的抛弃或全盘否定。实际上，五千多年来，黄河文明——无论是物质的还是精神的——早已演变扩展为中华文明，成为中华文明的主干。传统的黄河文明也成为中华文明中的一种亚文明，一个不可或缺的重要组成部分。黄河文明的精华早已深沉地植根于中华民族之中，是抛弃不了、否定不了的。这些精华将成为新的黄河文明的重要来源和组成部分，也是中华民族复兴的精神基础和持久动力。

新的黄河文明仍然是以黄河流域特定的地理环境为基础的，所以将不同于长江文明、珠江文明或其他有明显地域特点的河流文明。从这一角度讲，可以说是传统的黄河文明的复兴；但从本质上讲，是传承，更是重建，是创新。

农业文明仍将是黄河文明的组成部分，因为农业不仅在黄河流域，而且在整个中国经济中占有重要地位。但它不会是传统意义和标准的农业，而是以现代科学技术为生产手段的大农业，包括林业、牧业、副业、渔业和其他新产业以及相应的环境保护和生态修复产业，非但不会造成流域内的水土流失和环境破坏，而且将使整个流域的生态环境得到全面、深度的修复，与黄河的全面治理、永久安流相得益彰。

现代农业文明已经与工业文明、科技文明结合和交融，但黄河文明中工业文明和科技文明的比重还将不断扩大。在这两方面，黄河流域并非没有优势。黄河流域蕴藏着丰富的能源，已经成为、未来将继续是中国主要的能源基地。一旦实现了煤炭的气化、液化和燃烧的清洁化，黄河流域的煤炭仍将是中国的主要能源。黄河流域的矿产资源也有其独特的优势，如稀土的储量在世界有举足轻重的地位。随着勘探、采掘和冶炼技术的进步，还会发现新的矿产资源，可以利用以往无法利用的矿物。黄河流域是全中国的地理中心所在，是全国交通的当然枢纽，在高速公路、高速铁路网中处于关键地位，也会在未来世界交通网中占有重要地位。随着中欧班列的开通，海陆联运、陆空联运网络的形成，随着西部开发和"一带一路"建设的推进，黄河流域所起的作用无疑会越来越大。

发展科技文明的物质条件，在黄河流域基本具备。即使需要一些特殊的高精尖的设备或基地，在现有条件下也不难筹措建设。所不足的是高水平的人才、培养高水平人才的教育体系，以及使高水平人才充分发挥作用的机制。从理论上讲，黄河流域省份的人口占全国的30%，天才和高智商人口也应该占相应的百分比。关键是如何使这些人口得到良好的教育和培养，使他们的天才天赋能得到发挥运用。更重要的是如何吸引全国、全世界的杰出人才，并且为他们提供人尽其才的环境和机制。

科技文明并非只是科学研究的成果和技术规范本身，还应该包括科研和技术规范的应用和推广，由此对社会生产力的推动和物质财富的积累，对人的素质和观念的提升，对社会机制的优化和完善。随着科技文明的发展，全社会的本质性的进步值得期待。

随着中国全面建成小康社会和走向社会主义现代化强国，人们对精神文明的要求会越来越高，人文资源的价值必定会越来越大。在这方面，黄河流域具有更大的、无法替代的优势。五千年的文明史在黄河流域留下了无数遗址遗物，相当一部分是中国乃至世界的唯一，地位不可动摇，价值难以估量。曾经产生过、形成过、传播过的人物、学派、论著、思想、智慧、文化、艺术、观念、习俗、信仰、事件、制度、法律等，以及与之相关的甲骨、简牍、文书、谱牒、档案、典籍、绘画、音乐、舞蹈、戏剧、曲艺、民谣、方言、武术、杂技、宫室、园林、衙署、学宫、书院、城池、陵墓、宗祠、长城、烽燧、关隘、津渡、桥梁、屯堡、道路、驿站、会馆、民居、村落、市镇、古城、车辆、船舶、工具、器物、服饰、饮食，等等，必将成为学术研究、文化传承、教育培训、信息传播、旅游休闲、演艺娱乐、体育健身、养老修身等方面的资源，并形成空前规模的产业和市场。

新的黄河文明的创建不仅是良好的愿望，而且有坚实的基础。在中华民族的复兴中，新的黄河文明应运而生。

黄河万古流，黄河儿女将不断创建新的文明。

黄河万古流，中华民族的母亲永葆青春。

主要参考文献及资料来源

史念海:《河山集》,生活 · 读书 · 新知三联书店,1963年。

史念海:《河山集二集》,生活 · 读书 · 新知三联书店,1981年。

中国科学院自然科学史研究所地学史组主编:《中国古代地理学史》,科学出版社,1984年。

谭其骧:《长水集》,人民出版社,1987年。

谭其骧主编:《中国历史地图集》(1—8册),中国地图出版社,1982—1988年版,1996年重印。

水利部黄河水利委员会编制:《黄河流域地图集》,中国地图出版社,1989年。

葛剑雄主编,葛剑雄、吴松弟、曹树基著:《中国移民史》(1—6卷),福建人民出版社,1997年。

郦道元著,陈桥驿校释:《水经注校释》,杭州大学出版社,1999年。

邹逸麟、张修桂主编,王守春副主编:《中国历史自然地理》,科学出版社,2013年。

中国河湖大典编纂委员会编:《中国河湖大典: 黄河卷》,中国水利水电出版社,2014年。

《第一次全国水利普查成果丛书》编委会编:《第一次全国水利普查成果丛书——全国水利普查数据汇编》,中国水利水电出版社,2016年。

《第一次全国水利普查成果丛书》编委会编:《第一次全国水利

普查成果丛书——河湖基本情况普查报告》,中国水利水电出版社,2017年。

《第一次全国水利普查成果丛书》编委会编:《第一次全国水利普查成果丛书——水利工程基本情况普查报告》,中国水利水电出版社,2017年。

《第一次全国水利普查成果丛书》编委会编:《第一次全国水利普查成果丛书——全国水利普查综合报告》,中国水利水电出版社,2017年。

黄河水利委员会黄河志总编辑室编:《黄河志》,河南人民出版社,2017年。

水利部黄河水利委员会“黄河网”。

中国社会科学院考古研究所主办“中国考古网”。

黄河沿线相关市、区、县政府官网。

本书中所用黄河照片,除特殊注明外均为著名摄影家郑云峰先生作品,经授权使用。

本书中所用黄河相关地理示意图,均由复旦大学中国历史地理研究所鲍俊林博士绘制。

新时代哲学社会科学创新文库

已出版书目

乡村振兴与可持续发展之路　　刘文奎 著

中国式现代化的智慧与方案

——多元现代性视阈下的中国道路研究　　彭国华 著

从考古看中国　　全国哲学社会科学工作办公室 编

黄河与中华文明　　葛剑雄 著

中华文明的核心价值

——国学流变与传统价值观　　陈　来 著

伟大的政治创造

——中国新型政党制度　　中共中央统战部 著

图书在版编目（CIP）数据

黄河与中华文明 / 葛剑雄著. —北京：商务印书馆，2023（2025.1重印）

（新时代哲学社会科学创新文库）

ISBN 978-7-100-22383-6

Ⅰ.①黄… Ⅱ.①葛… Ⅲ.①黄河—关系—中华文化—研究 Ⅳ.①K928.42②K203

中国国家版本馆CIP数据核字（2023）第073623号

新时代哲学社会科学创新文库

黄河与中华文明

葛剑雄 著

商 务 印 书 馆 出 版

（北京王府井大街36号 邮政编码100710）

商 务 印 书 馆 发 行

北京中科印刷有限公司印刷

ISBN 978 - 7 - 100 - 22383 - 6

2023年6月第1版 开本710×1000 1/16

2025年1月北京第2次印刷 印张16½

定价：69.00元